HEYNE BÜCHER
SACHBUCH

Catrine Clay
Michael Leapman

Herrenmenschen

Das Lebensborn-Experiment der Nazis

Aus dem Englischen von Uta Haas

Deutsche Erstausgabe

WILHELM HEYNE VERLAG
MÜNCHEN

HEYNE SACHBUCH
Nr. 19/529

Titel der englischen Originalausgabe:
MASTER RACE
Erschienen 1995 bei Hodder and Stoughton.
A division of Hodder Headline PLC

Umwelthinweis:
Dieses Buch wurde auf chlor- und säurefreiem Papier gedruckt.

Redaktion: Dr. Andreas Gößling

Printed in Germany 1997
Umschlagillustration: Ullstein Bilderdienst, Berlin
Umschlaggestaltung: Atelier Adolf Bachmann, Reischach
Satz: MPM, Wasserburg
Druck und Verarbeitung: Ebner Ulm

ISBN 3-453-12305-0

Inhalt

EINLEITUNG

Als wir 1995 den 50. Jahrestag des Kriegsendes begingen, war viel vom Holocaust die Rede. Zeitungen, Illustrierte und Fernsehen brachten einmal mehr die mittlerweile bekannten, empörenden und erschütternden Bilder aus den Konzentrationslagern. Zu Recht, denn diese Dinge dürfen nicht in Vergessenheit geraten.

Dagegen war sehr viel weniger von der anderen Seite der Medaille die Rede: dem Versuch Nazideutschlands, die nordischen Arier durch ein gezieltes Züchtungsprogramm, bei dem nach und nach minderwertiges Erbgut ausgemerzt werden sollte, als Herrenrasse zu etablieren. Durch die irrwitzige Logik eines aus den Fugen geratenen Augenblicks der Geschichte lag die Durchführung beider Programmpunkte der nationalsozialistischen Rassenpolitik in den Händen derselben Personengruppe. Die sorgfältig ausgewählten Mitglieder des Himmlerschen SS-Elitekorps jagten die Juden, pferchten sie in Ghettos und ermordeten sie in den Konzentrationslagern. Zugleich waren diese SS-Männer ausersehen, die »perfekten Arier« zu zeugen, die dereinst das Tausendjährige Reich bevölkern sollten, und in den besetzten Gebieten sämtliche Kinder zu rauben, die ihrem Aussehen nach geeignet schienen, den Stamm zu verstärken.

Das Dritte Reich war vor allem ein rassistischer Staat, durchdrungen von einer Ideologie, welche die Läuterung des germanischen Blutes forderte. Für Hitler und Himmler ließ sich dieses höchste Ziel nur auf zwei parallelen Wegen erreichen: durch Vernichtung der rassisch Minderwertigen und durch Vermehrung der rassisch Wertvollen. Erst wenn beides gelungen war, war das Endziel erreicht. Diese Idee, die den meisten von uns heute aberwitzig erscheint, war keineswegs neu. Die Vorstellung, daß die Welt in aufgeklärte und primitive Nationen gespalten ist, gehörte nicht zuletzt zu den Grundüberzeugungen, nach denen Britannien sein Empire regierte. Die Theorie von der Rassenhygiene (Eugenik), der Vervollkommnung des Menschen durch Eliminierung seiner »schlechten« Gene und Züchtung mit ausschließlich »gesundem« Erbgut, war seit Mitte des 19. Jahrhunderts im Gespräch und wurde in vielen Teilen der Welt begeistert aufgegriffen, nicht zuletzt in den USA. Es war Zufall, daß gerade die Nazis über die technischen Mittel und die richtigen politischen Voraussetzungen verfügten und den blinden Fanatismus besaßen, sie in die Tat umzusetzen. Ebensogut hätte es jemand anderer sein können, denn die Lehre von der Eugenik ist nie völlig aufgegeben worden – auch wenn sie durch das fehlgeschlagene Experiment der Nazis in Verruf geraten ist. Sie erfährt gerade heute so etwas wie eine Wiederbelebung, wenn auch in sorgsam modifizierter Form.

Das völlige Schweigen über dieses zwar weniger entsetzliche, aber ebenso düstere Kapitel der NS-Rassenpolitik hat mich betroffen gemacht und veranlaßt, zwei Fernsehdokumentationen zu diesem Thema für die BBC zu drehen. Die erste, *Ein Kind für Hitler*, erzählt die Geschichte einer Frau, die in einem der Lebensborn-Heime zur Welt kam, welche die SS eingerichtet hatte, um das Reich mit einem ständigen Nachschub an rein arischen deutschen Babys zu versorgen. Ihre Väter hatten ihre makellose arische Abstammung bereits vor ihrer Aufnahme in die SS nachweisen müssen. Die Mütter mußten für ihre Qualifikation den gleichen Nachweis erbringen. Der Film schildert nun das Trauma der Tochter aus einer solchen »idealen« Verbindung, die als erwachsene Frau entdeckte, daß ihr Vater als Kriegsverbrecher hingerichtet wurde.

Der zweite Dokumentarfilm, *Das geraubte Kind*, schildert das Vorgehen der SS in den besetzten Gebieten, in diesem Fall Polen. Hier entführten Himmlers Leute nicht weniger als 200 000 blonde, blauäugige polnische Kinder, überprüften ihre rassische Eignung durch Messungen an jeweils 62 Körperstellen und schickten sie zur »Eindeutschung« ins Reich – sofern sie den Test bestanden hatten. Noch heute leben viele von ihnen in Deutschland, ohne zu wissen, daß sie gebürtige Polen sind.

Bei den Recherchen zu diesen Filmen stellte ich sehr bald fest, daß man in einer vierzig- oder fünfzigminütigen Fernsehsendung niemals alle Aspekte der Ideologie darstellen konnte, die diese außergewöhnlichen Schicksale verursacht hat: weder ihren Ursprung noch alle Konsequenzen ihrer Durchführung. Eine zufällige Begegnung mit dem Verleger Richard Cohen gab mir dann den Anstoß zu diesem Buch.

Die meisten Abhandlungen über diese Seite der NS-Rassenpolitik sind wissenschaftliche Arbeiten, die für mich und meinen Co-Autor Michael Leapman bei unseren Nachforschungen äußerst wertvoll waren. Mit unserem Buch beschreiten wir jedoch einen anderen Weg. Wir informieren zunächst über die wesentlichen Hintergründe und konzentrieren uns dann auf einige Einzelschicksale. Wir sprechen mit Opfern des nationalsozialistischen Rassenwahns, Männern und Frauen, die aus solchen »rein arischen« Verbindungen stammen oder als Kinder ihren Eltern geraubt wurden. Soweit dies möglich war, haben wir uns auch mit ihren Müttern unterhalten. Viele von ihnen sind allerdings bereits verstorben. Alle diese Schicksale sind bewegende persönliche Tragödien, welche die fürchterlichen Konsequenzen des Fanatismus deutlich machen, die Verfolgung eines Wahns bis zu seinem scheinbar logischen Ende. Wir schließen mit einem Blick auf die Genforschung unserer Tage und untersuchen, ob sich die diskreditierten NS-Rassenvorstellungen durch die Hintertür wieder einschleichen könnten.

Als erstes möchte ich Richard Cohen danken, der die Idee zu diesem Buch hatte. Roger Kingerlee, frisch aus Oxford kommend, wo er mit Sicherheit der Idealvorstellung eines jeden Tutors von einem perfekten Studenten entsprochen hat, war für uns ein ebenso perfekter Rechercheur. Michael Leapman, ein versierter Journalist und Schriftsteller, ergänzte unser Team und zeigte mir, daß ein Buch zu schreiben etwas anderes ist als das Verfassen eines Fernsehkommentars. Vor allem aber gilt unser Dank den vielen Menschen, die bereit waren, uns ihre geradezu unglaublichen Schicksale zu schildern. Die Vettern Alojzy und Leon Twardecki, die beide am selben Tag in Polen geraubt wurden, haben uns in großzügigster Weise geholfen und bei sich aufgenommen. Die 82jährige Mutter Alojzys, Malgorzata Ratajczek, lebt noch immer in derselben Kleinstadt, aus der ihr Sohn entführt wurde. »Sie haben mir mein Kind weggenommen«, erzählt sie uns. »Er war vier Jahre alt. Mein einziges Kind. Ich kann Ihnen meine Verzweiflung nicht beschreiben.«

Danken möchten wir auch Alodia Witaszek-Napierara, Jan Tloczynski, Alexander Michelowski sowie Dr. Roman Hrabar, Mitglied der polnischen Gesandtschaft, der sich nach Beendigung des Krieges auf die Suche nach den geraubten Kindern machte. Mit seinen 84 Jahren schreibt er noch immer über dieses Thema und hält Vorträge darüber. Er hat uns mit Rat und Tat sehr unterstützt. Unsere deutschen Gesprächspartner haben es aus verständlichen Gründen zumeist vorgezogen, anonym zu bleiben. Geradezu begeisterte Unterstützung haben wir indessen von Otto Freiherr von Feury erhalten, der nach der Kapitulation der Deutschen das

Lebensborn-Heim in Steinhöring im Auftrag der Alliierten weitergeführt hat. In Norwegen haben uns Werner Thiermann und seine Frau Mary äußerst gastfreundlich aufgenommen und uns ihr umfangreiches Archiv über norwegische Kinder deutscher Soldaten zur Verfügung gestellt. In London hat mich Steve Jones durch das Minenfeld der modernen Genforschung gesteuert. Und schließlich möchten wir uns auch bei Roland Philipps von Hodder and Stoughton für seine verlegerische Hilfestellung bedanken.

Catrine Clay

1

Das Haus hinter dem Tor

Für uns bedeutet das Ende dieses Krieges den freien Weg nach Osten, die Schaffung des germanischen Reiches und auf diese oder jene Art ... das Hereinholen von 30 Millionen Menschen unseres Blutes, so daß wir noch zu unseren Lebzeiten ein Volk von 120 Millionen Germanen werden. Das bedeutet, daß wir die einzig entscheidende Macht in Europa sein werden. Und das wiederum bedeutet, daß wir in der Lage sein werden, über die Dauer des Friedens zu bestimmen, wobei wir in den ersten 20 Jahren unsere Städte und Dörfer wieder aufbauen und vergrößern sowie die deutschen Volkstumsgrenzen 500 km nach Osten hinausschieben werden.

Heinrich Himmler, 14. Oktober 1943

Am Nachmittag des 3. Mai 1945 bewegte sich eine Zehn-Mann-Patrouille der C-Kompanie der 86. US-Infanteriedivision zügig, aber äußerst wachsam die Münchener Straße entlang, die Hauptstraße des kleinen Ortes Steinhöring. Die eine Hälfte sicherte die linke Häuserreihe, die andere die rechte – ständig auf der Hut vor Heckenschützen. Sie näherten sich bereits dem Ortsrand, als die linke Gruppe zu einem dekorativen schmiedeeisernen Tor neben einem seltsamen runden weißen Turm mit kegelförmiger Haube kam. Die Soldaten passierten das Tor und gingen geduckt die betonierte Auffahrt zu einem großen Gebäude in bayerischem Stil hinauf. Die Maschinenpistolen im Anschlag, stießen sie die Tür auf.

Auf dem Fußboden eines großen, sonnigen und recht gemütlich eingerichteten Raumes erblickten sie etwa vierzig Babys und Kleinkinder, teils jammernd, teils ganz still, manche angezogen, andere fast nackt, aber alle offensichtlich hungrig und verstört. In den oberen Räumen fanden sie noch weitere Babys und Kleinkinder, alles in allem vielleicht dreihundert – vom Neugeborenen bis zum Sechsjährigen. Hier stießen sie auch auf ein paar Mütter und einige schwangere Frauen, die offensichtlich kurz vor der Geburt standen, sowie auf eine Gruppe junger, zumeist gutaussehender Schwestern. Die Frauen waren mürrisch und verärgert über das Eindringen der Amerikaner und gaben auf die in deutsch an sie gerichteten Fragen keine Antwort. Die Soldaten konnten nicht wissen, daß sie durch puren Zufall auf die Reste des grandiosen NS-Projektes gestoßen waren, Europa mit einer nordischen Herrenrasse zu bevölkern, speziell gezüchtet, um »minderwertige Sterbliche« zu unterjochen, bis diese allmählich ausgerottet sein würden.

Die 86. Infanteriedivision, die »Schwarzen Falken«, stieß östlich von München, der Geburtsstätte der nationalsozialistischen Bewegung, in einem weiten Bogen nach Süden und Osten auf Wasserburg und die österreichische Grenze vor. Ihr Weg führte sie durch das flache grüne Voralpenland, vorbei an Wiesen mit wiederkäuenden Kühen, an Getreidefeldern und durch Wälder, die von schattengleich auftauchenden Flüchtlingstrupps bevölkert waren – teils Deutschen, teils Russen und Polen, die als Zwangsarbeiter nach Süddeutschland gebracht worden waren. Es war ein schöner

Tag, doch über der ganzen Gegend schwebte eine Staubwolke, die von einem Artilleriegefecht in ein paar Kilometern Entfernung herübertrieb.

In Steinhöring selbst war es zu keiner Schießerei gekommen, obwohl man sich mittlerweile jenem Teil Südbayerns näherte, der nahe der gebirgigen Grenze zu Österreich lag. Die Alliierten vermuteten, daß sich hier die Reste der deutschen Armee zu einem letzten verzweifelten Widerstand sammeln könnten. Aber tags zuvor war der Tod des Führers Adolf Hitler bekanntgegeben worden, und in den beiden letzten Kriegstagen hatten sich die meisten Einwohner des Ortes bereits mit dem Zusammenbruch des »Großdeutschen Reiches« abgefunden. Viele hatten als Zeichen der Kapitulation weiße Fahnen aus den Fenstern ihrer Häuser gehängt, die mit den für Bayern typischen Blumenkästen voll üppig blühender Geranien geschmückt waren. Und die geschlagenen deutschen Soldaten versammelten sich in den von den Amerikanern am Straßenrand eingerichteten Lagern, um freiwillig in Gefangenschaft zu gehen.

Nur ein paar Dickschädel – zumeist Mitglieder der HJ, der SS und der Fallschirmjäger – leisteten noch vereinzelt Widerstand. Es hatte bereits ein oder zwei Überfälle durch Heckenschützen gegeben. Das war auch der Grund, weshalb die Infanteristen der C-Kompanie nur mit größter Vorsicht auf der Hauptstraße von Steinhöring vorrückten und Gebäude und andere möglichen Verstecke nach Widerständlern absuchten. Man hatte ihnen nicht viel über den Ort erzählt, aber es gab Vermutungen, daß sich dort eine wichtige Einrichtung befand, die in Verbindung zur SS stand – Himmlers grausamer und gefürchteter Kampftruppe, die an der Spitze der nationalsozialistischen Revolution gestanden hatte. In dieser spannungsgeladenen Atmosphäre wirkte die Ruhe des Ortes seltsam gespenstisch, und die Männer waren gewiß nicht in der Stimmung, die Schönheit des Dorfes in sich aufzunehmen – die hübsche Kirche mit ihrem Zwiebelturm und der Jahreszahl 1902 und daneben den gepflegten Friedhof, dessen Grabsteine zum Teil im heroisierenden Stil der Nazis gemeißelt waren.

Der Kirche gegenüber, am anderen Ende der Straße, lag der kleine Bahnhof. Die Amerikaner ahnten nicht, daß die Schienen, die in gerader Linie nach Nordwesten wiesen, direkt nach Dachau führten, wo die SS – wie sie bereits wußten – ihrer Aufgabe nachkam, die Feinde der Nazis auszurotten. Sie und die entsetzte Weltöffentlichkeit sollten bald lernen, diesen Namen mit dem irrsinnigen Rassenwahn des Regimes zu identifizieren.

Eigentlich hätten die siegreichen Truppen in Hochstimmung sein müssen, aber dem war nicht so. Hätten sie von Hitlers Tod und der unmittelbar bevorstehenden Kapitulation gewußt, hätte ihnen dies sicher Auftrieb gegeben, aber da sie von ihrer Divisionsbasis abgeschnitten waren, hatte die Nachricht sie noch nicht erreicht. »Was wir vor allem fühlten, war Müdigkeit«, erinnert sich einer der Männer fünfzig Jahre später, »Müdigkeit und Hunger.«

Auf ihrem Weg hatten sie zahlreiche Flüsse überqueren müssen, aber die zurückweichenden Deutschen hatten alle Brücken zerstört. Während die Infanteristen durch das Wasser waten oder in kleinen Booten übersetzen konnten, kamen die Lastwagen mit dem Nachschub nicht hinterher. Als sie zwei Tage zuvor bei Freising die Isar überquert hatten (in der Nähe befindet sich heute Münchens internationaler Flughafen), mußten sie ihren Proviant zurücklassen. Das bedeutete, daß sich die zu Fuß vorrückenden Soldaten aus dem Land selbst ernähren und mit Hühnern, Gänsen, Eiern und eingekellerten Kartoffeln versorgen mußten. »Wir fanden, was zu finden war, aber es war immer zu wenig«, erinnert sich einer der Soldaten.

Das große Gebäude auf der linken Straßenseite war von

einer Mauer umgeben, die zugleich einen Teich und einen großen, gepflegten Garten umschloß. Nahe dem Eingang, hinter dem weißen Turm, erblickten sie eine übergroße steinerne Frauenstatue, eine Mutter, die ihr Kind stillt. Sie besaß die regelmäßigen, klassischen Züge und die kräftige Gestalt, welche die Nazis als für die arische Rasse charakteristisch ansahen. Ihr Haar war sittsam im Nacken zu einem Knoten geschlungen: ein heroisches und idealisiertes Abbild, ein konkreter Ausdruck der NS-Ideologie der rassischen Überlegenheit.

Das Gebäude selbst hätte seiner äußeren Gestalt nach ein Krankenhaus, eine Schule oder irgendeine andere wohltätige Institution sein können. Aber es war nichts von alledem, und für die Männer war auch nicht sofort zu erkennen, welchem Zweck es wirklich diente. Hätte man es ihnen vorher gesagt, sie hätten es wohl kaum geglaubt. Wäre einer von ihnen in der Stimmung gewesen, Vermutungen anzustellen, so wären seine Spekulationen durch den grausigen Anblick jäh beendet worden, der sich ihnen am Eingang bot: Auf einem großen Karren voller Abfall lag mit dem Gesicht nach oben der Leichnam eines toten Deutschen. Seine in Lederstiefeln steckenden Beine baumelten über den Rand hinab. Wahrscheinlich waren nur wenige Amerikaner aufmerksam genug zu bemerken, daß in das schmiedeeiserne Gitter des Hauses unauffällig dasselbe Symbol eingearbeitet war, das auch der tote Soldat an seiner schwarzen Uniform trug – die stilisierten Buchstaben SS. Nachdem sie sich vergewissert hatten, daß er wirklich tot war, gingen sie hinein und fanden die Kinder.

Steinhöring war das erste von Himmler gegründete Lebensborn-Heim. Hier hatte er annähernd zehn Jahre zuvor mit der Verwirklichung seines akribisch geplanten Züchtungsprogramms begonnen, und hier drängten sich nun nach dem Zusammenbruch die letzten jämmerlichen Reste dieses irrsinnigen Versuchs genetischer Manipulation zusammen.

Das Symbol am Tor war doppeldeutig. Zum einen unterstanden die Heime, obwohl in erster Linie medizinische und soziale Einrichtungen, dem strengen Regiment der SS unter ihrem Reichsführer Himmler. Bedeutsamer aber war auf der anderen Seite, daß dieses handverlesene Elitekorps auch die Väter der neuen arischen Nation stellen sollte. SS-Mitglieder sollten ihr makelloses Kämpferblut an die nachfolgende Generation der Deutschen weitergeben, dank der eifrigen Mitwirkung gesunder junger Frauen, deren in einem rigorosen Ausleseprozeß festgestellte rein arische Abstammung sie befähigte, »dem Führer ein Kind zu schenken«. Jetzt war Hitler tot. Die schreienden Babys mußten allein mit dem Trauma seines Erbes fertig werden.

Da sich die Amerikaner der Aufregung bewußt waren, die sie verursachten, vergewisserten sie sich nur, daß kein bewaffneter Mann im Heim war, und zogen dann rasch weiter. Zwei Tage darauf hatten sie bei Burghausen die Salzach überquert und waren in Österreich. Eine nachfolgende Gruppe rückte in Steinhöring ein, um dort die Verwaltung zu übernehmen und neu zu organisieren.

Bei ihrem raschen Vorstoß quer durch Deutschland hatte die Besatzungsarmee eine gewisse Routine entwickelt. Zuerst galt es, einen Einheimischen zu finden, der als Verbindungsmann mit den Besatzern zusammenarbeitete. Da es für sie sehr schwierig war, die wahre politische Einstellung der Einwohner einzuschätzen, nachdem der alte Glaube über Nacht zur Ketzerei geworden war, suchten sie nach jemandem, der zumindest nicht offen und aktiv mit den Nazis zu tun gehabt hatte. In Steinhöring beriefen sie auf Anraten des Pfarrers einen einheimischen Grundbesitzer, Otto Freiherr von Feury, nicht zuletzt deshalb, weil er Vierteljude war. Auf dessen Vorschlag wiederum setzten die Amerikaner Johann Grander als neuen Bürgermeister ein. Er leitete die örtliche Molkerei.

Das Schicksal des Mutter-und-Kind-Heimes »Hochland« interessierte die Einwohner kaum. Sie hatten in den letzten Kriegstagen andere Sorgen. Die Bevölkerung von Steinhöring hatte sich mehr als verdoppelt. Durch die vor den Russen aus dem Nordosten Deutschlands fliehenden Menschen war die Bevölkerungszahl von 1000 auf 2500 angewachsen. Es herrschte Mangel an Nahrung und Wohnraum, und die Hauseigentümer mußten die ihnen zugewiesenen Flüchtlinge aufnehmen. Nach den übereinstimmenden Aussagen der Einwohner von Steinhöring (die allerdings im Licht ihrer verständlichen Empfindlichkeit gegenüber dem Vorwurf der Unterstützung und Zusammenarbeit mit den Nazis gesehen werden müssen) hatten sie mit dem Heim nie etwas zu tun gehabt. Das sei seit der Gründung im Jahr 1936 so gewesen. Davor habe das Gebäude als Priesterseminar und kurze Zeit als Schulungsheim der SA gedient, jener braunen Sturmabteilung, die bei der Machtergreifung durch die Nazis eine entscheidende Rolle gespielt hatte.

Nachdem Himmler das Haus für den Lebensborn übernommen hatte, ließ er es nach seinen Plänen umbauen und erweitern. Er war geradezu davon besessen, für die Mütter und die zukünftigen Bürger des Tausendjährigen Reiches eine gepflegte, würdige und gesunde Umwelt zu schaffen, die den Geist deutscher Geschichte und Tradition atmete. Die Gebäude sollten im Stil bayerischer Bauernhäuser errichtet werden, wie er sie aus seiner Heimat kannte, mit steilen Dächern, Balkons und Glastüren, durch die man auf eine große, die idyllische bayerische Landschaft überblickende Terrasse hinaustrat. Die Räume hatten hell und luftig zu sein und sollten mit germanischen Symbolen und Ornamenten geschmückt werden. Sogar die Verpflegung mußte der neuen Theorie über nahrhafte und gesunde Ernährung entsprechen, für die Himmler sich begeisterte.

Der Bevölkerung von Steinhöring hatte man unmißverständlich zu verstehen gegeben, daß das Heim »Hochland« und dessen Bewohner sie nichts angingen. Die gefürchtete SS führte es als einen Staat im Staat; Geheimhaltung war oberstes Gebot. Mütter wie Personal kamen selten ins Dorf, und wenn, dann zeigten sie wenig Interesse, mit den Einheimischen in Kontakt zu kommen. Und selbst wenn die Bauern und Kaufleute von Steinhöring sich mit den Bewohnern des Heims hätten anfreunden wollen, hätten sie nicht viel mit ihnen anfangen können. Viele der jungen Frauen waren Sekretärinnen, übten andere städtische Berufe aus oder gehörten dem BDM an, dem nationalsozialistischen Bund Deutscher Mädchen. Ein Ortsbewohner erzählte: »Die Mädchen kamen ins Dorf, gingen zum Schlachter und kauften Fleisch, holten beim Bäcker Brot und Milch beim Milchmann; dann mußten sie wieder zurück.«

Für von Feury lagen die Dinge an jenem Maimorgen nicht ganz so einfach, als er sich plötzlich in der Verantwortung für rund 350 Babys in einem Heim sah, dessen SS-Verwaltung ebenso wie der größte Teil des medizinischen Personals 48 Stunden zuvor das Weite gesucht hatte. Alle Läden im Ort waren geschlossen. Die Deutschen hatten bei ihrer Flucht in Richtung Alpen, wo – wie einige noch immer glaubten – ein letzter verzweifelter Widerstand organisiert werden könnte, sämtliche Nahrungsvorräte mitgenommen. Normalerweise lebten im Heim nicht mehr als 150 Personen, jetzt aber war es hoffnungslos überfüllt, da Mütter und Babys aus anderen Lebensborn-Heimen – einige sogar aus den ehemals besetzten Gebieten – vor den anrückenden Alliierten hierher evakuiert worden waren.

Von den 16 in Steinhöring stationierten Schwestern waren nur acht auf ihrem Posten geblieben. Die meisten gehörten den berüchtigten »Braunen Schwestern« an, einer fanatischen Gruppe nationalsozialistischer Frauen. Sie arbeiteten offiziell als Fürsorgerinnen und waren für zahlreiche Kindesentführungen in den besetzten Gebieten verantwortlich, einer weitern Strategie der Himmlerschen Rassenpolitik. Auch die meisten Mütter hatten das Heim verlassen – zum Teil deshalb, weil es zur Lebensborn-Politik gehörte, daß sie nach der Geburt nicht länger als ein paar Wochen bei ihren Kindern bleiben durften, es sei denn, sie wollten diese behalten.

Als erstes mußte von Feury Milch und Brot für die Kinder auftreiben. Die normale Versorgung war durch den Vormarsch der Amerikaner unterbrochen, so daß die Bauern die Geschäfte nicht mehr beliefern konnten. Das war auch der Grund, weshalb sie nun geschlossen waren. Von Feury besaß ein altes Auto. Nachdem er den Amerikanern seine verzweifelte Lage geschildert hatte, bekam er von ihnen Benzin und die Genehmigung, von Hof zu Hof zu fahren und Milch sowie alles zu beschaffen, was den Hunger der Kinder stillen konnte.

Als nächstes mußte er einen Arzt finden, da mehrere der im Heim lebenden Frauen kurz vor der Geburt standen. Auch hier halfen ihm die Amerikaner. Von Feury kannte einen Dr. Klein im zwanzig Kilometer östlich gelegenen Wasserburg, der über einige Erfahrung in Kinderheilkunde verfügte. Die Amerikaner hatten ihn interniert, weil sie ihn verdächtigten, mit den Nazis sympathisiert zu haben, aber in dieser Notsituation waren sie bereit, ihn freizulassen. Immerhin dauerte es noch fast 14 Tage, bis Klein am 15. Mai erschien. In der Zwischenzeit kümmerte sich die Hebamme des Heims, die bei den Kindern und Müttern ausgeharrt hatte, um deren medizinische Versorgung. Einige der dagebliebenen »Braunen Schwestern« hielten offensichtlich auch jetzt noch treu zum Dritten Reich. Im Ort wurde erzählt, man habe einige von ihnen hinausgeworfen, weil sie auf ihren Zimmern Nazilieder gesungen hätten.

Die Ankunft der Amerikaner spiegelt sich auf verblüffende Weise im Geburtsregister des Heims, das heute im Gemeindehaus von Steinhöring aufbewahrt wird. Die Lebensborn-Heime führten fast von Anfang an eigene Geburtsregister, da Himmler vermeiden wollte, daß die Unterlagen über die Entstehung seiner neuen germanischen Rasse in die Hände von Leuten gelangten, die nicht der SS angehörten. Der Name des Vaters wurde normalerweise in der Geburtsurkunde nicht erwähnt, aber viele von ihnen hatten Briefe an die Registerstelle geschrieben, in denen sie ihre Vaterschaft anerkannten und die Verantwortung für das Kind übernahmen.

Da die Geburtsurkunde nur einen geringen Wert besaß, wenn man den Namen des Vaters nicht kannte, wird vermutet, daß dessen Name separat in irgendwelchen Akten notiert wurde, die man gegebenenfalls für den Nachweis der rein arischen Abstammung des Kindes heranziehen konnte. Alle diese Unterlagen sind jedoch vernichtet worden: Von Feury und andere Bewohner erinnern sich, daß die SS 48 Stunden vor ihrem Abzug aus Steinhöring riesige Aktenberge verbrannte, welche die Luft mit Rauch und beißendem Gestank verpesteten. Doch auch die Amerikaner sollen einen ganzen Berg Lebensborn-Unterlagen in den Fluß geworfen haben, nachdem sie das Hauptquartier der Organisation in München eingenommen hatten.

Die Eintragung ins Register erfolgte normalerweise am Geburtstag des Kindes. Durch die Ankunft der Amerikaner wurde diese Routine unterbrochen: Ein am 1. Mai geborenes Baby wurde noch ordnungsgemäß am selben Tag ins Geburtsregister eingetragen, doch die nächsten fünf Geburten wurden erst am 5. Mai registriert. Die Angaben über die Herkunft der Mütter waren dabei weit oberflächlicher als bisher. Die meisten hatten als Adresse schlicht Steinhöring angegeben, was vermuten läßt, daß sie aus einem der anderen Heime dorthin evakuiert worden waren.

Neben dieser Lücke von vier Tagen ist noch ein weiterer gravierender Unterschied bei den Eintragungen zu verzeichnen. Als Geburtsort der Kinder wurde nicht mehr das Heim »Hochland« angegeben – einer der romantischen ländlichen Namen, die Himmler den Lebensborn-Heimen gab, um seinen Traum von einer neuen, aus dem Herzen des traditionellen deutschen Heimatlandes erwachsenden Rasse zu bekräftigen. Statt dessen war nun schlicht von einer »Kinderklinik« die Rede. In jenen vier »fehlenden« Tagen endete Himmlers Traum.

Das Problem mit den Träumen der Nazis bestand darin, daß die davon Betroffenen keine Phantasiegeschöpfe, sondern real existierende Menschen waren. Nur wenige der Babys, die sich nun in Steinhöring in amerikanischer Obhut befanden, waren noch mit ihren Müttern zusammen, kein einziges mit seinem Vater. Die Namen der übrigen Mütter waren zwar bekannt, aber selbst in den Akten der bereits zu Kriegsbeginn geborenen Kinder fand sich selten eine brauchbare Adresse: Häufig waren es bekannte Deckadressen der SS in München.

Einige Mütter, vor allem jene, die verheiratet waren, hatten ihre Kinder selbst aufziehen wollen. Ein paar von ihnen kamen jetzt zurück, um ihre Babys abzuholen. Die Mehrzahl aber war verschwunden, nachdem sie Hitler ein Kind geboren und es bereitwillig für die Adoption durch eine von der SS ausgewählte Familie freigegeben hatten. Nur kamen die von den Nazis ausgesuchten Adoptiveltern für die amerikanischen Besatzer grundsätzlich nicht mehr in Frage. Die Väter aufzuspüren war so gut wie unmöglich: Soweit sie Angehörige der SS waren – was auf sehr viele zutraf –, hielten sie sich verborgen, waren verhaftet oder tot.

Von Feury erinnert sich, daß die einheimische Bevölkerung nur sehr zögernd bereit war, Kinder aus einem Heim zu adoptieren, das sie mit größtem Mißtrauen betrachtete. Die

Kinder unterzubringen war daher ein langwieriger Prozeß. Von Feury tat, was er konnte, aber es dauerte drei Monate, bis ein Team des Internationalen Roten Kreuzes im Heim einzog und diese Herkulesarbeit ernsthaft in Angriff nahm. Dieser Organisation fiel am Ende des Krieges die Hauptlast bei der Bewältigung dringender Probleme wie diesen zu. Später wurde sie von der Caritas, der UNRRA, der Internationalen Flüchtlingsorganisation und dem Internationalen Suchdienst bei der Suche nach den wirklichen Eltern der Kinder oder nach geeigneten Adoptiveltern unterstützt. Dennoch verging gut ein Jahr, bis alle Kinder untergebracht waren. In einigen Fällen ging die Sache glatt, aber weit häufiger erwies sich das Ganze als Fehlschlag, was gelegentlich dazu führte, daß besonders vom Pech verfolgte Kinder von einer Familie zur nächsten und – wenn sie ausländischer Herkunft waren – von Land zu Land gereicht wurden. Von Feury erinnert sich, daß ein oder zwei Kinder von amerikanischen Besatzungssoldaten adoptiert wurden. Die meisten aber landeten schließlich wieder in Heimen.

Das Heim erhält noch immer Besuch von Leuten, die dort geboren sind und – zumeist vergeblich – versuchen, Zugang zu ihrer Vergangenheit zu finden, irgendeinen Hinweis darauf, wer sie sind und wer ihre Eltern waren. Heute kommen etwa drei bis vier Besucher jährlich, aber ihre Zahl stieg zwischenzeitlich rapide an, als der Eiserne Vorhang geöffnet wurde und West- und Ostdeutschland sich vereinten.

Die meisten Besucher verließen den Ort in so jungen Jahren, daß sie sich heute nicht mehr daran erinnern können. Wenn sie es aber könnten, so würden sie vieles von damals unverändert finden. Das eiserne Tor ist noch vorhanden, mitsamt dem unauffälligen SS-Hoheitszeichen und den stilisierten Ornamenten, die das Lebensborn-Symbol und frühe germanische Runen verkörpern, für die Himmler als Teil seines Ahnenkultes schwärmte. Die schmiedeeisernen Lampen auf den Torpfosten und daneben der gotische weiße Turm sind gleichermaßen von dieser romantischen Vision inspiriert. Das ursprüngliche Gebäude wurde abgerissen, aber Himmlers Erweiterungsbauten stehen noch und werden jetzt ihrerseits ausgebaut. Von der Terrasse, auf die man die Babys in ihren Kinderbettchen schob, damit sie die gesunde Landluft atmen konnten, blickt man noch immer über den friedlichen Teich und den Garten.

Die abgerundeten Ecken im Flur entsprechen dem Stil der 30er Jahre. Die Kronleuchter in der Halle, schlichte eiserne Reifen mit neun Lampen, sind noch im Original erhalten, wenngleich die in ihnen verkörperte Symbolik längst vergessen ist. Auch der Raum für die theatralisch inszenierte Namensgebungsfeier kann noch besichtigt werden, ein charakteristisches Stück SS-Hokuspokus, wobei dem Baby zu den Klängen des Deutschlandsliedes ein großes Zeremonialschwert auf den Leib gelegt wurde.

Die ehemaligen Lebensborn-Kinder haben in den vergangenen fünfzig Jahren – jedes auf seine Weise – einen Weg gefunden, mit den Umständen ihrer Geburt ins reine zu kommen. Der Besuch im Heim hilft ihnen, ihre Neugier über ihre Herkunft zu befriedigen, führt ihnen aber zugleich das schreckliche System vor Augen, in das sie unfreiwillig eingebunden waren. »Ich kann mich damit nicht identifizieren«, meinte ein Besucher. »Obwohl ich in diesem System geboren wurde, habe ich keine Beziehung dazu. Die Ideologie ist eine Sache, ich bin eine andere.«

Das Lebensborn-Projekt war nur der eine Teil von Himmlers rassischer Utopie. In seinem Wunsch nach Auffrischung des arischen Blutes ging er so weit, blonde, gesunde Kinder in allen Teilen des zukünftigen Großdeutschen Reiches ihren Eltern wegzunehmen und sie zur »Germanisierung« nach

Deutschland zu bringen. Selbstverständlich erfüllten sie nicht dieselben hohen Ansprüche wie die in den Lebensborn-Heimen geborenen Kinder verbürgter Abstammung, aber wenn man eine Bevölkerungszahl von 120 Millionen und mehr erreichen will, muß man schon mal ein Auge zudrücken, besonders wenn man gleichzeitig Menschen einbüßt. Denn der Plan hatte noch eine andere, dunklere Seite. Um eine Herrenrasse zu züchten, mußte man systematisch all jene ausrotten, welche die Reinheit ihres Blutes gefährden konnten – die Juden, die Sinti und Roma, die Slawen sowie alle durch eine Erbkrankheit körperlich oder geistig Behinderten.

Als Himmler 1929 den Posten des Reichsführers SS übernahm, erklärte er seinen Leuten, daß die SS der »Blutsträger ist, der Geschichte schreiben kann«. Er fuhr fort:

> Wenn es uns gelingt, diese nordische Rasse in und um Deutschland herum wieder zu etablieren und sie zu veranlassen, Bauern zu werden, und auf diesem Saatbeet ein Volk von 200 Millionen zu produzieren, dann wird uns die Welt gehören ... Wir sind daher aufgerufen, eine Basis zu schaffen, von der aus die nächste Generation Geschichte schreiben kann.

Die fünf Amerikaner, die an jenem Maimorgen nach Steinhöring kamen, waren die absolute Garantie dafür, daß diese abschreckende Vision nie verwirklicht werden würde.

2
Die Rassenutopie

Der nordische Mensch ist ein Tatmensch, von ausgeglichenem Temperament, zurückhaltend, kühl und realistisch. Von Haus aus neigt er zu Experimenten und Abenteuern, ist draufgängerisch, tiefer Gefühle fähig, gutmütig und besitzt einen ausgeprägten Gerechtigkeitssinn. Charakteristisch sind seine Wahrheitsliebe, sein Ehrgefühl, sein Freiheitsdrang und seine Keuschheit. Er hat einen starken, entschiedenen Willen und verfügt über ein objektives, klares, zielorientiertes Organisationstalent.

Der Anthropologe Egon von Eickstedt, 1934

Adolf Hitlers Buch *Mein Kampf* aus dem Jahr 1926 hatte zahlreiche Mängel, aber Unklarheit gehörte nicht dazu. Seine Vision von der Zukunft Deutschlands beruhte ganz klar auf einer Rassenphilosophie, die sich aus populärwissenschaftlichen – hauptsächlich anthropologischen und evolutionsgeschichtlichen – Arbeiten ableitete, die in der zweiten Hälfte des 19. Jahrhunderts in Mode gekommen waren. Eine Gruppe europäischer Denker, die als Sozialdarwinisten bekannt wurden, griff Darwins Lehre von der Evolution und der natürlichen Auslese auf, die dieser zuerst 1859 in seinem epochemachenden Werk *Der Ursprung der Arten* veröffentlicht hatte. Sie erweiterten und verfälschten sie jedoch, um jene Rassenlehre zu begründen, die Hitler so faszinierte und die er in den Lebensborn-Heimen und den Vernichtungslagern in die Tat umsetzte.

Die Sozialdarwinisten beriefen sich besonders auf das dritte Kapitel des Buches *Der Ursprung der Arten*, das Darwin »Kampf ums Überleben« genannt hatte. Dort hatte er ausgeführt, daß nur jene Arten überlebt und sich weiterentwickelt hätten, die sich mit wilder Entschlossenheit gegen jede Konkurrenz verteidigten. Eine ihrer Hauptwaffen in diesem Kampf sei rasches Wachstum durch intensive Vermehrung. 1871 entwickelte er diese Theorie in seinem Buch *Der Aufstieg des Menschen* weiter, in dem er die – für den Sozialdarwinismus entscheidende – Meinung vertrat, daß die zivilisatorischen Fortschritte des 19. Jahrhunderts, speziell auf dem Gebiet der Medizin, den natürlichen Ausleseprozeß störten, weil sie das Überleben der Untüchtigen und der Starken gleichermaßen sicherten, es sei denn, man stellte durch gezielte Züchtung den naturgemäßen Zustand wieder her.

Seine Anhänger gingen noch einen Schritt weiter. Sie waren davon überzeugt, daß es möglich sei, auch die menschliche Rasse zu verbessern, indem man gezielt Zucht mit Männern und Frauen betrieb, deren Eigenschaften man bewahrt sehen wollte – so wie der Mensch durch die Verstärkung jener Merkmale zur dominierenden Gattung aufgestiegen sei, die ihn von niederen Lebewesen unterschieden und die von Generation zu Generation weitergegeben wurden. Die logische Folge war die Unterdrückung jener Menschen – durch Ausmerzung oder Versklavung –, deren unerwünschte charakteristischen Merkmale das angestrebte Ziel zunichte machen konnten.

Die Frage rassischer Unterschiede wurde bereits diskutiert, bevor *Der Ursprung der Arten* erschien. 1855 hatte der französische Graf Arthur de Gobineau in seinem *Essay über die Ungleichheit der menschlichen Rassen* erklärt, daß die ererbten rassischen Eigenschaften weit stärker als Umweltfaktoren die treibende Kraft in der Menschheitsgeschichte gewesen seien. Die weiße, »arische« Rasse, so behauptete er, sei allen anderen überlegen, wobei ihre Stärke und Tapferkeit in einem eindrucksvollen Körperbau zur Geltung kämen. (Die Ur-Arier kamen aus dem kleinasiatischen Raum, aber die Bezeichnung »Arier« wurde bald auf die gesamte indogermanische Sprachfamilie und später auf Angehörige der nordeuropäischen Rasse ausgedehnt. In diesem rassischen Zusammenhang wurde »arisch« schließlich mit »nordisch« und »germanisch« gleichgesetzt.)

Gobineau entwickelte auch bereits die Theorie, die zur Grundlage der Lebensborn-Bewegung wurde: daß nämlich Völker wie die Griechen und Römer aufgrund ihrer Rassereinheit die Welt beherrscht hätten. Als sie sich aber mit anderen Völkern vermischten, habe das zu ihrer Degeneration und dem Verlust ihrer Vitalität geführt. Solche Kreuzungen müßten um jeden Preis vermieden werden, schrieb Gobineau. Hitler stimmte dem zu. In *Mein Kampf* erklärt er: »Die geschichtliche Erfahrung ... zeigt in erschreckender Deutlichkeit, daß bei jeder Blutsvermengung des Ariers mit niedrigeren Völkern als Ergebnis das Ende des Kulturträgers herauskam.« Was also war natürlicher, als die dauernde Dominanz des Kulturvolkes dadurch zu gewährleisten, daß sich seine Mitglieder nur untereinander paarten?

Hintergrund aller dieser Theorien war der Antisemitismus, der in Europa seit dem Mittelalter an Bedeutung gewonnen hatte, als sich die Juden in den großen Städten niederließen und eine Vielzahl kommerzieller und anderer Aktivitäten entfalteten, vorzugsweise im Bankwesen und in der Medizin. Durch strenge Bewahrung ihrer sozialen und religiösen Traditionen und aufgrund ihres andersartigen Aussehens wurden die Juden schnell zur Zielscheibe volkstümelnder, demagogischer und ehrgeiziger politischer Agitatoren. Indem die Sozialdarwinisten »bewiesen«, daß die arische Rasse genetisch allen anderen überlegen sei, verwiesen sie und ihre Nachfolger die Juden und andere Nichtarier auf eine definierbare niedrigere Daseinsstufe. Von dort war es ein vergleichsweise kleiner Schritt zu den Nürnberger Gesetzen der Nazis im Jahr 1935, welche die Juden von weiten Lebensbereichen der Deutschen ausschlossen und Mischehen verboten; schließlich gefolgt vom letzten Schritt, der zu den Konzentrationslagern führte.

Darwins Buch gab der Rassenkunde einen enormen Aufschwung. Die Forscher benutzten Instrumente wie Zirkel und Kraniometer, um Köpfe, Gehirne, Nasen und andere Körperteile zu vermessen. Schädel wurden gewogen, Knochen untersucht, Haar- und Augenfarbe peinlich genau registriert. Der schwedische Anthropologe Anders Retzius erfand einen »Schädelindex«, wonach dem Verhältnis zwischen Länge und Breite des Schädels besondere Bedeutung zukam. Man diskutierte sogar ernsthaft darüber, ob man anhand von Schädelvermessungen kriminelle Veranlagungen entdecken könne (heute forscht man nach einem »Verbrecher-Gen«). Die Deutsche Gesellschaft für Anthropologie bildete eine Kommission zur Erforschung der rassischen Zusammensetzung in den deutschen Ländern, die bis 1885 schätzungsweise 15 Millionen Kinder vermessen hatte. Von einem besonders eifrigen Forscher wird berichtet, er habe an einem einzigen Schädel 5000 Messungen vorgenommen.

Einer der ersten Sozialdarwinisten war Francis Galton, ein Vetter Darwins. 1883 gab er der von ihm begründeten »wissenschaftlichen« Methode, anhand genetischer Merkmale die rassische Qualität eines Menschen zu beweisen, den Namen »Eugenik«, wörtlich übersetzt »gute Zucht«.

Galton war davon überzeugt, daß natürliche Fähigkeiten erblich seien, und trat dafür ein, daß Menschen, die es zu etwas gebracht hatten, mit einem rassischen Gesundheitsattest ausgestattet und ermutigt werden sollten, jung zu heiraten und große Familien zu gründen. Zugleich zeigte er sich besorgt über die hohe Fruchtbarkeit der Armen. Er entwickelte die These, daß Fortschritte in der Medizin dazu beitrügen, die Zahl der Reinrassigen zu vermindern, da sie das Überleben der Kranken und Schwachen sicherten, die zugrunde gehen würden, wenn man der Natur ihren Lauf ließe. Dem könne man nur dadurch begegnen, daß man rassisch Minderwertige davon abzuhalten suche oder daran hindere, sich zu vermehren, oder aber sie veranlasse, in die Kolonien auszuwandern.

1904 gründete Galton das National Eugenics Laboratory und kurz darauf die Eugenics Education Society, zu deren Zielen die Sterilisation von Geisteskranken und Geistesschwachen gehörte. Parallele Institutionen entstanden in Teilen der USA, wo ein Eugenics Records Office eingerichtet wurde, das mit finanzieller Unterstützung der hochangesehenen Rockefeller- und Carnegie-Stiftungen die Forschungen auf diesem Gebiet koordinieren sollte. Es dauerte nicht lange, bis die Eugenik dazu benutzt wurde, die Zulassung oder Ablehnung von Einwanderern in die USA mit rassischen Gründen zu rechtfertigen.

Die Idee von einer Herrenrasse wurde besonders eifrig in Deutschland aufgegriffen, wo man in ihr eine mögliche Antwort auf die ernsten sozialen Probleme sah, die durch die rasche Industrialisierung und das Anwachsen der Bevölkerung in der zweiten Hälfte des 19. Jahrhunderts entstanden waren. Zu den frühen Anhängern des Sozialdarwinismus gehörte Ernst Haeckel, Professor der Zoologie und später der Sozialanthropologie an der Universität Jena. Schon 1869 unterstützte er Gobineaus These, daß die Völker Zentraleuropas allen anderen überlegen seien und alle bedeutenden Kulturgüter geschaffen hätten. (Gobineaus Klassifizierung der Herrenrasse als »Arier« hatte er auf »Westarier« beziehungsweise »germanische Völker« eingeengt.) Haeckel war der Ansicht, eine Rasse sei einem biologischen Organismus vergleichbar, dessen Wohlergehen als Ganzes von der Gesundheit seiner einzelnen Bestandteile abhänge. 1904 griff er die Kirchen an und trat wie Galton für eine systematische Eliminierung der Schwachen und Kranken ein. In seinem Buch *Die Lebenswunder* schreibt Haeckel:

> Welchen Gewinn zieht die Menschheit aus den Tausenden von Krüppeln, die jedes Jahr geboren werden, aus den Tauben und Stummen, den Kretins, den unheilbar Erbgeschädigten usw., die künstlich am Leben gehalten und großgezogen werden? Was für eine unendliche Anhäufung an Leiden und Schmerzen bedeutet dieses klägliche Dasein für sie selbst, was für ein unermeßliches Maß an Sorge und Kummer für ihre Familien, was für einen Verlust an privaten Mitteln und staatlicher Unterstützung für die Gesunden!

Der Einfall, soziale Überlegungen als Rechtfertigung für die Einführung rassenhygienischer Maßnahmen ins Spiel zu bringen, war verführerisch. Später sollten Himmler und die übrigen Befürworter der Lebensborn-Heime behaupten, ihre Sorge gelte in erster Linie den unterprivilegierten Müttern. Auch Sterilisation und Euthanasie sind später oft damit gerechtfertigt worden, daß man den Armen helfen und Schmerzen lindern wolle. In den Propagandafilmen der Nazis wurde Euthanasie als »Sterbehilfe« umschrieben. Haeckel war darüber hinaus einer der ersten, die Rassereinheit mit der Rückkehr zu einem natürlichen Leben unter freiem Himmel verknüpften – eine Reaktion auf die zunehmende Verwahrlosung der krankmachenden und überfüllten Städte. Mit seinen Studenten unternahm er lange Wanderungen durch die thüringischen Berge, wo sie über Darwins Theorien und die Freiheit des Geistes diskutierten.

Seine Arbeit wurde von seinem Nachfolger auf dem Jenaer Lehrstuhl für Sozialanthropologie, Alfred Ploetz, aufgegriffen und weiterentwickelt. Von ihm stammt der Begriff »Rassenhygiene«. 1879, mit nur 19 Jahren, hatten Ploetz und eine Gruppe von Freunden, darunter der Dichter Gerhart Hauptmann, die Liga zur Kräftigung der Rasse gegründet. Sie war für den wachsenden Nationalismus und den logisch daraus folgenden Antisemitismus symptomatisch, der Deutschland gegen Ende des 19. Jahrhunderts überschwemmte. Die Liga propagierte einige seltsame Bräuche – unter anderem den, nur solche Kleidung zu tragen, deren Material von Säugetieren stammte, weil auch der Mensch zu dieser Gattung gehöre und man glaubte, daß dies die geistige wie die körperliche Gesundheit fördere. Die Liga verbot den Genuß von Alkohol, nicht etwa aus Sorge um Gesundheit und Wohlergehen des einzelnen, sondern weil man ihn als für den Bestand der Rasse schädlich ansah.

In seinen späteren Schriften zur Rassenfrage vertrat auch Ploetz die Theorie, daß die Verbesserungen in der Sozialhilfe die Überlebensrate der Ärmsten und Hilflosesten ansteigen ließen und daher ein gezieltes Züchtungsprogramm erforderlich sei, damit die besten und gesündesten rassischen Merkmale nicht untergingen. 1905 gehörte er zu den Gründern des Vereins für Rassenhygiene, der als erster in Deutschland offen für Eugenik eintrat. Seine Mitglieder kamen aus allen Berufen und mußten sich einer anthropologischen Prüfung unterziehen, um festzustellen, ob sie reinrassige Arier waren. Hatten sie diesen Test bestanden, wurden sie ermuntert, möglichst viele Kinder zu zeugen, um den Stamm zu kräftigen – was man bei Pferden als Vollblutzucht bezeichnet – und fremde Gene daran zu hindern, in das reine arische Blut einzudringen und es zu verseuchen. Im ersten Jahrzehnt dieses Jahrhunderts schlossen sich in Deutschland noch weitere kleinere Gruppen mit ähnlicher Zielsetzung zusammen.

1912 wurde dann die einflußreichere Thule-Gesellschaft gegründet, die wichtige inoffizielle Unterstützung durch das Militär erhielt. Ihren Namen leitete sie von Ultima Thule ab, das als Urheimat der germanischen Rasse galt. Sie war eine ausgesprochen selektive Vereinigung, die wie der Verein für Rassenhygiene strenge Maßstäbe für eine Mitgliedschaft aufstellte und unter anderem von jedem Bewerber den Nachweis rein arischen Blutes seit mindestens drei Generationen verlangte – eine Forderung, die später in das Züchtungsprogramm der Nazis übernommen wurde. Ihr unmißverständlicher Wahlspruch lautete: »Denk' daran, daß du Deutscher bist. Halte dein Blut rein!«

Neben Vorträgen und Versammlungen betrieb die Gesellschaft gezielt antikommunistische Propaganda und unterstützte die Deutsche Arbeiterpartei, der Hitler beitrat, kurz bevor sie ihren Namen in »Nationalsozialistische Deutsche Arbeiterpartei« umänderte. Die neuen Initialen NSDAP kennzeichneten sie bald als Nazipartei. Von der Thule-Gesellschaft übernahm sie nicht nur das Hakenkreuz, sondern auch deren politisches Hauptziel, Europa unter deutscher Führung zu vereinen.

Das Jahr 1912 war noch aus einem weiteren Grund ein Meilenstein in der Geschichte der eugenischen Bewegung: Im Juli fand an der Universität London der erste Internationale Kongreß für Eugenik statt, mit Ploetz als einem der Hauptredner. Der Kongreß versammelte dreihundert begeisterte Anhänger der aufstrebenden Bewegung aus Europa und den USA, darunter so einflußreiche Namen wie Charles Davenport, Direktor des Eugenics Record Office in Cold Spring Harbor, Long Island. Das Ansehen, das die Eugenik inzwischen erlangt hatte, spiegelte sich auch in der Teilnahme einiger berühmter Nichtspezialisten wie des Erfinders des

Telefons, Alexander Graham Bell, der Präsidenten der Universitäten von Harvard und Stanford sowie von Winston Churchill, Erster Lord der Admiralität.

Bei den diskutierten Themen ging es vor allem um Maßnahmen, mit denen man der Fortpflanzung minderwertiger Personen entgegenwirken und die Vermehrung der besser Qualifizierten fördern konnte. Die USA wurden für ihre weltweite Führungsrolle in der Frage der Sterilisation geistig Behinderter allgemein sehr bewundert. Indiana hatte schon 1907 ein entsprechendes Gesetz erlassen, und inzwischen hatten sich auch Kalifornien, Nevada, Iowa, New Jersey und New York angeschlossen. Im Jahr darauf folgten Kansas, Michigan, North Dakota und Oregon.

Aber nicht alle deutschen Eugeniker glaubten, daß Sterilisation allein ausreiche. Von denen, die eine noch striktere Interventionspolitik forderten, besaß Fritz Lenz den größten Einfluß. 1923 wurde er Deutschlands erster Professor für Rassenhygiene an der Universität München. (Sie blieb die einzige Universität, die dieses Fach in ihren Lehrplan aufnahm, bevor die Nazis 1933 an die Macht kamen. Bis 1936 hatten dann neun weitere deutsche Universitäten entsprechende Lehrstühle eingerichtet, und an allen anderen gehörte das Fach Rassenhygiene zum Medizinstudium. Zu dieser Zeit waren die Universitäten in Fragen der Rassenhygiene bereits mit gutem Beispiel vorangegangen und hatten ihre jüdischen Professoren entlassen.)

Lenz vertrat den Standpunkt, daß sich die Qualität der Rasse in Deutschland und anderswo durch die Sterilisation Behinderter nur minimal verbessern lasse, solange sich die »fähigeren« Bevölkerungsgruppen weigerten, sich in angemessener Zahl zu vermehren. Es sei daher weit wichtiger, behauptete er, jene zur Fortpflanzung zu ermuntern, deren Qualitäten man schätze, als nur den negativen Schritt zu tun und die Anzahl der unerwünschten Kinder zu minimieren.

Zusammen mit dem Genetiker Erwin Baur und dem Anthropologen Eugen Fischer verfaßte Lenz 1921 das grundlegende deutsche Lehrbuch über Rassenfragen, *Ein Grundriß über Humangenetik und Rassenhygiene.* Im zweiten Band, den Lenz allein schrieb, ging er detailliert auf den Unterschied zwischen den Geschlechtern wie zwischen den Rassen ein:

> Die Männer sind besonders dazu ausersehen, die Natur zu beherrschen, Kriege zu gewinnen und die Frauen zu erobern; während den Frauen die Rolle zufällt, Kinder zu gebären und aufzuziehen ... Hieraus ergibt sich der wesentliche Unterschied zwischen den Geschlechtern.

In seinem Rassenvergleich behauptete Lenz, daß Schwarze geistig zurückgeblieben seien und es ihnen an Weitblick mangele. Juden seien »eine intellektuelle Rasse«, interessiert an Sex und Medizin, aber, obgleich frühreif und geistreich, nicht wirklich kreativ, geschickter in der Interpretation als im selbständigen Denken. »Juden können sich nicht in Deutsche verwandeln, indem sie Bücher über Goethe schreiben«, erklärte er. Die nordischen Rassen lobte er wegen ihrer künstlerischen Neigungen, ihrer Leistungsfähigkeit, ihres Realismus und ihrer Objektivität sowie ihrer Bereitschaft zum Gehorsam. In seiner Rezension des Buches *Ein Grundriß über Humangenetik und Rassenhygiene*, erschienen in der Zeitschrift *New Statesman and Nation,* nannte es der englische Schriftsteller L. A. G. Strong 1931 »ein großartiges Lehrbuch ... ein Meisterwerk an objektiver Forschung und vorsichtigen Hypothesen«. Man nimmt an, daß Hitler das Buch nach dem mißglückten Putsch von 1923 während seiner Festungshaft in Landsberg gelesen hat.

Mitte der 20er Jahre gab es eine Flut von Büchern, die

von der Überlegenheit der nordischen Rasse kündeten. H. F. K. Günther schrieb in seiner *Ethnologie der deutschen Nation*:

> Der Mensch nordischer Rasse ist nicht nur der begabteste, sondern auch der schönste. Dort steht die schlanke Gestalt des Mannes, aufrecht in einer herrlichen Mischung aus Knochen und Muskeln von höchster Erlesenheit – die breiten, kraftvollen Schultern, die breite Brust und die schmalen Hüften ... Die Frau hat schlanke, runde Schultern und breite, aber sanft geschwungene Hüften ... Das Gesicht des Mannes ist kantig und scharf geschnitten, das der Frau sanft, mit rosa Haut und herrlich strahlenden Augen – eine souveräne Rasse.

Die Theorien, auf denen Hitlers Glaubensbekenntnis beruhte, erscheinen heute so extrem und abwegig, daß man sich nur schwer vorstellen kann, daß sie jemals ernst genommen wurden. Aber das geistige Klima Anfang des 20. Jahrhunderts war völlig anders als das heutige. Philosophen und Sozialtheoretiker aller westlichen Länder suchten nach Wegen, um die Gesellschaft neu zu organisieren, von der sie annahmen, sie werde als Folge der schnellen Industrialisierung und ungleichen Wohlstandsverteilung in einem Chaos enden. Die Eugeniker und Rassenhygieniker bildeten keineswegs eine Mehrheit, doch es gab einflußreiche und angesehene Gruppen, die bereit waren, sich ihre Meinungen aufmerksam anzuhören.

Zu ihnen gehörte in England der bekannte Schriftsteller H. G. Wells. Seine 1901 erschienene Arbeit *Anticipations* enthielt Gedanken, die auch in *Mein Kampf* hätten stehen können. Wells beschrieb seine Idealgesellschaft folgendermaßen:

> Das ethische System, das den Weltstaat beherrschen wird, wird in erster Linie die Entwicklung all dessen fördern, was an der Menschheit edel, tüchtig und schön ist – schöne und kräftige Körper, einen klaren und zupackenden Verstand und ein zunehmendes Wissen –, und es wird die Zeugung von minderwertigen und servilen Typen eindämmen ... Die Methode, die in einigen Fällen als Hilfe für den Menschen herangezogen werden muß, ist der Tod ... Für eine Vielzahl von verachtenswerten und verrückten Kreaturen, ängstlich und hilflos und nutzlos, unglücklich oder hassenswert glücklich inmitten schändlicher Verwahrlosung, schwach, häßlich, untüchtig, geboren aus hemmungsloser Wollust, wachsend und sich vermehrend durch reine Unbeherrschtheit und Dummheit, wird der Mensch der Neuen Republik wenig Mitleid und noch weniger Wohlwollen empfinden.

Seine Verachtung beschränkte sich nicht nur auf die von Geburt an Behinderten, sondern war von einem starken Rassismus geprägt. Er schrieb von einer Beseitigung der jüdischen Rasse mit ihrer »unheilbaren Neigung zum sozialen Schmarotzertum« und fuhr fort:

> Und der Rest – jene Massen von schwarzen, braunen und gelben Menschen, die kein Bedürfnis nach Tüchtigkeit verspüren? Nun, die Welt ist keine Wohlfahrtseinrichtung. Ich nehme an, sie werden gehen müssen.

Es ist bezeichnend für das geistige Klima jener Zeit, daß Wells' Buch bei seinem Erscheinen nicht allgemein verurteilt wurde – aber, um fair zu sein, es wurde auch nicht stürmisch gefeiert. Andere bemerkenswerte Schriftsteller haben ebenfalls mit derartigen Ideen geliebäugelt, unter ihnen Virginia

Woolf, T. S. Eliot und sogar Bernhard Shaw. Marie Stopes, Kämpferin für Geburtenkontrolle und Präsidentin der Society for Birth Control and the Progress of Race, nahm 1935 in Berlin am Internationalen Kongreß für Bevölkerungswissenschaft teil. Der Kongreß gab der Rassenpolitik der Nazis einen wichtigen Aufschwung. Ein führender amerikanischer Eugeniker, Clarence Campbell, sagte in seiner Ansprache:

> Dem Führer des deutschen Volkes, Adolf Hitler, ist es mit der tatkräftigen Unterstützung von Innenminister Dr. Frick und in Zusammenarbeit mit den deutschen Anthropologen, Eugenikern und Sozialphilosophen gelungen, eine umfassende Rassenpolitik zur Bevölkerungsentwicklung und -verbesserung zu entwerfen, die in der Rassengeschichte epochal zu werden verspricht. Sie ist das Vorbild, dem andere Nationen und andere rassische Gruppen folgen müssen.

Viele Akademiker bemühten sich, den eugenischen Theorien Glaubwürdigkeit zu verschaffen – die berühmten »Nacktfotos« zur Demonstration der Körperhaltung, die seit den 30er Jahren bis in die 60er Jahre hinein am Ivy League College von amerikanischen Studenten gemacht und 1995 ausgestellt wurden, gingen auf ein Projekt zurück, mit dem bewiesen werden sollte, daß man Intellekt und Temperament anhand körperlicher Merkmale bestimmen könne. Erst als die Nazis ernsthaft daran gingen, diese und verwandte Theorien in die Tat umzusetzen, erkannte man die fürchterlichen Konsequenzen.

Der Schriftsteller, der den stärksten Eindruck auf Hitler machte, war Houston Steward Chamberlain, ein auf dem Kontinent lebender Engländer, der mit der Tochter von Richard Wagner verheiratet war – einem weiteren Verehrer der Philosophie von der Überlegenheit der Arier. Chamberlain vertrat die Ansicht, daß die Menschheit nach einer strengen Hierarchie der Rassen organisiert sei, die sich nur innerhalb ihrer eigenen Gruppe vermehren dürften, wenn sie den Verlust ihrer Identität durch Bastardisierung vermeiden wollten. In seinem Buch *Die Grundlagen des 19. Jahrhunderts*, das 1899 in München veröffentlicht wurde (und das auch Wells gelesen hatte), führte Chamberlain aus, daß die teutonische oder arische Rasse der Architekt der europäischen Zivilisation gewesen sei. Mit Wagner und gleichgesinnten Denkern war er der Meinung, daß Christus kein Jude, sondern der uneheliche Sohn eines römischen Legionärs gewesen sei. Jede größere Leistung der westlichen Kultur – wie etwa die Renaissance in Italien – schrieb er schon von ihrer Definition her der teutonischen Rasse zu.

Das goldene Zeitalter der Griechen, schrieb Chamberlain, sei das »verlorene Ideal, um dessen Rückeroberung wir uns bemühen müssen«, aber wie Rom sei es an rassischer Degeneration zugrunde gegangen, genauso wie heute die Zukunft des germanischen Volkes durch Vermischung seines arischen Blutes mit dem anderer Rassen bedroht sei. Er glaubte, die Juden seien die Hauptübeltäter, da sie bewußt und methodisch versuchten, die »höherstehenden« Arier durch Mischehen zugrunde zu richten und »die Indo-Europäer mit jüdischem Blut zu infizieren«. Obwohl er von dem strengen Sozialkodex der Juden beeindruckt war, behauptete er, das Ziel der Juden sei es, »den Fuß auf den Nacken aller Nationen der Welt zu setzen und Herr und Gebieter über die ganze Erde zu werden«.

Wie Lenz fand auch Chamberlain bei den Ariern besondere Eigenschaften, die zum Teil denen der Juden genau entgegengesetzt seien. Die Arier seien mystisch, idealistisch, treu, gebildet und ohne Falsch. Im letzten Kapitel seines Buches schrieb er alle großen Errungenschaften zwischen dem 13. und dem 19. Jahrhundert der teutonischen Rasse zu und trat für eine Verbesserung und Läuterung der Rasse durch selektive Züchtung und systematischen Ausschluß fremden Blutes aus dem Rassengemisch ein.

Hitler war von diesen Ansichten so angetan, daß er Chamberlain geradezu vergötterte und darauf bestand, 1927 an seinem Sterbebett zu weilen. In *Mein Kampf* übersetzte er Chamberlains Philosophie in ein zweigleisiges Aktionsprogramm. Dessen negative Seite, die Vernichtung der Juden, war bei weitem die schrecklichere und ist zu Recht von allen Seiten durchleuchtet und angeprangert worden. Das zweite, als positiv geltende Element, die Verbesserung und Vergrößerung der deutschen Rasse, ist weniger besprochen worden. Im Rückgriff auf Chamberlain, Haeckel, Gobineau und Lenz schrieb Hitler:

> Was wir heute an menschlicher Kultur, an Ergebnissen von Kunst, Wissenschaft und Technik vor uns sehen, ist nahezu ausschließlich schöpferisches Produkt des Ariers. Gerade diese Tatsache aber läßt den nicht unbegründeten Rückschluß zu, daß er allein der Begründer höheren Menschentums überhaupt war, mithin den Urtyp dessen darstellt, was wir unter dem Worte »Mensch« verstehen.

Nach Hitlers Ansicht bestand die wichtigste Aufgabe der Geschichte darin, von Aufstieg, Kampf und Untergang der Rassen zu berichten. Er fürchtete, die jüdische Rasse werde rücksichtslos aufsteigen, wenn man die Arier nicht gezielt stärke. Diese Vorstellungen spielten eine zentrale Rolle bei seinen territorialen Ambitionen, die den Zweiten Weltkrieg auslösten. Hätten die neuen Arier erst einmal die von ihm ins Auge gefaßte Zahl erreicht, würden sie eine Erweiterung ihres Lebensraumes fordern, um ein Großdeutsches Reich zu gründen. Entsprechend nannte er in *Mein Kampf* als Ziel,

»für das deutsche Volk den Grund und Boden zu sichern, der ihm auf dieser Erde auf Kosten Rußlands und seiner Vasallenstaaten zusteht«. Es war und blieb das Hauptziel seiner militärischen und politischen Strategie, die Reinheit der Rasse zu sichern und damit ihre Herrschaft über Europa – was eine Revision der nach dem Ersten Weltkrieg im Versailler Vertrag getroffenen Maßnahmen bedeutete –, bis er schließlich einsehen mußte, daß dies letztendlich nicht zu erreichen war, und Selbstmord beging, als die Alliierten 1945 Deutschland eroberten.

»Wofür wir kämpfen müssen«, schrieb er in *Mein Kampf*, »ist die Sicherung unserer Existenz und die Erstarkung unserer Rasse und unseres Volkes, die Erhaltung unserer Kinder und die Reinheit unseres Blutes, die Freiheit und Unabhängigkeit unseres Vaterlandes, so daß unser Volk heranreifen kann, um die Mission zu erfüllen, die ihm von seinem Schöpfer zugeteilt worden ist.« Und er bezog sich auf die Naturgesetze, um seine Forderung nach Rassenhygiene zu begründen:

> Jedes Tier paart sich nur mit einem Genossen der gleichen Art. Meise geht zu Meise, Fink zu Fink, der Storch zur Störchin, Feldmaus zu Feldmaus, Hausmaus zu Hausmaus, der Wolf zur Wölfin usw.

Aus der Vereinigung eines starken Menschen mit einem schwachen, so argumentierte er, würde ein Kind hervorgehen, dessen Niveau etwa in der Mitte zwischen dem beider Eltern liege.

> Das Junge wird wohl höher stehen als die rassisch niedrigere Hälfte des Elternpaares, allein nicht so hoch wie die höhere ... Solche Paarung widerspricht aber dem Willen der Natur zur Höherzüchtung des

> Lebens überhaupt ... Minderwertige Arten sind der Zahl nach den höherwertigen immer überlegen. Die Natur sorgt aber dafür, daß viele der schwächeren Arten durch harte Lebensbedingungen an die Wand gedrückt werden. Der Kampf sorgt dafür, daß nur die gesündesten Männchen die Weibchen erobern und so die höherwertige Art erstarkt. Wenn aber die Natur keine Paarung von schwächeren Einzelwesen mit stärkeren wünscht, soviel weniger noch die Verschmelzung von höherer Rasse mit niederer, da ja andernfalls ihre ganze sonstige, vielleicht jahrhunderttausendelange Arbeit der Höherzüchtung mit einem Schlage wieder hinfällig wäre.

Mischehen, so behauptete Hitler, verstießen daher gegen die Gesetze der Natur und die Grundsätze, denen der Mensch seine Existenz verdanke. Das zu bestreiten, wie es die »modernen Pazifisten« – wie er sie nannte – machten, bedeute, die Menschheit letztendlich dem Untergang zu weihen; ein Standpunkt, den er »in seiner Unverfrorenheit als typisch jüdisch« bezeichnete. Er erklärte:

> Alles, was wir heute auf dieser Erde bewundern – Wissenschaft und Kunst, Technik und Erfindungen – ist nur das schöpferische Produkt weniger Völker und vielleicht ursprünglich *einer* Rasse. Von ihnen hängt auch der Bestand dieser ganzen Kultur ab. Gehen sie zugrunde, so sinkt mit ihnen die Schönheit dieser Erde ins Grab ... Alle großen Kulturen der Vergangenheit gingen nur zugrunde, weil die ursprünglich schöpferische Rasse an Blutsvergiftung abstarb ... Die Blutsvermischung und das dadurch bedingte Senken des Rassenniveaus ist die alleinige Ursache des Absterbens aller Kulturen; denn die Menschen gehen nicht

> an verlorenen Kriegen zugrunde, sondern am Verlust jener Widerstandskraft, die nur dem reinen Blut zu eigen ist. Was nicht gute Rasse ist auf dieser Welt, ist Spreu. Alles weltliche Geschehen ist aber nur die Äußerung des Selbsterhaltungstriebes der Rassen … Wer überleben will, muß kämpfen.

Indem er seine aus der Geschichte abgeleiteten Gedanken weiterspann, fand Hitler die Rechtfertigung für die Ausbeutung der »Minderwertigen« durch die Herrenrasse:

> So war für die Bildung höherer Kulturen das Vorhandensein niederer Menschen eine der wesentlichsten Voraussetzungen, indem nur sie den Mangel technischer Hilfsmittel, ohne die aber eine höhere Entwicklung gar nicht denkbar ist, zu ersetzen vermochten. Sicher fußte die erste Kultur der Menschheit weniger auf dem gezähmten Tier, als vielmehr auf der Verwendung niederer Menschen … Es ist also kein Zufall, daß die ersten Kulturen dort entstanden, wo der Arier im Zusammentreffen mit niederen Völkern diese unterjochte und seinem Willen untertan machte.

Für ihn gab es keinen Zweifel, wer die Hauptbösewichte waren, und in einem äußerst lebendigen Absatz beschrieb er ausführlich, wie die Juden auf den Untergang der Arier hinarbeiteten:

> Der schwarzhaarige Judenjunge lauert stundenlang, satanische Freude in seinem Gesicht, auf das ahnungslose Mädchen, das er mit seinem Blut schändet und damit seinem, des Mädchens Volk raubt. Mit allen Mitteln versucht er, die rassischen Grundlagen des zu unterjochenden Volkes zu verderben.

Eine in jeder Hinsicht haßerfüllte Verächtlichmachung der Juden, aber im vorherrschenden geistigen Klima der damaligen Zeit stieß man sich allenfalls an der Wortwahl. Antisemitische Äußerungen waren in den gesellschaftlichen und geschäftlichen Kreisen in England und dem übrigen Europa gang und gäbe und kamen selbst in der zeitgenössischen Literatur vor – so in Rudyard Kiplings bösartig antisemitischem Gedicht *Gehazi*.

Selbst als er durch die fanatische Verfolgung seines rassischen Rachefeldzuges Deutschland und die übrige Welt in unvorstellbares Elend gestürzt hatte, änderte Hitler seine Meinung nicht. Sein Testament, das er kurz vor seinem Selbstmord am 30. April 1945 diktierte, endete mit den Worten: »Vor allem ermahne ich die Führung des Volkes, an der rücksichtslosen Einhaltung der Rassengesetze und dem gnadenlosen Kampf gegen die Weltvergifter aller Nationen festzuhalten, das internationale Judentum.« Es muß in der Tat ein übermächtiger Haß gewesen sein, der die Ermordung von Millionen gerechtfertigt erscheinen ließ und ihm zuletzt das Opfer des eigenen Lebens wert war.

Während des Aufstiegs der Nazis zur Macht und auch danach noch las Hitler mit Leidenschaft Bücher über Eugenik. Wenigstens zwei amerikanischen Schriftstellern, Madison Grant und Leon Whitney, hat er persönlich geschrieben und zu ihren Werken *The Passing of the Great Race* beziehungsweise *The Case of Sterilisation* gratuliert. Sie untermauerten die Grundsätze, die er schon in *Mein Kampf* dargelegt hatte und auf denen seine Innen- und Außenpolitik beruhte. Diese Politik wiederum wurde von den Eugenikern unterstützt – besonders in den USA und dort sogar noch nach Ausbruch des Zweiten Weltkrieges und dem Beginn der Judenverfolgungen. Im Winter 1939/40 besuchte der amerikanische Eugeniker T. U. H. Ellinger führende Rassenforschungsinstitute in Deutschland. In einem Artikel im *Journal of Heredity* nannte er später die gegen die Juden ergriffenen Maßnahmen nüchtern »ein umfangreiches Züchtungsprogramm mit dem Ziel, das Erbgut der semitischen Rasse aus der Bevölkerung zu eliminieren«, und erwähnte dabei besonders die »verblüffende Fülle unvoreingenommener Informationen« über die Juden und ihre charakteristischen Merkmale, die das Kaiser-Wilhelm-Institut gesammelt habe.

Hitler sah die Engländer zunächst nicht als Feinde an: Er bewunderte Englands im Kern angelsächsische Bevölkerung – im Gegensatz zu der Frankreichs mit ihrem offenkundig mediterranen Einschlag. Er lobte auch das britische Empire, besonders dort, wo man die Bevölkerung bereits nach Rassen klassifiziert hatte, wie etwa in Indien und Südafrika. Es sei nur daran erinnert, daß auch die Engländer Mischehen und die daraus resultierenden »Mischlinge« ablehnten, welche die Reinheit der Rasse kompromittierten. Anglo-Inder hatten keinen Zugang zu englischen Clubs – es sei denn, sie waren von so heller Hautfarbe, daß sie »als Weiße« durchgingen. Auch ihre Berufsaussichten waren eingeschränkt. Die Männer hatten nur die Wahl, als Soldaten oder Polizisten die Schmutzarbeit der Kolonialmacht zu verrichten: die Eingeborenen in Schach zu halten. Den jungen Frauen, den sogenannten »B-Klasse-Mädchen«, war gleichermaßen der Zugang zu akademischen und Verwaltungspositionen verwehrt. Immerhin konnten sie Krankenschwestern und Sekretärinnen werden.

Wegen dieser scheinbar übereinstimmenden Zielsetzung strebte Hitler ursprünglich eine Allianz mit England an, um gemeinsam die Sowjetunion und das restliche Europa zu erobern. Wenn sich die Zahl der reinblütigen Deutschen durch ein inländisches Züchtungsprogramm und durch Zufuhr frischen Blutes von außen erhöhen ließ, konnte man das Reich auf andere Teile der Welt ausdehnen und die dortigen Bewohner zu Sklaven machen – getreu dem Modell des britischen Empire. Auf lange Sicht, so glaubte er, werde die höherwertige Rasse der Deutschen die Weltherrschaft sichern. Solange die biologische Stabilität erhalten blieb, würde es keine Rassenkonflikte geben. Dieses Kapitel der Weltgeschichte sei dann abgeschlossen.

Neue politische Parteien scheitern weit häufiger, als daß sie Erfolg haben. Ihr Aufstieg zur Macht gelingt in der Regel nur dann, wenn sie sich gezielt eines Themas annehmen, das die Bevölkerung besonders beunruhigt und unzufrieden macht. Es war klar, daß Hitler einen Nerv getroffen hatte, als *Mein Kampf* nach langsamem Start in den 30er Jahren zu einem ungeheuren Bestseller wurde. Denn in Deutschland gab es zu Beginn des 20. Jahrhunderts eine Menge Unzufriedenheit und Sorgen.

Erst eine Generation zuvor hatte Bismarck, zum ersten Mal seit Jahrhunderten, einer bis dahin losen Föderation schwacher und rückständiger Fürstentümer Selbstachtung und ein gewisses Maß an Einheit verschafft. Er hatte eine Armee aufgebaut, die – geführt von der Elite der preußischen Offiziere – der Nation in kurzer Zeit durch Siege über Österreich und Frankreich Stabilität und Wohlstand brachte. Gleichzeitig hatte sich das Wirtschaftssystem gewandelt, und Deutschland machte England mittlerweile die industrielle Vormachtstellung in Europa streitig.

Als Kaiser Wilhelm II. 1890 Bismarck entließ, begann diese Stabilität aufzuweichen. Die Industrialisierung hatte zu einer Übervölkerung der Städte geführt, Kriminalität und Krankheiten nahmen zu – ein Boden, auf dem extreme sozialistische und kommunistische Bewegungen traditionell florieren. Auf der Suche nach Sündenböcken für ihre Misere zeigten viele Deutsche mit der einen Hand auf die Kommunisten und mit der anderen auf die jüdischen Kaufleute, Finanziers, Ärzte und Intellektuellen.

Kaiser Wilhelm II. trachtete die Probleme zu lösen, indem er an Bismarcks militärische Erfolge anzuknüpfen versuchte. Statt dessen führte er Deutschland in die verheerende Niederlage des Ersten Weltkrieges, dem Millionen junger Männer zum Opfer fielen. Wilhelm II. mußte abdanken, und die Weimarer Republik wurde gegründet. Aber die erniedrigenden Bedingungen des Versailler Vertrages – darunter enorme Reparationsleistungen und der Verlust Elsaß-Lothringens – führten in Deutschland zu Unruhen. Diese nahmen gefährlich zu, als eine gewaltige Inflation die Ersparnisse der Mittelklasse aufzehrte, deren Seelenfrieden bereits durch den Erfolg der bolschewistischen Revolution in Rußland und das damit verbundene Erstarken des Kommunismus in Deutschland gestört war.

Das waren ideale Voraussetzungen für eine politische Partei, die Antisemitismus und Antikommunismus predigte. Adolf Hitler, Sohn eines österreichischen Zollbeamten, hatte 1909 als arbeitsloser Zwanzigjähriger Geschmack an der Politik gefunden und sich Parteien angeschlossen, die in extremer Form für jene beiden Richtungen eintraten. Zu Kriegsbeginn meldete er sich freiwillig zur Armee. 1918 wurde er wegen Tapferkeit mit dem Eisernen Kreuz (Erster Klasse) ausgezeichnet. Im Oktober desselben Jahres, einen Monat vor dem Waffenstillstand, erblindete er vorübergehend nach einem Gasangriff der Engländer.

Nach einem kurzen Flirt mit kommunistischen Revolutionären schloß sich Hitler dem »Propagandakommando« der Reichswehr an, das den Einfluß der Kommunisten und Sozialisten auf die zurückkehrenden Soldaten bekämpfen sollte. Zur Vorbereitung auf diese Aufgabe wurde er auf einen Lehrgang geschickt, um zum Redner und Agitator geschult zu werden, was den Nazis später gut zustatten kam. Er meinte, er habe eine natürliche Begabung dafür. Im Rahmen seiner unorthodoxen militärischen Pflichten nahm er im September 1919 zum ersten Mal an einem Treffen der gerade gegründeten Deutschen Arbeiterpartei teil. Knapp ein Jahr später verließ er die Reichswehr und trat der Partei als 555. Mitglied bei. Aber er blieb weiterhin in enger Verbindung mit seinen Kameraden, besonders mit Ernst Röhm, einem Hauptmann der Reichswehr, zu dessen Aufgabe es gehörte, Freikorps und bewaffnete Verbände zu beobachten, die man im Falle eines neuen europäischen Konflikts der Armee eingliedern könnte. Tatsächlich unterstützte Röhm insgeheim und illegal einige dieser Bewegungen mit Mitteln des Heeres.

Innerhalb weniger Monate war Hitler der Kopf der Propagandaabteilung der Partei und als ihr zündendster Agitator anerkannt. Ein Zeitgenosse beschrieb ihn als »geborenen Redner, der seinen Zuhörern durch seinen Fanatismus und sein volkstümliches Auftreten Aufmerksamkeit und Zustimmung abnötigt«. Nach Unterlagen der deutschen Reichswehr hielt er im ersten Jahr seiner Mitgliedschaft die Hälfte aller Reden und Vorträge auf den Parteitreffen. Seine Themen waren: »Deutschland in seiner dunkelsten Stunde«, »Die Judenfrage« und »Macht und Recht«.

In der NSDAP übernahm Hitler schon bald eine Machtposition. 1921 war er bereits Vorsitzender und stellte – zum ersten und nicht zum letzten Mal – seine Geschicklichkeit unter Beweis, mit der er jeden Konkurrenten um die Parteiführung unbarmherzig beiseite drängte. Für kurze Zeit ging er nach Berlin, um auch in Norddeutschland um Unterstützung zu werben, wie er sie in seiner bayerischen Hochburg bereits besaß. Sein besonderes Interesse innerhalb der Partei galt ihrem paramilitärischen Zweig, der sogenannten Sturmabteilung (SA), die damals Straßendemonstrationen zu organisieren begann, wobei es häufig zu Zusammenstößen mit den Kommunisten kam. Chef der SA wurde kurz darauf Hermann Göring, ein ehemaliger Kampfflieger.

Die NSDAP war nur eine von zahlreichen rechtsgerichteten Parteien mit unterschiedlichen Zielen: Einige traten für die Wiedereinführung der Monarchie ein, andere für ein unabhängiges Königtum Bayern. Anfänglich war ihre Mitgliederzahl nur gering, aber sie alle erhielten 1923 erheblichen Zulauf, als es im Ruhrgebiet infolge der französisch-belgischen Besetzung zu Streiks und Sabotageakten kam, die ihrerseits die Inflation massiv in die Höhe trieben. Die Mitgliederzahl der Nazipartei stieg von Tausenden auf Zehntausende. Als ihr im August 1923 Heinrich Himmler beitrat, erhielt er die Mitgliedsnummer 42404.

Himmler wurde am 7. Oktober 1900 geboren. Sein Vater Gebhard, Lehrer in München, sympathisierte zwar mit dem bayerischen Nationalismus als einem romantischen Konzept, ohne sich aber aktiv in der Politik zu engagieren. Eine Zeitlang war Gebhard Erzieher des bayerischen Prinzen Heinrich: dieser war nicht nur der Namensvetter des jungen Himmler, sondern wurde auch sein Pate.

Heinrich Himmler erbte von seinem Vater die Liebe zum Detail und zur akribischen Aufzeichnung seiner Gedanken und Tätigkeiten. Gebhard sammelte Briefmarken und Münzen und führte über seine Erwerbungen genau Buch. Auch Heinrich war ein begeisterter Sammler und führte von seinem zehnten Lebensjahr an täglich Tagebuch. Später legte er sogar eine Liste der von ihm gelesenen Bücher an, die inzwischen von Historikern nach Anhaltspunkten für sein späteres Verhalten durchforstet wurde. Binnen 15 Jahren listete er 270 Bücher auf, darunter viele Werke über Anthropologie, Vererbung und Rassenhygiene. Während seines Aufstiegs in der Parteihierarchie war Himmler dafür bekannt, daß er sich für jedes geringfügige Detail interessierte, was für einen Mann in seiner Machtposition recht ungewöhnlich war.

Als Kind war er kränklich, litt wiederholt an Lungenentzündungen und schon als Heranwachsender an Magenkrämpfen, die ihn sein Leben lang plagen sollten. Sein Äußeres war wenig eindrucksvoll – schmächtig, linkisch und kurzsichtig, entsprach er so gar nicht dem Ideal des arischen Mannes. (Wie es ja überhaupt eine Ironie des Schicksals ist, daß kaum einer der Naziführer die eigenen Rassentests überstanden hätte: Hitler war nicht gerade eine blonde Schönheit, Goebbels war körperbehindert, Göring hatte Übergewicht, Bormann O-Beine, und Hess war möglicherweise verrückt.)

Heinrich war ein guter Schüler, entschied sich aber schon sehr früh dagegen, wie sein Vater Lehrer zu werden. Zu Beginn des Ersten Weltkrieges war er 14 Jahre alt, und im Sog der allgemeinen patriotischen Begeisterung entstand in ihm der Wunsch nach einer militärischen Karriere. Nach einigen ihn kränkenden Zurückweisungen wurde er 1917 als Offiziersanwärter in das 11. bayerische Infanterieregiment aufgenommen. Aber der Krieg endete, bevor er seine Ausbildung abgeschlossen hatte, und nach kaum einem Jahr war er wieder Zivilist.

Er studierte Agronomie, hatte aber wenig Glück mit seinem ersten Praktikum: Einen Monat nach seiner Ankunft auf dem Bauernhof kam er mit Paratyphus ins Krankenhaus. Damals begann er seine Bücherliste, in der er die gelesenen Werke zugleich kommentierte. Zu den ersten verzeichneten Titeln gehörte Friedrich Wichtls *Weltfreimaurertum, Weltrevolution und Weltrepublik*, in dem dieser behauptete, Juden, Freimaurer und Katholiken hätten sich gemeinsam zur Übernahme der Weltherrschaft verschworen. Himmler notierte: »Ein Buch, das alles erklärt und uns sagt, wen wir in erster Linie bekämpfen müssen.« Weniger angetan war er von Dr. Albert Daibers *Elf Jahre als Freimaurer*. Sein Kommentar: »Ein Buch ohne irgendwelche besonderen Enthüllungen über die Freimaurerei; beschreibt das Ganze als fürchterlich harmlos.« Es folgten zwei antisemitische Erzählungen: *Die*

Sünden gegen das Blut und *Ultimo*, wobei die letztere von einem skrupellosen jüdischen Bankier handelte. Seine Bemerkung: »Charakterisiert die Juden sehr gut.«

Obwohl sein Weltbild zweifellos von Anfang an stark vom Antisemitismus geprägt war, lassen ein oder zwei Bemerkungen auf seiner Bücherliste vermuten, daß er bereit war, die Judenfrage zumindest mit einem Anschein von Objektivität zu betrachten. Nach der Lektüre von Arthur Dinters *Die Sünden gegen das Blut* meinte er 1920, es sei »ein tendenziöses Werk mit antisemitischer Zielrichtung«, und beschrieb den Autor als »blind vor Wut in seinem Judenhaß«. Wahrscheinlich störte ihn, daß das Buch statt einer sorgfältigen Analyse nur leere Phrasen zu bieten hatte.

Zwei Jahre später las er Houston Stewart Chamberlains Buch *Rasse und Nation*, das für die Verfestigung seiner Ansichten entscheidend gewesen zu sein scheint. Er fand in ihm »eine überzeugende Wahrheit« und notierte: »Es ist objektiv und nicht von haßerfülltem Antisemitismus. Dadurch ist es um so effektiver ... diese abscheulichen Juden.«

1923 verschlang er Theodor Fritschs *Handbuch zur Judenfrage* und begeisterte sich: »Es ist ein Handbuch, in dem man alles Wichtige finden kann. Selbst ein Eingeweihter erschauert, wenn er es mit Verstand liest. Wenn es nur ein paar der ewig Unbelehrbaren lesen würden.« Ein Jahr später las er Ernest Renans *Das Leben Jesu* und kam zu dem Schluß: »Das Christentum war und ist der hervorstechendste Protest der Arier gegen die Juden, des Guten gegen das Übel.«

Gleichzeitig befaßte er sich mit Büchern, welche die nordische Rasse priesen, wie Hans Günthers *Ritter, Tod und Teufel*, von dem er fand: »Es drückt in kluger, abwägender Sprache aus, was ich seit frühester Jugend empfunden und gedacht habe.« Andererseits versetzte ihn Oscar Wildes *Der Priester und der Meßknabe* mit seinen Anspielungen auf Homosexualität in eine »schreckliche Stimmung«.

Himmler schloß im Sommer 1922 sein Landwirtschaftsstudium ab und arbeitete anschließend in einer Düngemittelfabrik in der Nähe von München. In den folgenden Monaten engagierte er sich zunehmend in mehreren rechtsgerichteten Parteien und wurde ein ergebener Bewunderer von Ernst Röhm, der wahrscheinlich seine Entscheidung beeinflußte, sich den Nazis anzuschließen. Nach einem Monat war er Mitglied der NSDAP und gab seinen Posten in der Fabrik auf. Sein Aufstieg zu politischer Macht hatte begonnen.

Zwei Monate später, in der Nacht des 8. November 1923, nahm er am berühmten Putsch in München teil, der von Hitler und Röhm angeführt wurde; Röhm war im September aus der Reichswehr ausgeschieden. Die Nazis und ihre Anhänger marschierten zum Bürgerbräukeller, wo eine von monarchistischen und nationalen Gruppen organisierte politische Versammlung stattfand, an der auch namhafte Mitglieder der bayerischen Regierung teilnahmen. Hitler verkündete dort nach einem spektakulären Auftritt die Bildung einer provisorischen nationalen Regierung. Fotos zeigen Himmler neben Röhm, wobei Himmler zur Unterstützung des Putschversuches demonstrativ die Fahne des Deutschen Kaiserreiches trägt. Aber der Putsch scheiterte, und die Nazipartei wurde verboten. Hitler verbrachte acht Monate in Haft.

Schon bald nach seiner Entlassung wurde auch das Verbot der Partei wieder aufgehoben; die nationalistischen Gruppen hatten bei der Wahl in Bayern äußerst schlecht abgeschnitten. Einer der Nazis, der einen Sitz im Landtag erringen konnte, war Gregor Strasser, Führer der SA in Niederbayern. Himmler wurde sein Adjutant. Als begeisterter Motorradfahrer erhielt er die Aufgabe, die geheimen Waffenverstecke der SA in der Region aufzusuchen und auf ihre Sicherheit und Einsatzbereitschaft zu überprüfen. Nach Aussage seines Bruders Otto hielt Strasser Himmler für den »perfekten

Rüstungsoffizier«, wobei er hinzufügte: »Aber er sieht aus wie eine halbverhungerte Spitzmaus.«

Trotz seines Aussehens stieg Himmler schnell in der Nazihierarchie nach oben. Noch 1924 wurde er Strassers Stellvertreter als Führer der Partei in Niederbayern. 1926 wurde er als stellvertretender Propagandaleiter im Hauptquartier der Partei nach München versetzt, was ihn zum ersten Mal in täglichen Kontakt mit Hitler brachte. Im September des folgenden Jahres wurde er zum stellvertretenden Reichsführer der Schutzstaffeln – SS – ernannt, des Elite-Sicherheitskorps, das ursprünglich gegründet worden war, um die SA zu ersetzen. Diese war nach dem mißglückten Putsch und dem Verbot der Partei zeitweilig aufgelöst worden. Die ersten SS-Gruppen, die 1925 aufgestellt wurden, waren selbständige Einheiten von nicht mehr als einem Dutzend Männern. Ihre Aufgabe war es, Hitler und andere führende NS-Größen bei Versammlungen zu schützen und gegen mögliche Überfälle linker Gruppierungen zu verteidigen. Mit der Zeit waren diese Einheiten, die mittlerweile insgesamt etwa dreihundert Mann umfaßten, näher zusammengerückt. Himmlers Aufgabe bestand darin, aus ihnen eine einheitliche nationale Organisation zu formen.

Die ersten Befehle, die er am 17. September 1927 in seiner neuen Rolle erteilte, traten sofort in Kraft und sind ein typisches Beispiel für seine Liebe zum Detail. Er verfügte, wie sich die Angehörigen der SS zu kleiden und in allen Lebenslagen zu benehmen hatten, während und außerhalb ihres Dienstes. Die traditionellen Lederhosen, die viele von ihnen zuvor getragen hatten, um ihre Herkunft zu betonen, wurden verboten. Ihre neuen Uniformen waren dunkel und wirkten entsprechend bedrohlich: schwarze Mütze, Reithose, Krawatte, Schaftstiefel und Koppel und dazu ein braunes Hemd (das später durch ein weißes ersetzt wurde). Vor jeder Parteiversammlung mußten die SS-Wachen zur Inspektion antreten, ihre Parteiausweise und selbst ihr Parteiliederbuch vorzeigen. Jeden Monat wurden zwei Gesangs- und zwei Exerzierübungen abgehalten.

SS-Männern war es verboten zu rauchen, wenn sie dienstlich an Parteiversammlungen teilnahmen, oder den Raum zu verlassen, während Reden gehalten wurden. Da man sie eher in einer militärischen als in einer politischen Rolle sah, war ihnen nicht erlaubt, an Diskussionen teilzunehmen. Man erwartete jedoch von ihnen, daß sie ihren Vorgesetzten Meldung erstatteten, wenn sie während eines Gesprächs bei irgendwem Widerspruch oder ideologische Unzuverlässigkeit feststellten. Das war ebenso wichtig wie ihre andere geheimdienstliche Aufgabe, ein Auge auf mögliche Gegner zu haben, vor allem auf Freimaurer und Juden. In seiner akribischen Art ließ Himmler die Namen, Verbindungen, Ansichten und persönlichen Details von Verdächtigen in ein sorgfältig nach Stichworten geordnetes Karteikartensystem eintragen. Seine Vorstellung von der Rolle der SS beruhte nicht zuletzt auf Büchern zur Organisation der Geheimpolizei unter Napoleon und Stalin, die er gelesen hatte.

In seiner 1990 erschienen Biographie über Himmler schreibt Peter Padfield:

> Die SS sollte gleichzeitig Geheimpolizei und Kämpferelite sein, ein Instrument innerer Konformität und Nährboden für die Läuterung der Rasse, Hammer für Juden, Slawen, Kommunismus und Demokratie sowie das Mittel, um den Osten mit nordischen Bauern zu versorgen. Sie sollte das germanische Tausendjährige Reich verkünden.

Obwohl seine Rolle in der SS immer mehr Zeit in Anspruch nahm, gelang es Himmler, sich für kurze Zeit von seinen Amtsgeschäften freizumachen: Er heiratete. Seine Braut war

Margarete Boden, geschieden und acht Jahre älter als er. Mit ihrem Geld kauften sie einen kleinen Bauernhof, wo sie Hühner und anderes Kleinvieh züchteten.

Im Januar 1929 trat Himmler, der effektiv schon seit einiger Zeit für das Korps verantwortlich gewesen war, die Nachfolge von Erhard Heiden als Reichsführer SS an. Im Herbst desselben Jahres hatte die SS etwa 5000 Mitglieder. Ihre Zahl sollte bis zum Sommer 1932 auf erstaunliche 40 000 anwachsen, obwohl die Aufnahme nach äußerst strengen Kriterien erfolgte: Die Männer mußten mindestens 1,70 Meter groß sein; Himmler war mit 1,75 Metern gerade eben qualifiziert. Vor allem aber mußte ihre rassische Abstammung makellos sein, und das mußte man ihnen auch ansehen. Ein Bewerber mit slawischem Aussehen hatte keine Chance, »weil er sehr bald merken würde, daß er mit seinen Kameraden mehr nordischer Abstammung keine Blutsgemeinschaft bildet«. Darum mußten allen Bewerbungen Fotos beigelegt werden, die als erstes von den Rassenexperten im Hauptquartier begutachtet wurden.

Für Bewerber gab es ein Klassifizierungssystem, das sie in fünf Gruppen einteilte:

1. rein nordisch,
2. vorwiegend nordisch,
3. leicht alpin mit dinarischem (mediterranem) Einschlag,
4. vorwiegend östlich und
5. Mischlinge außereuropäischen Ursprungs.

Nur Personen aus den ersten drei Gruppen kamen für eine SS-Mitgliedschaft in Frage. Hatten die Anwärter diese Hürde genommen, erfolgte eine zweite Einstufung, diesmal nach körperlichen Merkmalen entsprechend einer Skala von 1 bis 9. Wer den 4. oder einen besseren Rang erreichte, wurde ohne weiteres aufgenommen. Rang 7 oder schlechter bedeutete »nicht bestanden«. Wer auf Rang 5 oder 6 kam, wurde zugelassen, wenn seine Begeisterung für die Sache seine körperliche Unzulänglichkeit wettmachte.

»Grundsätzlich«, erklärte Himmler, »wollen wir nur anständige Burschen, keine Raufbolde.« Möglicherweise um die eigene Unzulänglichkeit gegenüber den von ihm selbst aufgestellten Aufnahmekriterien zu kompensieren, ernannte er zwei Männer zu seinen höchsten Mitarbeitern, die das arische Ideal geradezu verkörperten – Reinhard Heydrich und Karl Wolff, beide groß, blond, gutaussehend und sehr ergeben. Er bevorzugte Männer vom Land – wahre Arier, wie er sie sah –, während er nicht viel von den rassisch unreinen Großstädtern hielt, die nur jene verdarben, die es dorthin zog. So bemühte er sich ständig, junge Männer aus Bauernfamilien anzuwerben. »Die besten Söhne aus den Dörfern und späteren besten Bauern müssen Mitglieder der Bluts- und Lebensgemeinschaft der SS werden«, erklärte er 1938.

Dieses nostalgische, sentimentale Gefühl, daß der bayerische Bauer das Salz der Erde sei, war ein integrativer Teil der Naziphilosophie. Unter den ersten Gesetzen, die 1933 verabschiedet wurden, waren das »Erbhofgesetz« und das »Gesetz zur Neuordnung des Reichsnährstandes«. Diese sicherten den Bestand sogenannter Erbhöfe und subventionierten die Bauern, sofern die rassischen Voraussetzungen stimmten. Initiator dieser Maßnahmen war Landwirtschaftsminister Walther Darré, ein Rassenexperte und Freund Himmlers. Das Thema Landwirtschaft hat Himmler sein Leben lang beschäftigt – was sich zum Beispiel auch am Architekturstil der Lebensborn-Heime zeigt.

Himmler sah in der SS eine rassische Elite ganz besonderer Art. Neulinge wurden vergattert: »Der SS-Mann ist das vorbildlichste Parteimitglied, das man sich nur denken kann.« In einer 1934 gehaltenen Rede nannte er die SS einen »Ritterorden, aus dem man nicht wieder austreten kann, für den man aufgrund seines Blutes rekrutiert wird und dem man mit Leib und Seele angehört, solange man lebt«. Hitler teilte diese Vision. 1941 erklärte er: »Ich zweifele keinen Moment daran, daß in etwa 100 Jahren die gesamte deutsche Elite aus der SS hervorgegangen sein wird, denn nur sie betreibt rassische Auslese.«

Himmler war schon in seiner Jugend kein eifriger Kirchgänger gewesen. Obwohl katholisch erzogen, vertraute er bereits mit 19 Jahren dem Tagebuch seine Zweifel an. »Ich fürchte, daß ich mit meiner Religion in Konflikt kommen werde«, schrieb er im Dezember 1919. »Aber was auch geschieht, ich werde Gott immer lieben, zu ihm beten und mich der katholischen Kirche stets verbunden fühlen und sie verteidigen, selbst wenn man mich aus ihr ausschließen sollte.« Seine Opposition zur institutionellen Kirche verstärkte sich, nachdem er sich den Nazis angeschlossen hatte, und ab 1933 war er einer ihrer härtesten Kritiker. Das christliche Konzept, daß vor Gott alle Menschen gleich sind, stand in deutlichem Widerspruch zur Idee einer Herrenrasse. Nach der Lektüre von Heinrich Bauers *Kinder des Ostens* notierte er in seiner Bücherliste: »Die Tragödie des christlichen Ordens bestand darin, daß er gegen die wertvollen Preußen kämpfen mußte, und schließlich treulos von der gesamten Christenheit und den Klerikern verraten unterging.«

Hierin folgte er dem aus Estland stammenden Alfred Rosenberg, der auf die Rassenideologie der Nazis großen Einfluß ausübte und 1932 schrieb, das Christentum habe versucht, »die deutsche Seele zu verkrüppeln«, aber »heute erwacht ein neuer Glaube – der Glaube an das Blut und die Verteidigung der göttlichen Natur des Menschen mit dem Blut«. Dieser Glaube »ersetze und überwinde das alte Sakrament«.

1937 stand Himmlers Meinung fest: »Wir leben in einer Zeit des Endkampfes mit dem Christentum«, erklärte er in seinem »Plan zur Entwicklung des deutschen Erbes«. Der christliche Glaube werde durch die »Entwicklung des germanischen Erbes« ersetzt werden, welches »das ursprüngliche Bild unserer Vorfahren unverdorben und unverändert« repräsentiere. Im selben Jahr schrieb er:

> Was christlich ist, ist nicht germanisch; was germanisch ist, ist nicht christlich. Männlicher Stolz, heldenhafter Mut und Treue sind germanisch; nicht aber Sanftheit, Reue, das Übel der Sünde und ein Himmel mit Gebeten und Psalmen.

Trotzdem hielt er daran fest, daß irgendein Glaube, die Treue zu etwas Höherem, lebenswichtig sei. »Nur diejenigen, die jeden Glauben an eine höhere Macht leugnen, gelten uns als gottlos«, meinte er 1937. Das Glaubensbekenntnis, welches das Christentum in Himmlers Kanon verdrängte, war eine Form der Ahnenverehrung der frühgermanischen Helden. »Wie edel, moralisch rein und erhaben waren unsere Vorfahren«, schrieb er, nachdem er 1924 Tacitus' *Germania* gelesen hatte. Etwa zur gleichen Zeit schloß er sich dem Bund Artam an, einer von Dr. Willibald Hentschell gegründeten Organisation, welche die Rückkehr der Deutschen zu ihrer historischen Rolle als Kultivierer des Bodens propagierte, als ein reinrassiges Volk von gutem Aussehen, hoher Intelligenz und schlichter Lebensweise. Himmler nahm als Leiter der bayerischen Gruppe schon bald eine führende Position in der Organisation ein und fungierte als Verbindungsmann zwischen ihr und der Nazipartei.

1935, als er praktisch die gesamten staatlichen Sicherheitskräfte kontrollierte, gründete er einen eigenen Verein, »Ahnenerbe« e. V. Dieser widmete sich der Volksanthropologie und erforschte die Ursprünge der nordischen Familien und Rassen – »das alte, heilige Vermächtnis«. Er behauptete, die germanische Rasse sei älter als die römische und griechische und besitze eine eigene, seit langem fest begründete kulturelle Tradition. Und er widersprach energisch der Auffassung, die Deutschen seien Barbaren gewesen, bis sie durch das Christentum zivilisiert worden seien. Besondere Bedeutung maß er den Runen bei, den Buchstaben des frühgermanischen Alphabets. Das SS-Symbol war von ihnen abgeleitet – das stilisierte S ist das Runenzeichen für »Sieg«. Das durchbohrte V, die Rune für »Leben«, wurde zum Kennzeichen der Lebensborn-Heime. Eine Zeitlang trat Himmler sogar dafür ein, die Monatsnamen in mehr der germanischen Tradition verhaftete Bezeichnungen umzuändern: Aus Mai sollte »Wonnemond« werden und aus August »Heurent«. Das christliche Weihnachten sollte dem »Julfest« weichen, einem traditionellen Volksfest, und der »Julbaum« den Weihnachtsbaum ablösen.

Seine Begeisterung für Heldenmythen zeigte sich in einer Reihe quasi-religiöser Zeremonien, die er für die SS erfand. So gehörte zur Sonnenwendfeier das Anzünden von zwölf Kerzen. Es gab eine strenge Sitzordnung und ein strikt einzuhaltendes Verfahren für die Verteilung der Kerzen. Während der Zeremonie hatte die Versammlung im entsprechenden Moment folgende Antworten zu geben:

> Wir verbeugen uns in Ehrfurcht vor unseren Vorfahren, deren Blut als Botschaft und Verpflichtung in unseren Adern fließt.
> Die Bruderschaft bindet den Mann an die Pflicht, sein Erbe zu bewahren.
> Sinn des Lebens ist die Entfaltung des Erbgutes in der Pflichterfüllung.
> Die Familie schützt das Heiligtum, in dem die Flamme des Lebens brennt.
> Mann und Frau sind Spender, Träger und Verteiler des Keims des Lebens.

Auch wir werden einmal Vorfahren sein.
Unsere Kinder sind der Beweis für unsere Fortpflanzung und unser Leben.
Und unsere Kinder werden von unserer Größe künden.

Die Namensgebungsfeier für die Kinder der SS-Männer war von ähnlichem Hokuspokus begleitet. Männer in Uniform, Zeremonialschwerter, die SS-Fahne und ein von Hakenkreuzen umrahmtes Bild Adolf Hitlers auf einem zentralen »Altar« traten an die Stelle des vertrauteren Ritus der Kirche. Auf einem Spruchband stand in großen Lettern die Botschaft »Deutschland erwache«. Die Versammlung wurde feierlich darüber informiert, daß »der Nationalsozialismus eine Ideologie [ist], die den ganzen Menschen fordert«, und statt aus der Bibel wurden Auszüge aus *Mein Kampf* vorgelesen.

Danach sprach der »Priester«, der die Zeremonie leitete, folgenden Segen:

> Wir glauben an den Gott aller Dinge
> und an die Botschaft unseres germanischen Blutes,
> das immer wieder neu aus deutschem Boden erwächst.
> Wir glauben an die Rasse, den Träger des Blutes,
> und an den Führer, den uns Gott auserwählt hat.

Anschließend wandte sich der ranghöchste SS-Mann an das Baby: »Wir nehmen dich in unsere Gemeinschaft als Glied unseres Körpers auf, du sollst unter unserem Schutz aufwachsen und deinem Namen Ehre machen, deine Bruderschaft mit Stolz erfüllen und deiner Rasse zu unauslöschlichem Ruhm verhelfen.«

Auch die förmliche Prozedur der Aufnahme in die SS war in hohem Maße ritualisiert. Die entscheidenden Abschnitte dieser Prozedur wurden zeitlich so gelegt, daß sie an wichtigen Daten des Nazikalenders stattfanden. Bewerber aus der Hitlerjugend wurden am 9. November – dem Jahrestag des Hitler-Putsches – »gemustert«, um mit der Schulung zu beginnen. Am 30. Januar, dem Jahrestag von Hitlers Ernennung zum Reichskanzler, erhielten sie ihre Kennummer. Am 20. April, Hitlers Geburtstag, leisteten sie dem Führer den Treueschwur und wurden offiziell zu Aufnahmekandidaten. Es folgten zweieinhalb Jahre äußerst strenger militärischer, körperlicher und ideologischer Ausbildung. In einer 1937 gehaltenen Rede erklärte Himmler:

> Ich habe mir die praktische Aufgabe gestellt, durch eine Auslese nach der äußeren Erscheinung und durch ständigen Druck einen neuen germanischen Stamm hervorzubringen, durch einen rigorosen Ausleseprozeß ohne menschliche Sentimentalität mit dem Ziel der Ausrottung aller Schwachen und Untüchtigen.

Das bedeutete: Überleben der Tüchtigsten auf die brutalste Art, die Philosophie, daß jede Spezies gegen rücksichtslose Konkurrenten um ihre nackte Existenz kämpfen muß, wobei allein der Starke gewinnt. Hitler hatte davon gesprochen, »eine starke, furchtlose, unbarmherzige Jugend zu schaffen, vor der die Welt in Angst erzittern wird ... Sie muß Schmerzen ertragen können. An ihr darf nichts schwach und empfindlich sein.« Himmler erklärte:

> Ein Ausleseprozeß hat stets etwas Unbarmherziges und Grausames, wenn man ihn vom Standpunkt der Zivilisation aus betrachtet. Er ist jedoch logisch und richtig wie alles in der Natur.

Trotz seiner extremen Ansichten wirkte Himmler nie fanatisch. Stephen Roberts, ein australischer Akademiker, der

Nazideutschland 1937 besuchte, schrieb ein Jahr später, daß er der höflichste und gastfreundlichste Vertreter der gesamten Nazihierarchie gewesen sei. »Niemand, den ich in Deutschland getroffen habe, war normaler als er.«

Wer die SS-Ausbildung überstand, wurde auf den Orden eingeschworen – wiederum am historischen Datum des 9. November. Die neuen SS-Männer bekamen den symbolhaften Dolch ausgehändigt und mußten geloben, daß sie und ihre Familien die Grundsätze der SS treu befolgen würden. Wer bis zu diesem Zeitpunkt nicht alle notwendigen Prüfungen bestanden hatte, durfte es zwei Jahre lang weiter versuchen, bevor er endgültig als für das Elitekorps untauglich abgelehnt wurde.

Ein so edler Orden benötigte natürlich ein Heim mit entsprechendem Ambiente. Ende 1933 stieß Himmler zufällig auf die verfallende, aber romantische, aus dem 17. Jahrhundert stammende Wewelsburg in Westfalen, die einst der Sitz des Bischofs von Paderborn gewesen war. Sie steht auf einem steilen Felsen, und ihre runden Türmchen mit den spitzen Dächern mögen Himmler als Modell für den Turm neben dem Tor des Lebensborn-Heimes in Steinhöring gedient haben. Er restaurierte die Wewelsburg sehr aufwendig mit Geldern, die ihm große Wirtschafts- und Industrieunternehmen zur Verfügung stellten, und machte daraus nicht nur ein SS-Schulungsheim, sondern – was wichtiger war – das geistige Hauptquartier seines Ritterordens, die Verkörperung seiner ritterlichen Tugenden: Mäßigung, Beständigkeit und Treue.

Im großen Speisesaal ließ er – in Anlehnung an den englischen König Arthur – einen großen runden Tisch für seine zwölf ranghöchsten »Ritter« aufstellen, die jeder ein Wappen zugeteilt bekamen. Aus einem anderen Raum machte er eine Gedächtnishalle, wo beim Tod eines »Ritters« dessen Leichnam und Wappen verbrannt, die Asche in eine Urne gefüllt und diese anschließend auf einen der Sockel gestellt werden sollte, die kreisförmig längs der Wände aufgestellt waren. Zu einigen dieser Zeremonien erschienen die Männer in mittelalterlichen Ritterkostümen. Zum Ruhm deutscher Größe und arischer Mythen richtete Himmler eine Bibliothek mit 12000 Bänden ein, um sicherzustellen, daß sich die SS-Angehörigen als Mitglieder einer auserwählten Elite sahen.

Bei all dem war er sorgfältig darauf bedacht, den ursprünglichen Charakter der Burg nicht zu zerstören, denn die Architektur spielte bei seiner Vision eines rassisch und kulturell reinen Staates eine wichtige Rolle. Die neuen Deutschen sollten nicht nur das makellose Äußere und die Charaktereigenschaften ihrer Vorfahren teilen, sie sollten auch die alten Landschaften wiederauferstehen lassen, indem sie ihre Häuser im historischen bayerischen Landesstil errichteten. Auch die Lebensborn-Heime waren – soweit möglich – in traditionellen Gebäuden untergebracht, und jeder Ausbau hatte im selben Stil zu erfolgen.

Im Januar 1932 wurde das RuSHA (Rasse- und Siedlungshauptamt) mit Sitz im SS-Hauptquartier gegründet. Sein Leiter war Walther Darré, ein in Argentinien geborener, aber in Deutschland und England aufgewachsener ehemaliger Geflügelzüchter – ein Beruf, den auch Himmler kurze Zeit ausgeübt hatte. Darré war Autor des Buches *Um Blut und Boden*, das 1929 von der Nazipartei veröffentlicht wurde. Er vertrat darin die These, daß die deutsche Rasse von außergewöhnlicher Qualität und ihr Blut ebenso wertvoll und fruchtbar sei wie der Boden ihres Vaterlandes, den diese bewundernswerten Menschen bearbeiteten. Sie seien eine gesunde Rasse, die auf dem Lande gedeihe, im Gegensatz zu den dekadenten Juden und Slawen, welche die stickigen Städte vorzögen und deren Blut das der wahren Deutschen vergifte. Seine Philosophie lautete folgendermaßen:

> Genauso wie wir unsere Hannoveraner Pferde mit nur wenigen reinrassigen Zuchthengsten und Stuten züchten, so werden wir auch wieder rein-nordische Deutsche durch eine selektive Kreuzung über die Generationen hinweg züchten. Vielleicht wird es uns nicht gelingen, die Gesamtheit des deutschen Volkes durch Zucht reinzuerhalten, aber der neue deutsche Adel wird im buchstäblichen Sinn des Wortes der Stammbaum sein ... Mit dem menschlichen Reservoir der SS werden wir einen neuen Adel züchten. Wir werden dies ganz gezielt und entsprechend den biologischen Gesetzen tun – wie es die Edelblütigen früherer Zeiten instinktiv getan haben.

Himmler war absolut der gleichen Meinung, wenn er bemerkte, daß es möglich sein werde, »jene Art von Erfolg auch im menschlichen Bereich zu erzielen, den man auf dem Gebiet der Viehzucht erreicht hat«.

Gleichzeitig war er sich der Gefahr der Inzucht bewußt: Er erließ später ein Gesetz, nach dem wenigstens ein Viertel der jährlichen Neuzugänge zur SS keine Söhne von SS-Angehörigen sein sollten und die strengen körperlichen und geistigen Aufnahmekriterien nicht zugunsten der Söhne von SS-Angehörigen aufgeweicht werden durften.

Zum Schutz des geplanten Züchtungsprogramms hatte Darrés RuSHA einen strengen Ausleseprozeß eingeführt, in dem SS-Männer und ihre Ehefrauen die Kette ihrer Vorfahren durch fünf Generationen bis vor 1800 zurückverfolgen mußten, um den Ariernachweis zu erbringen. Als allererstes – und zwar noch am Tag seiner Einrichtung – veröffentlichte das RuSHA einen Erlaß betreffend die Eheschließung von SS-Angehörigen, um sicherzugehen, daß ihr heißblütiger Instinkt nicht die Oberhand über ihre Pflichten gegenüber der Rasse gewann. Der zehn Punkte umfassende »Verlobungs-

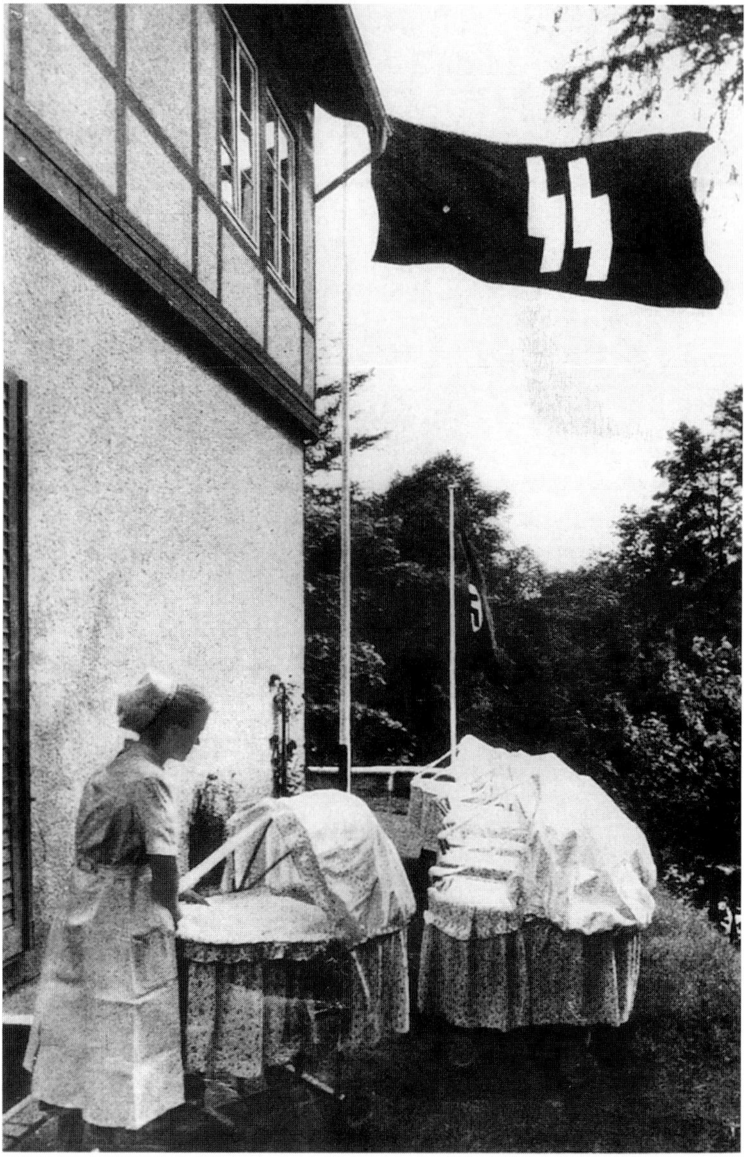

Die stilisierte SS-Fahne vor einem der Lebensborn-Heime, wo die »rassisch reinen« Babys in ihren Stubenwagen gerade auf die Terrasse an die frische Luft gebracht werden.

Links: Die feierliche Namensgebungszeremonie für die in den Lebensborn-Heimen geborenen Babys, die von einem SS-Führer »getauft« und (unteres Bild) auf ein Kissen vor der Hakenkreuzfahne gelegt werden.

Rechte Seite, oben: Die Ansichtskarte betont den ländlichen Charakter der Heime.

Rechte Seite, unten: Der Aufenthalt an der frischen Luft – möglichst unbekleidet – galt als besonders wichtig für die Gesundheit der Kinder.

Blick in die Landschaft vom Eingangstor in Steinhöring

Das Heim Steinhöring in Bayern

Die Mütter-Häuser des „Lebensborns"

Phot.: Archiv Rasse- u. Siedlungshauptamt SS

Das Heim Klosterheide bei Lindow in der Mark

Oben: In einem polnischen Dorf wird ein Plakat angeschlagen, das eine Durchsuchung durch die SS ankündigt.
Unten: Bei der von Haus zu Haus durchgeführten Durchsuchung schenkt ein Offizier einem Kleinkind ein Stück Schokolade.

Links: Ein Soldat späht durchs Fenster ins Haus, während sich Mutter und Kind für ihre Umsiedlung durch die Nazis bereitmachen.

Links unten: Der von den Nazis entführte Alexander Michelowski (im Bild links) im Jahr 1946 nach seiner Befreiung durch die Alliierten.

Rechts unten: Michelowski heute.

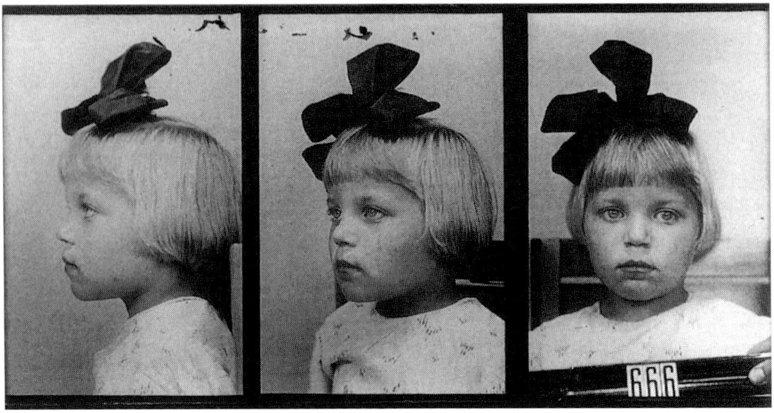
666

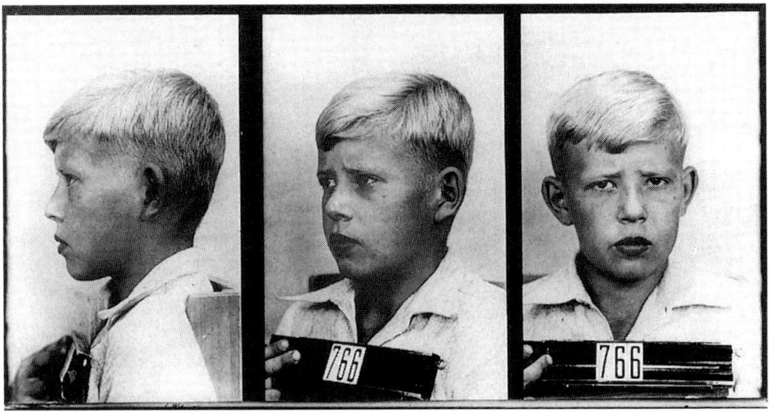
766
766

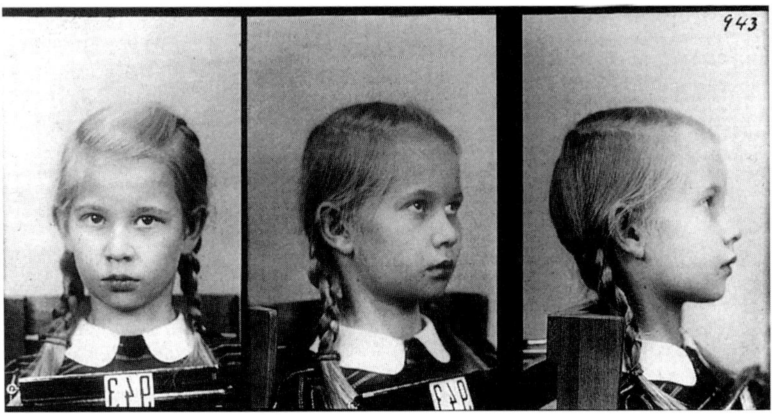
943

Linke Seite: Die Kinder bekamen eine Nummer und wurden aus drei verschiedenen Blickwinkeln fotografiert, damit man ihre rassischen Merkmale besser erkennen konnte.

Rechts: Selbst die Kleinsten wurden auf rassische Merkmale hin untersucht.

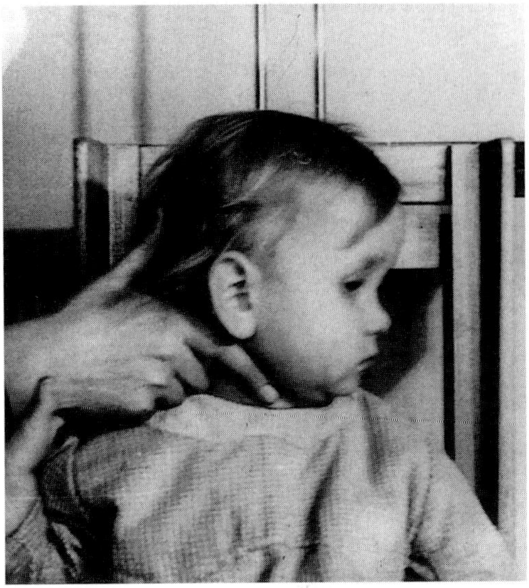

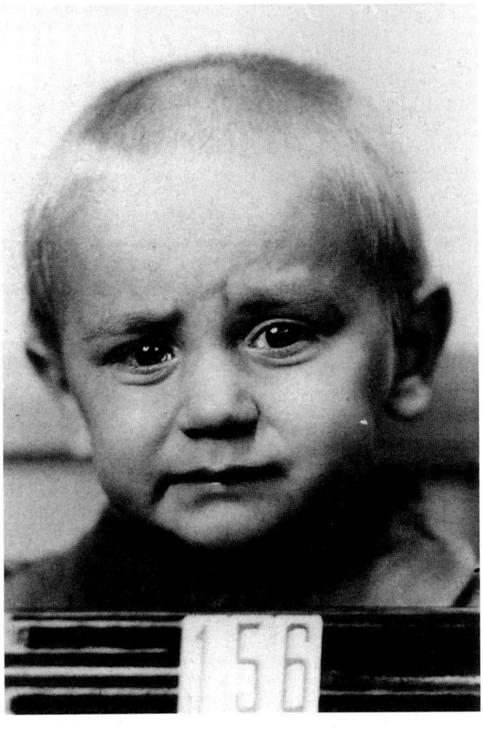

Werner Thiermann, Sohn eines deutschen Soldaten und einer Norwegerin, der von der Lebensborn-Organisation »adoptiert« wurde. Oben: im Alter von drei Jahren, darunter: heute

und Heiratserlaß« war von Himmler unterschrieben und besagte folgendes:

1. Die SS ist eine Vereinigung deutscher Männer nordisch-bestimmter Art, ausgewählt nach besonderen Kriterien.
2. In Übereinstimmung mit dem nationalsozialistischen Glaubensbekenntnis und im Bewußtsein, daß die Zukunft unseres Volkes auf der Auswahl und Bewahrung des rassisch und erbgesunden, guten Blutes beruht, erlasse ich mit Wirkung vom 1. Januar 1932 einen »Heiratsbefehl« für alle unverheirateten Angehörigen der SS.
3. Das erstrebte Ziel ist die erbgesundheitlich wertvolle Sippe deutscher nordisch-bestimmter Art.
4. Die Heiratsgenehmigung wird einzig nach rassischen und erbgesundheitlichen Gesichtspunkten erteilt.
5. Jeder SS-Mann, der heiraten möchte, muß beim Reichsführer SS um Genehmigung einkommen.
6. SS-Angehörige, die heiraten, obwohl ihnen die Genehmigung verweigert wurde, werden aus der SS entlassen: Man wird ihnen die Möglichkeit geben, freiwillig auszutreten.
7. Für die Bearbeitung des Genehmigungsantrags ist das Rasse- und Siedlungshauptamt zuständig.
8. Das RuSHA führt das SS-Sippenbuch, in das die Familien der SS-Angehörigen entweder nach Erteilung der Heiratserlaubnis oder nach Bewilligung ihres Antrags auf Registrierung [einer bereits bestehenden Ehe] eingetragen werden.
9. Der Reichsführer SS, der Leiter des RuSHA und die Mitarbeiter dieses Amtes sind durch ihr Ehrenwort zur Verschwiegenheit verpflichtet.

10. Der SS ist bewußt, daß sie mit diesem Erlaß einen bedeutenden Schritt getan hat. Hohn, Verachtung und Mißhelligkeiten berühren uns nicht. Uns gehört die Zukunft.

Wäre dieses bemerkenswerte Dokument nach außen hin bekannt geworden, so wären die ersten Reaktionen sehr wahrscheinlich Hohn und Verachtung gewesen – das Duchführungsverfahren war in der Tat einigermaßen komisch. Die zukünftigen Ehegatten mußten einen umfangreichen Fragebogen ausfüllen mit Angaben über ihre Körpermaße und Einzelheiten zur Haar-, Augen- und Hautfarbe. Außerdem wurde ein möglichst sorgfältiger Bericht über ihren medizinischen und rassischen Hintergrund verlangt sowie über den ihrer Vorfahren aus den letzten zweihundert Jahren. Schließlich mußten sie noch Fotos von sich selbst im Badeanzug beifügen.

Himmler ermutigte seine Leute immer wieder persönlich, ihrer rassischen Verpflichtung nachzukommen. In einem aufmunternden Brief, den er 1940 an den in Polen stationierten Kavallerieoffizier Hermann Fegelein schrieb, heißt es:

> Der Reichsführer SS verlangt von Ihnen nicht, daß Sie sich nun sofort im ehemaligen Polen verheiraten, aber er erwartet von Ihnen, daß Sie den lieblichen Frühling nutzen, der zweifellos diesem harten Winter folgen wird, und ernsthafte Anstrengungen unternehmen, eine Frau zu finden, und ihm bis Ende Mai Ihre Verlobung melden.

Dennoch wäre Hohn hier unangebracht gewesen, denn die langfristige Wirkung des Erlasses war durchaus nicht komisch. Er schuf das Fundament für die Schrecken des folgenden Jahrzehnts, als Himmlers bizarrer Plan in die Praxis umgesetzt wurde, durch selektive Züchtung eine Herrenrasse zu schaffen. Seine Hauptopfer waren Millionen von Juden und Nicht-Juden, die in den Konzentrationslagern starben, um der neuen Rasse der Übermenschen Platz zu machen. Zu denen, die darunter gelitten haben, deren Leben unwiederbringlich zerstört wurde, gehören aber auch jene Unglücklichen, die als Ergebnis des Lebensborn-Experiments geboren wurden: Himmlers Kinder.

3
Die Machtergreifung

> Siegt der Jude mit Hilfe seines marxistischen Glaubensbekenntnisses über die Völker dieser Welt, dann wird seine Krone der Totenkranz der Menschheit sein, dann wird dieser Planet wieder wie einst vor Jahrmillionen menschenleer durch den Äther ziehen.
>
> *Adolf Hitler in »Mein Kampf«*

Im Januar 1933, in einer Zeit politischer Unruhen, die zu einem erheblichen Teil von der Nazipropaganda geschürt wurden, beauftragte Reichspräsident von Hindenburg Hitler mit der Bildung einer Koalitionsregierung. Einen Monat später folgte der Reichstagsbrand, den die SS inszeniert hatte, um die Angst vor einem kommunistischen Staatsstreich zu schüren. Hitler und seine Partei benutzten ihn als Vorwand, um den Ausnahmezustand auszurufen, die Macht im Staat an sich zu reißen und die Opposition auszuschalten. Über Nacht wurde *Mein Kampf*, das man bis dahin lediglich als tendenziöses, extremistisches Pamphlet betrachtet hatte, zum Leitfaden einer politischen Revolution. Deren Philosophie war der Antisemitismus und deren höchstes Ziel die Schaffung eines judenfreien, arisierten Deutschlands, das dereinst ein ebenso judenfreies, arisiertes Imperium kontrollieren würde, das sich über weite Teile der Welt erstrecken sollte.

Himmler wurde Polizeichef von München. Eine seiner ersten Amtshandlungen war die Errichtung eines Konzentrationslagers in einer stillgelegten Munitionsfabrik in Dachau, wo er die Sympathisanten der Kommunisten sowie andere »staatsgefährdende Elemente« inhaftieren ließ, darunter viele Juden. Die Gefangenen wurden zu ausgeklügelten Respektbezeugungen gezwungen, um das elitäre Selbstverständnis der SS zu stärken. Schon die Verletzung der Grußpflicht wurde hart bestraft, und Himmler ermunterte die Wachmannschaften ausdrücklich zur Brutalität, um den Rangunterschied zwischen den Gefangenen und ihren Herren zu verdeutlichen. Unkorrektes Grüßen konnte mit fünfzig Peitschenhieben und Arrest bei Wasser und Brot bestraft werden. Zu der langen Liste von Vergehen, die für die Gefangenen die Todesstrafe nach sich ziehen konnten, gehörten Gehorsamsverweigerung und das Vorbringen einer Beschwerde.

Sein längerfristiges Ziel war die Schaffung einer Hitler absolut ergebenen nationalen Sicherheitstruppe, in der die SS die ausschlaggebende Rolle spielen sollte. Hitler erkannte sofort die Vorteile einer solchen Organisation und ließ Himmler bei der Ausdehnung seines Machtbereiches praktisch freie Hand. Schon Anfang 1934 unterstanden ihm so gut wie alle Polizei- und Sicherheitskräfte des Reiches mit Ausnahme der Gestapo (Geheime Staatspolizei), die der prachtliebende Hermann Göring von Berlin aus leitete. Aber bereits im April war auch die Gestapo Himmlers Machtbereich eingeordnet. Er verkaufte seinen Hof in Bayern und zog in eine Berliner Vorortvilla, um dem Macht- und Einflußzentrum näher zu sein. Und er bemühte sich persönlich, Verbindungen zum Großkapital herzustellen, auf dessen finanzielle Unterstützung die Partei angewiesen war.

Aber solche profanen Überlegungen konnten ihn nicht von seinem ideologischen Ziel ablenken, der Läuterung der deutschen Rasse; vielmehr betrachtete er sie ebenso wie Hitler als einen Schritt in diese Richtung. Bereits vom Augenblick ihrer Machtübernahme an hatten die Nazis stillschweigend die antisemitischen Übergriffe der SA-Trupps geduldet, einer inoffiziellen paramilitärischen Kampforganisation, die wahllos Juden aufgriff und sie in sogenannte »wilde« Lager – zumeist stillgelegte Fabrikgelände – verschleppte. Jetzt begann die neue Regierung unbarmherzig, die nationalsozialistische Rassentheorie in Gesetzesform zu kodifizieren.

Das erste Gesetz löste bereits eines der vordringlichsten Probleme: die Entfernung der Juden und anderer Nichtarier aus einflußreichen Positionen. Das »Gesetz zur Wiederherstellung des Berufsbeamtentums« vom 7. April 1933 – Hitler war noch keine drei Monate Kanzler – schuf die Möglichkeit, jeden aus dem Staatsdienst zu entlassen, der politisch oder rassisch unerwünscht war; mit anderen Worten: Kommunisten und Juden.

Noch im selben Monat folgte das Gesetz, das jüdische Ärzte, Zahnärzte und Lehrer mit einem Berufsverbot belegte und jüdische Studenten vom Studium ausschloß. Später wurde dieses Verbot auf weitere Berufszweige ausgedehnt, darunter Landwirtschaft und Wehrdienst. Außerdem wurden die Juden vom staatlichen Versicherungsschutz ausgeschlossen. Bereits einen Monat später fand die berüchtigte Bücherverbrennung statt, die sich vor allem gegen jüdische Autoren richtete. Sie trug zu dem gewaltigen Exodus jüdischer Gelehrter, Künstler und Wissenschaftler bei, die fortan das kulturelle und geistige Leben anderer Länder bereicherten, besonders das der USA.

Aber nicht nur die Reinheit der Rasse, sondern auch die geistig und körperlich Behinderten und nicht zuletzt die rückläufigen Geburtenzahlen bereiteten den Nazis Sorgen. 1929 hatte Hitler auf dem Parteitag in Nürnberg gesagt:

»Wenn Deutschland es auf 1 Million Babys im Jahr bringen und 700 000 bis 800 000 der Schwächsten entfernen würde, könnte das Endergebnis einen Zuwachs an Kraft bedeuten.« Im Juli 1933 wurde das »Gesetz zur Verhütung erbkranken Nachwuchses« erlassen, ein wichtiges Werkzeug im Kampf um die Rassereinheit. Zu seiner Durchführung brauchte man Ärzte, die jeden Fall von mutmaßlicher Erbkrankheit registrierten – ausgenommen bei Frauen über 45 – und die Betroffenen für eine Sterilisation vorschlugen, um zu verhindern, daß sie ihre Krankheit weitervererbten. Die aufgeführten Fälle umfaßten allgemeinen Schwachsinn, Schizophrenie, manische Depression, Veitstanz, Epilepsie, erbliche Blind- und Taubheit, schwere körperliche Mißbildungen und chronischen Alkoholismus. Ärzte, die ihre an diesen Krankheiten leidenden Patienten nicht meldeten, riskierten hohe Geldstrafen.

Der Begriff »Schwachsinn« umfaßte auch »moralischen Schwachsinn«, eine Sammelbezeichnung, mit der man jede Abweichung von der sozialen Norm erfassen konnte, selbst Promiskuität und Homosexualität. (Auch die Sowjetunion hatte während ihrer siebzigjährigen Geschichte die Technik entwickelt, Dissidenten als geisteskrank zu diagnostizieren und in Anstalten zu sperren.)

Kandidaten für eine Sterilisation mußten vor den neu geschaffenen Erbgesundheitsgerichten erscheinen, wo die behandelnden Ärzte »verpflichtet waren, ohne Rücksicht auf ihre berufliche Schweigepflicht auszusagen«. Die Gerichte arbeiteten mit Intelligenztests, um das Ausmaß der vermuteten Geistesschwäche festzustellen. In ihrem Buch *The Racial State* zitieren Michael Burleigh und Wolfgang Wippermann einige der gestellten Fragen: Welcher Wochentag ist heute? Welche Staatsform haben wir derzeit? Wann ist Weihnachten? Wer entdeckte Amerika? Wieso gibt es Tag und Nacht? Warum gehen Kinder zur Schule? Außerdem mußten die Opfer Sätze bilden, in denen drei Schlüsselwörter vorkommen mußten, beispielsweise »Soldat ... Krieg ... Vaterland«.

Deutschland war nicht das einzige Land mit einem Sterilisationsgesetz. Indiana hatte bereits 1907 eines erlassen, und andere amerikanischen Staaten waren diesem Beispiel gefolgt. Der amerikanische Eugeniker Harry H. Laughlin war ein großer Befürworter dieser Idee und überzeugt davon, daß seine Schriften das deutsche Programm zum Teil inspiriert hatten: 1936 wurde ihm die Ehrendoktorwürde der Universität Heidelberg verliehen. Auch Dänemark hatte bereits ein ähnliches Gesetz, ebenso einige Kantone der Schweiz, wo ein äußerst wirksames Programm zur Kontrolle der Sinti und Roma erst 1972 beendet wurde. In den 30er Jahren wurden noch in zwölf weiteren europäischen und lateinamerikanischen Ländern Sterilisationsgesetze verabschiedet, aber nirgends wurde das Gesetz so eifrig und in einem solchen Umfang angewandt wie in Deutschland, und nirgendwo sonst hatte es eine so zentrale Bedeutung für die den Staat beherrschende Ideologie.

1934 gab es bereits 181 Erbgesundheitsgerichte, an denen jeweils ein Richter und zwei Ärzte in geheimer Abstimmung darüber entschieden, ob jemand sterilisiert werden sollte oder nicht. In etwa neunzig Prozent aller Fälle gaben sie dem Antrag statt, und obwohl der oder dem Betroffenen ein Rechtsmittel zustand, wurden die Entscheidungen selten aufgehoben. (Als später strenge Kontrollen bei der Eheschließung eingeführt wurden, fiel den Gerichten auch die Entscheidung darüber zu, ob die heiratswilligen Paare den rassischen Anforderungen genügten.) Zwischen dem 1. Januar 1934 und dem Kriegsbeginn fünfeinhalb Jahre später wurden schätzungsweise 320 000 Deutsche sterilisiert – etwa ein halbes Prozent der Bevölkerung. In der Präambel zu dem Gesetz hieß es:

> Seit der nationalen Revolution wird die Öffentlichkeit in steigendem Maß mit Fragen der Bevölkerungspolitik und der zunehmenden Rückläufigkeit der Geburtenrate konfrontiert. Aber nicht nur die abnehmende Zahl der Geburten bereitet ernste Sorgen, sondern in gleichem Maße die zunehmend zutage tretende genetische Zusammensetzung unseres Volkes. Während sich erbgesunde Familien in den meisten Fällen bewußt auf ein oder zwei Kinder beschränken, pflanzt sich eine ungeheure Anzahl schwacher und an Erbkrankheiten leidender Personen ungehemmt fort und läßt es zu, daß ihr kranker und geschädigter Nachwuchs zu einer Belastung für die Volksgemeinschaft wird.

Im November wurde dieses bemerkenswerte Gesetz durch eine weitere Verordnung ergänzt, welche die Kastration von Sexualtätern zwingend vorschrieb. Andere Gewohnheitsverbrecher sollten einer biologischen Untersuchung unterzogen werden. 1935 führte ein Ergänzungsgesetz die zwangsweise Abtreibung bei erbkranken Frauen während der ersten sechs Monate der Schwangerschaft ein. Euthanasie sollte erst später dazukommen.

1935 traten die beiden sogenannten »Nürnberger Gesetze« in Kraft. Das »Gesetz zum Schutze des deutschen Blutes und der deutschen Ehre« (Blutschutzgesetz) verbot unter Androhung einer Gefängnisstrafe (nach Kriegsbeginn bei Todesstrafe) die Ehe sowie den außerehelichen Verkehr zwischen Juden und Nicht-Juden. Personen mit nur einem jüdischen Großelternteil galten als Deutsche und durften Nicht-Juden heiraten; dagegen konnten sie sich nicht – wie oben ausgeführt – für die Aufnahme in die durch und durch reinrassige SS qualifizieren. Juden durften keine deutschen Dienstboten unter 45 Jahren beschäftigen, und es war ihnen nicht gestattet, die deutsche Nationalflagge zu hissen. Die den Juden auferlegten Beschränkungen galten in der Regel auch für andere ethnische Gruppen, vor allem für Sinti und Roma sowie für Schwarze.

Ein weiteres Gesetz verlangte von allen angehenden Eheleuten, sich vor der Hochzeit einer medizinischen Untersuchung zu unterziehen. Falls man bei einem der Partner eine Erbkrankheit feststellte, wurde die Eheschließung verboten, weil sie eine »Schädigung der Rasse« zur Folge hätte. Waren indessen beide Partner erbkrank, so durften sie nach erfolgter Sterilisation heiraten. Die Auswirkungen dieses Gesetzes waren weitreichend, da es den Behörden die Macht gab, genau zu bestimmen, welche Paare für die Züchtung der neuen deutschen Rasse in Frage kamen.

Schließlich teilte das »Reichsbürgergesetz« das deutsche Volk in Reichsbürger und Staatsangehörige auf. Reichsbürger konnte nur sein, wer »deutschen oder artverwandten Blutes ist und durch sein Verhalten beweist, daß er gewillt und geeignet ist, in Treue dem deutschen Volk und Reich zu dienen«. Juden waren Staatsangehörige und für eine Reichsbürgerschaft nicht qualifiziert – erst sie verlieh das Wahlrecht.

Derart strenge Beschränkungen verlangten die Einführung strikter Verfahren zur Feststellung der exakten rassischen Zusammensetzung des Volkes. Anthropologen, Biologen, Rassehygieniker, Soziologen und Historiker waren plötzlich sehr gefragt, als man daranging, zur Durchführung der notwendigen Forschungsarbeiten entsprechende Institute einzurichten. Relativ wenige Akademiker äußerten Skrupel, an diesen herausfordernden Experimenten teilzunehmen. Aber im Klima der damaligen Zeit hätte jede offene Kritik an der Art, wie die Nazis die Dinge handhabten, auch den beruflichen Selbstmord bedeutet. Ebenso wie die Wissenschaftler, die an der Entwicklung tödlicher Waffen mitarbeiteten, konnten auch sie eventuelle Gewissensbisse überspielen, indem sie sich sagten, daß sie lediglich ihre Aufgabe als Forscher erfüllten, die Grenzen menschlichen Wissens zu erweitern – gleichgültig, welcher politische Gebrauch vom Ergebnis ihrer Arbeit gemacht wurde.

Biologie und Medizin spielten eine Schlüsselrolle in der Nazi-Ideologie, und die Parteiliteratur war mit medizinischen Bildern überfrachtet. Auf dem Nürnberger Parteitag 1929 gründete eine Gruppe von Ärzten den Nationalsozialistischen Deutschen Ärztebund (NSDÄB), der in erster Linie das Ziel verfolgte, den Ärztestand zu »säubern«, indem man dem Einfluß der Juden und Kommunisten entgegenwirkte. Zugleich rief der Ärztebund aber auch zu Diskussionen über Themen wie Sterilisation und Euthanasie auf. Damals waren etwa 13 Prozent der deutschen Ärzte Juden, während der jüdische Anteil an der Gesamtbevölkerung ein Prozent betrug. In Berlin waren es sogar mehr als die Hälfte.

Als Hitler 1933 an die Macht kam, zählte der NSDÄB 2786 Mitglieder, im Herbst des Jahres waren es bereits 11 000, und bald war die Warteliste so lang, daß zeitweilig Aufnahmeanträge zurückgestellt werden mußten. Das Motiv für diesen Ansturm war zweifellos wiederum die Sicherung der beruflichen Existenz. Jüdische Ärzte hatte man bereits aus der Ärzteschaft ausgeschlossen. Wie lange würde es dauern, bis jene das gleiche Schicksal ereilte, die den Verdacht weckten, keine begeisterten Anhänger der Nazis zu sein? Wenn sich die übrige deutsche Bevölkerung unter dem Hakenkreuz sammelte, warum dann nicht auch die Ärzte?

Im Juli 1934 wurde ein Gesetz erlassen, welches das gesamte staatliche Gesundheitswesen der direkten Kontrolle der NSDAP unterstellte – ein Hinweis auf seine Bedeutung für die Partei. 1943 hatte der NSDÄB 46 000 Mitglieder, das waren mehr als die Hälfte aller praktizierenden Ärzte. In einer Rede auf einer der ersten Versammlungen des NSDÄB hatte Hitler erklärt, die Revolution könne zwar möglicherweise ohne Rechtsanwälte, Ingenieure und Bauunternehmer überleben, aber ohne Ärzte sei sie verloren: »Ich komme nicht einen Tag ohne sie aus, nicht eine einzige Stunde. Wenn sie mich im Stich lassen, ist alles verloren.«

Die führende medizinische Zeitschrift, das *Deutsche Ärzteblatt*, vertrat begeistert die Sache der Nazis und pries die Maßnahmen zur Säuberung der Medizin von fremden Einflüssen und die Rückkehr zu »deutschem Fühlen und deutschem Denken«. In einer Ausgabe vom Dezember 1933 hieß es: »Niemals zuvor sah sich die deutsche Ärzteschaft einer so wichtigen Aufgabe gegenüber, wie sie ihr durch das nationalsozialistische Ideal gestellt wird.« Ein Beispiel für die neue medizinische und anthropologische »Forschung« war ein Artikel in der Zeitschrift *Volk und Rasse* von Dr. Eugen Stahl aus Stuttgart. Er schrieb, daß es bei der Bestimmung rassischer Merkmale nicht genüge, den Körperbau und die geistigen Fähigkeiten zu untersuchen:

> Wir müssen darüber hinausgehen und die gleichermaßen wichtigen Unterschiede der inneren Körperorgane erforschen, Unterschiede, die möglicherweise tiefere physiologische Differenzen zwischen den Rassen aufzeigen. Am bekanntesten ist hier der »rassische Geruch«. Europäer empfinden nicht nur den Geruch der Neger, sondern auch den der Ostasiaten als abstoßend, selbst wenn sie sauber sind. Der Orientale wird von sich natürlich ähnliches behaupten.

Ab 1933 wurden an allen Universitäten Pflichtvorlesungen über Rassenhygiene gehalten, und ab August desselben Jahres bot auch die Staatliche Medizinische Akademie in Berlin entsprechende Kurse an. Ebenfalls 1933 wurde die Deutsche Gesellschaft für Anthropologie in »Deutsche Gesellschaft für Rassenforschung« umbenannt. Das Kaiser-Wilhelm-Institut für Anthropologie, Vererbungslehre und Eugenik war das einflußreichste und aktivste Forschungsinstitut auf seinem Gebiet. Dorthin sandte Dr. Josef Mengele, seit 1943 Chefarzt im Konzentrationslager Auschwitz, die Augen ermordeter Roma und Sinti, die inneren Organe von Kindern und weiteres Material, das auf identifizierbare Erbfaktoren analysiert werden konnte. Er war ein unbedingter Anhänger der Vererbungslehre und von der Idee besessen, die Rasse durch selektive Züchtung zu verbessern.

Diese und andere akademische Institute wurden von der Regierung finanziell unterstützt, soweit ihre Arbeit mit der Umsetzung der neuen rassischen Utopie in Zusammenhang stand. Man suchte ihren Rat etwa in der Frage, ob jemand ein echter Arier oder ob eine bestimmte Krankheit erblich war. Es wurden Übungskurse angeboten, die sich beispielsweise mit Familienforschung oder mit der Frage befaßten, wie man herausfand, ob die Vorfahren eines Paares hinreichend reinrassig waren, um ihm die Heiratserlaubnis zu erteilen.

1933 berief das Reichsinnenministerium führende Wissenschaftler aus diesen Instituten in sein neues Expertenkomitee für Bevölkerungs- und Siedlungspolitik, dem auch Himmler und Darré angehörten. Auf der ersten Versammlung des Komitees legte Reichsinnenminister Dr. Wilhelm Frick die Richtlinien der Bevölkerungspolitik fest. Kinder zu haben, so führte er aus, sei die rassische Pflicht eines jeden gesunden Deutschen und unterliege nicht seiner persönlichen Entscheidung. Er setzte sich für kinderreiche Bauernfamilien ein und forderte die Zusammenführung von nordischem Blut und Boden. Gleichzeitig verlangte er die Sterilisation erbkranker Personen und das Verbot rassischer Mischehen.

Nach der blutigen »Nacht der langen Messer« im Juni 1934 dehnte Himmler seinen Machtbereich weiter aus. Sein alter

Mentor Röhm war das Hauptopfer dieses von der SS angerichteten Blutbades, bei dem mehr als zweihundert altgediente Nazis den Tod fanden und Hitlers Position als Parteiführer gefestigt wurde. Vor seiner Ermordung war Röhm Stabschef der SA gewesen, der paramilitärischen Kampftruppe, die bei der Machtergreifung der Nazis eine entscheidende Rolle gespielt hatte. Sie war größer als SS und Gestapo und wurde für die Parteiführung zunehmend zum Ärgernis, da sie sich nur schwer kontrollieren ließ. Spenden an ihre Kassen wurden durch Drohungen erpreßt, und ihr Offizierskorps war berüchtigt für Trunksucht, Homosexualität und Unbeherrschtheit – schwerlich ein gutes Beispiel für den angestrebten moralisch und rassisch reinen Staat.

Solange die SA die Schlägertrupps bei den Straßenkämpfen der Nazis gestellt hatte, wurden ihre Exzesse geduldet, weil sie der Partei ein Image verschafften, das ihre Gegner in Furcht und Schrecken versetzte und die restliche Bevölkerung davon überzeugte, daß es einfacher und sicherer war, Hitler zu ertragen als sich mit ihm anzulegen. Aber seitdem die Partei an der Macht war, verfügte sie über konventionellere und zuverlässigere Mittel der Zwangsherrschaft. Seit Hitler sich auf die Treue des Berufsheeres verlassen konnte, brauchte er die SA nicht mehr, die von den regulären Waffengattungen ohnehin aus naheliegenden Gründen entschieden abgelehnt wurde. Obwohl Hitler das Gefühl hatte, Röhm eine gewisse Loyalität zu schulden, ließ er sich von Himmler und Göring, die entschlossen waren, ihren ehemaligen Mitkämpfer zu eliminieren, zum Eingreifen überreden. (Göring hatte seine Position als Chef der Gestapo zwar bereits weitgehend eingebüßt, war aber immer noch ein mächtiger Mann.) Auf seine methodische Art hatte Himmler schon eine Liste von Leuten zusammengestellt, die er für unzuverlässig hielt oder die ihm gefährlich werden konnten. Er nannte sie »Reichsliste unerwünschter Personen«, zu denen sogar Gregor Strasser gehörte, der ihm seinerzeit den ersten Parteiposten verschafft hatte.

Es läßt sich schwer entscheiden, inwieweit Himmler hierbei von persönlichen Rivalitäten und Ehrgeiz geleitet wurde und inwieweit echte politische und ideologische Differenzen eine Rolle spielten, die ihn von Röhm und seinen Anhängern trennten. So propagierte die SA-Führung nach wie vor eine Revolution durch das Volk, welche die besitzende Oberschicht mitsamt ihren ererbten Privilegien hinwegfegen sollte, während der Traditionalist Himmler entschieden auf der Gegenseite stand, welche die alte soziale Ordnung erhalten und den Nazistaat lediglich darüberstülpen wollte – der Kurs, der schließlich eingeschlagen wurde.

In der paranoiden Atmosphäre jener Zeit war es für Himmler und Göring nicht allzu schwer, Hitler davon zu überzeugen, daß Röhm, Strasser und andere ein Komplott gegen ihn schmiedeten. Hitler fuhr selbst nach Bayern, um Röhm am 30. Juni verhaften und zwei Tage später ermorden zu lassen. Himmler und Göring, die sich gleichzeitig in Berlin der »Feinde« Hitlers angenommen hatten, gehörten zu der Gruppe treuer Gefolgsleute, die den Führer bei der Rückkehr von seiner tödlichen Mission auf dem Flughafen Tempelhof mit ernster Miene begrüßten. Nach zwei Tagen endeten die Erschießungen, die Opfer wurden eingeäschert und die Asche den Hinterbliebenen übergeben.

Im Oktober nahm Himmler vor der Gestapo-Führung zu den durchgeführten Säuberungen Stellung und erklärte, warum er und die anderen »ihre eigenen Kameraden erschießen mußten, mit denen man acht oder zehn Jahre Seite an Seite gestanden hat im Kampf um ein Ideal, und die dann versagt haben«. Er gab Juden, Freimaurern und Katholiken die Schuld, die »zahlreiche Personen in die SA und die Umgebung des ehemaligen Stabschefs eingeschleust und ihn ins Verderben getrieben haben«. Hätte man nicht eingegriffen, so erklärte er, wäre das Chaos ausgebrochen, das dem »ausländischen Feind« den Vorwand geliefert hätte, einzumarschieren und Deutschland in seine Gewalt zu bringen.

Zur gleichen Zeit befaßte sich Himmler in der Jenaer Dienststelle des RuSHA noch mit einem weiteren Aspekt der Erb- und Rassenhygiene. Er hatte ein großes Forschungsprojekt in Auftrag gegeben, durch das die Frage geklärt werden sollte, ob Homosexualität erblich war und ob man sie durch Hormonspritzen »heilen« konnte. (Während des Krieges hat der dänische Arzt Carl Vaernet in Buchenwald zahllose Experimente in dieser Richtung an homosexuellen Häftlingen durchgeführt und angeblich einen Weg gefunden, Betroffene durch Verabreichung von Hormonen zu heilen.)

Röhms Spitzenposition in der Partei und die Kenntnis seiner Veranlagung hatte den Homosexuellen bis dahin einen gewissen Schutz vor Verfolgung garantiert, aber seit seiner Hinrichtung war es damit vorbei. Dabei waren Himmler Homosexuelle von gesunder arischer Abstammung weniger aus moralischen Gründen ein Dorn im Auge, sondern weil sie eine Verschwendung von »Zuchtmaterial« darstellten. 1935 richtete er ein Zentralregister für Homosexuelle ein, und im Jahr darauf gründete er das Reichszentralamt zur Bekämpfung der Homosexualität und Abtreibung. 1936 wurden über 4000 Männer wegen homosexueller Aktivitäten verurteilt – 1934 waren es nur 766 gewesen. Nach der Entlassung aus dem Gefängnis kamen viele von ihnen sofort in ein Konzentrationslager, wo sie zur Kennzeichnung einen rosa Winkel auf ihrer Kleidung tragen mußten.

Das vorrangige Angriffsziel blieben jedoch die Juden. Die entwürdigendsten antisemitischen Gesetze wurden 1938 verabschiedet, gefolgt von einer unbarmherzigen, Monat für Monat verkündeten Flut von Verboten, welche die Juden schrittweise von jeder Teilnahme am öffentlichen Leben ausschlossen. Dazu gehörte:

- das Verbot der Namensänderung, insbesondere der Annahme eines deutschen Namens;
- eine Verordnung, durch die 316 Namen von Amts wegen für jüdisch erklärt wurden, Juden mit anderen Namen wurden zusätzlich die Vornamen »Israel« beziehungsweise »Sarah« in ihre Papiere eingetragen, um Verwechslungen auszuschließen;
- arische Eltern durften ihren Kindern keine jüdischen Namen geben;
- jüdische Geschäfte durften den Namen des Eigentümers nicht verschweigen;
- alle jüdischen Organisationen mußten bei den Behörden angemeldet werden;
- jüdischer Grundbesitz und alles sonstige Vermögen mußte genau angegeben werden und wurde registriert;
- Juden mußten Kennkarten mit sich führen, die sie als Juden auswiesen, und diese auf Verlangen vorzeigen;
- alle Straßen, die nach Juden benannt waren, bekamen neue Namen;
- Juden wurde die Ausübung folgender Berufe verboten: Grundstücksmakler, Geldverleiher, Fabrikdirektor, Detektiv, Touristenführer, Heiratsvermittler, Krankenschwester, Hebamme, Waffenhändler und Vertreter; sie durften keinen Versandhandel betreiben und nicht auf öffentlichen Märkten oder in Leichenhallen arbeiten;
- jüdische Ärzte durften nur noch Juden behandeln, und auch das nur mit besonderer Genehmigung;
- Juden waren von den deutschen Theatern ausgeschlossen;
- jüdische Kinder wurden von deutschen Schulen verwiesen;
- Juden mußten in bestimmten Wohnvierteln leben.

1941 wurde ein Gesetz erlassen, wonach alle Juden den Davidstern auf ihrer Kleidung tragen mußten. Von da bis zur Endlösung war es nur noch ein kleiner Schritt.

Nach dem Blutbad von 1934 saß die Naziregierung fest im Sattel und geriet bis gegen Ende des Zweiten Weltkrieges nie wieder ernsthaft in Gefahr. Nachdem Hitler seine »Feinde« im Innern liquidiert und – was noch wichtiger war – jeden möglichen zukünftigen Herausforderer unmißverständlich gewarnt hatte, war für ihn der Weg frei, eine Armee aufzubauen, die es ihm ermöglichen sollte, ganz Europa seine Vision von der arischen Utopie aufzuzwingen.

Für Himmler, so behauptet sein Biograph Peter Padfield, bedeuteten die Morde vom 30. Juni 1934 den Aufstieg zum »mächtigsten Mann des Dritten Reiches«. Seine neue Position erlaubte es ihm, sein Lieblingsprojekt weiter zu verfolgen: ein Programm zur Verbesserung der Rasse der zukünftigen Bürger des Tausendjährigen Reiches und der Vernichtung jener, die unwürdig waren, darin zu leben. Die SS sollte das Instrument zur Durchführung dieser beiden Vorhaben sein. 1935 begann er mit der Einrichtung der Lebensborn-Heime, dem wohl einschneidendsten Teil seines Projektes.

4

Eine Frage der Züchtung

Es ist offensichtlich, daß jener Teil der weiblichen Bevölkerung mit weniger wertvollem Blut stets früher geschlechtsreif wird als Mädchen unserer eigenen, wahren Art. Sie sind draufgängerischer und sexuell willfähriger als unsere Mädchen und erobern damit die Männer. Jetzt aber kommt die Wende. Ich glaube, wir gehen einem Zeitalter entgegen, wo das nordische Mädchen heiraten und das andere »sitzenbleiben« wird.

Heinrich Himmler, 1936

Im Januar 1926 las Himmler das Buch *Das Verschwinden des deutschen Volkes* von Dr. A. Thomsen. Der Inhalt beunruhigte ihn, wie er in seiner Bücherliste vermerkte: »Das Schlimme im heutigen Deutschland ist, daß die Frauen keine Mütter mehr werden wollen. Möge Gott die Dinge wieder zurechtrücken.« Die Statistik zeigte das sehr dramatisch. Zu Beginn des Jahrhunderts betrug die jährliche Geburtenrate gesunde 33 pro Tausend der Bevölkerung. In den 20er Jahren ging sie auf 20,3 pro Tausend zurück, und 1933 waren es noch 14,7 pro Tausend – in nur drei Jahrzehnten ein Rückgang um mehr als die Hälfte.

Diese Pflichtvergessenheit der deutschen Frauen – wie er

es sah –, beunruhigte ihn sein Leben lang. In einer Rede vor SS-Gruppenführern 1937 in Bad Tölz erklärte er, daß ein kinderreiches Volk die Weltherrschaft erringen könne, während eine unfruchtbare Nation auf dem Weg ins Grab sei. »Ein Volk, das die Ahnen ehrt, wird immer Kinder haben und damit unsterblich sein.« Während des Krieges sagte er zu SS-Freiwilligen in Norwegen: »Ein Mann kann in Frieden sterben, wenn er Söhne hat.«

Für die Nazi-Ideologen war Mutterschaft die einzig angemessene Rolle für die Frau, während Vaterschaft etwas war, dem sich der Mann widmen konnte, wenn er nicht gerade andere drängende Aufgaben des Lebens erfüllte. Schon 1921 veröffentlichte die Partei eine Grundsatzerklärung, wonach Frauen vom höheren Beamtendienst ausgeschlossen sein sollten, wobei Hitler aber ausdrücklich betonte, das bedeute keineswegs, daß sie nur eine untergeordnete Rolle spielten. »In meinem Staat«, so erklärte er am 8. September 1934, »ist die Mutter der wichtigste Staatsbürger.« In seiner idealen arischen Welt waren die starken blonden Männer die Krieger und Anführer, während ihre schmiegsamen und ebenso gesunden Frauen zu Hause blieben und die ihnen von der Natur zugedachte Aufgabe erfüllten. Diese Haltung war zum Teil von der Verpflichtung gegenüber der Rasse diktiert und insoweit eng verbunden mit seiner Sorge um die rückläufige Geburtenzahl unter den Ariern. Zum anderen konnte es ihm nicht schaden, wenn er dadurch die Unterstützung des traditionell denkenden Bürgertums gewann.

Dr. Josef Goebbels, Chefpropagandist der Partei, stützte diese Auffassung. »Die Aufgabe einer Frau ist es, attraktiv zu sein und Kinder zu gebären«, schrieb er. »Diese Auffassung ist nicht so primitiv und altmodisch, wie sie erscheinen mag. Ein weiblicher Vogel macht sich für das Männchen begehrenswert und brütet für ihn die Eier aus. Wenn wir die Frauen aus dem öffentlichen Leben herausnehmen, so stellen wir nur ihre weibliche Würde wieder her.« Sein Propagandaministerium stellte sich in den Dienst der Züchtungskampagne. Auf schwärmerischen Plakaten wurde die Tugend der Mutterschaft gepriesen, veranschaulicht durch ein Baby, das an einer rein arischen Brust saugte – ein Bild, das in enger Beziehung zu der Statue in Steinhöring stand. Propagandafilme, die in allen Kinos gezeigt werden mußten, übermittelten dieselbe Botschaft und wiesen auf die rückläufigen Geburtenraten in den Statistiken hin. Weitere Filme befaßten sich mit anderen Aspekten der Rassenfrage: mit den Gefahren von Erbkrankheiten, den Vorteilen der Euthanasie und – dem ewigen Lieblingsthema – der internationalen Verschwörung der Juden, was in dem berüchtigten Film gipfelte, in dem die Juden als Ratten dargestellt wurden

Selbst Standardhandbücher über Gesundheit und Mutterschaft nahmen einen tyrannischen und missionierenden Ton an. In ihrem kurz vor dem Krieg veröffentlichten Buch *Die deutsche Mutter und ihr erstes Kind* schrieb Dr. Johanna Haarer von einer erhabenen Pflicht der Frau, Kinder zu gebären:

> In allen Epochen der Geschichte wurde die Mutterschaft mit der höchsten Tugend des Mannes verglichen, der in der höchsten Not sein Leben für sein Land und sein Volk riskiert ... Heute nehmen wir unter Leitung der Staatsführung an einer großen Kampagne teil, in der die genetisch Gesunden und rassisch Wertvollen verteidigt werden müssen gegen alles, was krank und dekadent ist und im Schutz eines falsch verstandenen Freiheitsbegriffs gedeihen darf.

Außer durch Überredung versuchte man die Frauen auch durch konkretere Anreize zur Pflichterfüllung zu animieren. Mütter mit drei oder mehr Kindern unter zehn Jahren erhielten »Ehrenkarten«, die es ihnen ersparten, sich in den Geschäften anstellen zu müssen; die örtlichen Behörden gewährten ihnen einen Nachlaß auf die Miete und die Gebühren der öffentlichen Versorgungsbetriebe. Jungen Ehepaaren, welche die rassischen Voraussetzungen erfüllten, stand ein Darlehen zu, um ihnen die Familiengründung zu erleichtern. Das Geld wurde durch eine von den Unverheirateten erhobene Sondersteuer aufgebracht. Mit jedem Kind wurde ein Viertel des Darlehens gestrichen, so daß es mit der Geburt des vierten Kindes getilgt war.

Anfänglich wurde dieses Darlehen nur gewährt, wenn die Frau ihren Arbeitsplatz aufgab. Um die Chancen der Frauen auf dem Arbeitsmarkt weiter zu beschneiden, wurden für höhere Schulen und Universitäten feste Quotenregelungen eingeführt, nach denen nur zehn Prozent der Studenten Frauen sein durften. Neben dem eigentlichen Studium mußten sie in den Semesterferien »Dienst für die Gemeinschaft« leisten [Leitung von Jugendlagern, Ernteeinsatz, Fabrikarbeit usw.]. Aber auch nach dem Examen fanden nur wenige Frauen eine Anstellung in dem von ihnen gewählten Beruf. Viele dieser Einschränkungen wurden jedoch zurückgenommen, als sich der Ausbruch des Krieges abzeichnete und die Frauen gebraucht wurden, um die eingezogenen Männer in den Fabriken und anderswo zu ersetzen, bis der Mangel an Arbeitskräften schließlich so groß wurde, daß man sogar Ausländerinnen rekrutieren mußte.

Die Vorstellung von der Frau als Hausfrau war jedoch nicht so streng, daß Frauen von jeder politischen Betätigung ausgeschlossen wurden. Man ermunterte die Frauen sogar, sich aktiv in Parteiorganisationen zu engagieren, vor allem in der Nationalsozialistischen Frauenschaft (NSF), die 1938 2,3 Millionen Mitglieder hatte. 1934 wählte die NSF zur Reichsführerin eine Frau, die ein Vorbild an patriotischer Tugend war – Gertrud Scholtz-Klink, Mutter von elf Kindern. Nur wenige waren besser geeignet, mit dem »Ehrenkreuz der Deutschen

Mutter« ausgezeichnet zu werden, das 1938 für Mütter großer Familien gestiftet wurde. (Einer der eher zweifelhaften Vorteile war, daß die Mitglieder der Hitlerjugend die Trägerinnen in der Öffentlichkeit grüßen mußten.)

Das war das Zuckerbrot. Die Peitsche war eine zweijährige Gefängnisstrafe für jeden, der ohne schwerwiegende Gründe bei einer arischen Frau eine Abtreibung vornahm; nach Kriegsbeginn wurde hierfür die Todesstrafe eingeführt. Die Versorgung mit empfängnisverhütenden Mitteln wurde streng kontrolliert, und wer für eine Geburtenkontrolle eintrat, bekam Schwierigkeiten. Dagegen wurden Abtreibungen bei nichtarischen Frauen sowie bei solchen deutschen Frauen unterstützt, die Kinder von unerwünschten Ausländern erwarteten. Eine 1938 vorgenommene Lockerung des Scheidungsrechts ermöglichte es unfruchtbaren Ehepaaren, die Auflösung ihrer Ehe durchzusetzen, um es danach mit einem neuen Partner noch einmal zu versuchen. Während Ehen bis dahin nur wegen Ehebruchs geschieden werden konnten, reichte es jetzt aus, wenn einer der Ehepartner keine Kinder wollte, die Frau eine Abtreibung vorgenommen hatte oder die Ehegatten drei Jahre getrennt gelebt hatten.

Himmler stand der Institution Ehe zwiespältig gegenüber. Nach den Berichten seines Heilpraktikers Felix Kersten, dessen Erinnerungen an seine Gespräche mit Himmler die bei weitem aufschlußreichste Informationsquelle über den Reichsführer sind, wollte er nach dem Krieg die Ehen hochrangiger Nazis und SS-Männer (mit ihren »guten, anständigen Ehefrauen«) annullieren lassen und sie mit speziell ausgesuchten jungen Frauen verheiraten, die in den von ihm geplanten »Frauenhochschulen für Weisheit und Kultur« auf diese Rolle vorbereitet worden waren. Es ist bezeichnend für ihn, daß er glaubte, das historische Vorbild hierfür in den »weisen Frauen« der alten Germanen und den römischen Vestalinnen gefunden zu haben. Er meinte, der Qualitätsverlust an Erbgut beim deutschen Adel sei darauf zurückzuführen, daß dieser der rassischen Qualität seiner Ehefrauen zu wenig Beachtung geschenkt habe. Himmler ging seinen Leuten mit gutem Beispiel voran: Er hatte eine Tochter von seiner Ehefrau Margarete und zwei Söhne von seiner jungen Geliebten Hedwig Potthast.

Zumindest bis zur Erreichung des angestrebten Ziels sah man in der Ehe nicht die alleinige Voraussetzung für die Anhebung der Bevölkerungszahl. Die Kinder einer unverheirateten Frau waren für das Reich ebenso wertvoll – sofern ihr Stammbaum den Ansprüchen genügte. Kurz nach Kriegsbeginn, im Oktober 1939, erließ Himmler einen Befehl an die SS, in dem er erklärte:

> Das höchste Gut für die Witwe eines im Krieg gefallenen Soldaten ist immer das Kind des Mannes, den sie geliebt hat. Aber über den Anwendungsbereich bürgerlicher Gesetze und Bräuche hinaus – die anderweitig ohne Zweifel notwendig sind – kann es eine hohe Verpflichtung für die deutsche Frau von gutem Blut sein, auch außerhalb der Ehe einem in den Krieg ziehenden Soldaten ein Kind zu schenken, der möglicherweise nicht zurückkehrt. Dies ist keine geringe Aufgabe, aber eine, die bewußt und ernsthaft übernommen werden sollte.

Er versprach, daß sich die SS um das Wohl der Kinder und ihrer Mütter kümmern werde, wenn der Vater im Krieg falle, egal, ob die Eltern verheiratet gewesen waren oder nicht.

Der Haken bei der Sache war nur der, daß die meisten Deutschen damals von Haus aus konservativ waren und uneheliche Mütter und deren Kinder hartnäckig ächteten – eine Haltung, in der sie von der Kirche bestärkt wurden. Die hehren Moralvorstellungen der Nazis mit den von ihnen hochgehaltenen germanischen Tugenden standen in krassem Widerspruch zu ihrer Forderung, ohne Hemmungen uneheliche Kinder in die Welt zu setzen. Ein Widerspruch, den auch der Lebensborn nie ganz lösen konnte. Dr. Gregor Ebner, der erste ärztliche Leiter der Lebensborn-Heime, sah sich 1937 genötigt, die Praxis zu verteidigen, daß man sich gleichermaßen um die Kinder unverheirateter wie verheirateter Frauen kümmerte. Er räumte ein, daß dies »dem Dogma des für gewöhnlich liberalen Bürgers und der Kirche« widerspreche, und fuhr fort:

> Sie werfen uns vor, daß wir die Institution der Ehe unterminieren – das Fundament des nationalsozialistischen Staates –, und meinen, daß die ehelichen Kinder von allen die beste Fürsorge erhalten sollten. Wir stimmen mit ihnen dahin überein, daß die Ehe für reinrassige deutsche Männer und Frauen die denkbar beste Lösung ist, aber wir wissen auch, daß viele junge Männer und Frauen nicht in der Lage sind zu heiraten. Sollten wir die Kinder dieser Eltern als minderwertig behandeln? Oder sollten wir nicht als gute Nationalsozialisten diese bürgerliche Haltung überwinden und sie durch einen Wertmaßstab ersetzen, der sich an dem guten Blut orientiert, das unsere Rasse braucht? In dem Moment, wo diese Mütter zum ersten Mal ihre hübschen kleinen Babys betrachten und ihren ersten Schrei hören, besteht zwischen ihnen und den anderen Müttern kein Unterschied. Wir dürfen diese Dinge nicht moralisch werten. Was der Rasse hilft, ist gut, und was ihr schadet, ist schlecht.

Himmler hieb in die gleiche Kerbe, als er in einer Rede in Kochem erklärte: »Ich finde es nicht richtig, daß ein junges Mädchen, das ein uneheliches Kind erwartet, von der Gesellschaft verstoßen wird, obgleich es nur getan hat, was seine Natur verlangt.«

In dem Bemühen, den unverheirateten Müttern das Stigma zu nehmen, erließ der Justizminister 1937 eine Verordnung, wonach sie sich »Frau« nennen durften – eine Bezeichnung, die bis dahin den Ehefrauen vorbehalten war. Auch in Propagandabroschüren zog man gegen eine pauschale Verurteilung der Illegitimität zu Felde. 1939 wurde die Bestimmung aufgehoben, wonach unverheiratete Frauen keine Beamtinnen werden konnten.

In seinem Buch *A Social History of the Third Reich* führt Richard Grunberger aus:

> Dem Dritten Reich gelang es, eine neue Auffassung von der sexuellen Rolle der Frau in der Gesellschaft durchzusetzen. Bis dahin waren die meisten Gesellschaftssysteme dadurch gekennzeichnet, daß sie den Männern auf sexuellem Gebiet sehr viel mehr Freiheiten einräumten als den Frauen, ein Vorteil, der durch den Begriff der doppelten Moral veranschaulicht wird. Das Dritte Reich ersetzte die konventionelle Doppelmoral der Bourgeoisie schlicht und einfach durch Unmoral und die sexuelle Rolle der Frau durch ihre biologische.

Dieser Glaube an eine Mutterschaft außerhalb der Ehe und an die höchste Pflicht der Frau, ihre biologische Funktion ohne Rücksicht auf irgendwelche Gefühle zu erfüllen, lag auch dem Lebensborn-Konzept zugrunde. Das Ganze entsprach dem Grundprinzip der Nazi-Ideologie, wonach sich individuelle Gefühle und Wünsche den Bedürfnissen des Staates unterzuordnen hatten, damit man den Endsieg erringen und eine neue, reinrassige Weltordnung etablieren konnte.

Der Lebensborn war vor allem Himmlers Ziehkind. Der Verein wurde am 12. Dezember 1935 gegründet, nachdem Himmler bereits im Juli den Verein »Ahnenerbe« ins Leben gerufen hatte, der sich der Aufgabe widmete, die Überlegenheit der nordischen Rasse wissenschaftlich nachzuweisen. Die Verbindung war klar: Das Ahnenerbe sollte die theoretische Rechtfertigung für die praktische Arbeit der Lebensborn-Heime liefern.

Am 13. September 1936, neun Monate nach Gründung des Vereins, unterstellte ihn Himmler der direkten Schirmherrschaft der SS. Das war ein logischer Schritt, nachdem er seine elitäre, handverlesene Garde zum Hauptinstrument seines Züchtungsprogramms und zu den wichtigsten Vätern des neuen arischen Volkes erklärt hatte.

Die entsetzlichen Taten der SS-Wachmannschaften in den Konzentrationslagern haben dazu geführt, daß man in der SS allgemein nicht viel mehr als eine Bande sadistischer Gewaltverbrecher sieht. Aber das Korps repräsentierte sehr viel mehr und verkörperte daneben noch so manches, was an der Naziphilosophie nicht weniger unheilvoll war. Für Himmler war die SS ein Ritterorden mit einer entsprechenden Aufnahmezeremonie und eigenem Eid (»Gehorsam bis zum Tod«), Zeremonialschwertern und Insignien und einer mittelalterlichen »Stammburg« in Westfalen. Er rechtfertigte die Unterstellung des Lebensborns unter die SS, indem er darlegte, was er von seiner Elitetruppe auf dem Gebiet der Vaterschaft erwartete:

> Eine Ehe mit wenig Kindern ist kaum mehr als ein Verhältnis. Ich hoffe, daß die Mitglieder der SS, vor allem ihre Führer, hier mit gutem Beispiel vorangehen. Vier Kinder sind das Minimum für eine gute und gesunde Ehe. Bei Kinderlosigkeit ist es die Pflicht eines jeden SS-Führers, rassisch wertvolle, erbgesunde

> Kinder zu adoptieren und sie im Geist unserer Philosophie zu erziehen ... Der Lebensborn wird den SS-Führern bei der Auswahl und Adoption rassisch wertvoller Kinder helfen.

In einer späteren Rede ging er noch etwas weiter und forderte, daß SS-Angehörige nicht nur vier Kinder, sondern vier Söhne zeugen sollten. Er erklärte, wie er zu dieser kritischen Zahl gekommen sei: Selbst wenn zwei von ihnen im Kampf getötet würden, blieben noch zwei, um den Stammbaum fortzusetzen: »Die Führung eines Volkes mit nur einem oder zwei Söhnen pro Familie muß verzagen ... Sie wird sich sagen müssen, ›das können wir uns nicht leisten‹.«

Himmler umriß die Aufgabe des Lebensborns wie folgt:

1. Rassisch und erbbiologisch wertvolle, kinderreiche Familien zu unterstützen;
2. rassisch und erbbiologisch wertvolle werdende Mütter unterzubringen und zu betreuen, bei denen nach sorgfältiger Prüfung der eigenen und der Familie des Erzeugers durch das Rasse- und Siedlungshauptamt-SS anzunehmen ist, daß sie gleichwertvolle Kinder gebären;
3. für diese Kinder zu sorgen;
4. für die Mütter der Kinder zu sorgen.

Sorge und Unterstützung: sorgfältig gewählte Worte, um das Bild einer ausschließlich karitativen Organisation zu vermitteln, eine Darstellung, die auch die verantwortlichen Leiter des Lebensborns während der Nürnberger Prozesse und während des zweiten Verfahrens 1950 in München zu ihrer Rechtfertigung vorbrachten. Und bis zu einem gewissen Grad traf das auch zu. Unverheirateten Müttern, die bei sonst niemandem praktische Hilfe und Sympathie fanden, bot sich hier ein Heim – sofern sie vorsichtig genug gewesen waren, auf die Rassereinheit ihres Liebhabers und ihrer selbst zu achten, und diese anhand ihres Stammbaums mit ausreichender Sicherheit belegen konnten.

Obwohl unverheiratete Frauen die Hauptnutznießer waren, wurden die Heime auch von verheirateten Frauen geschätzt – wenn das Kind nicht von ihrem Ehemann stammte oder ganz einfach deshalb, weil die medizinische und pflegerische Versorgung dort hervorragend war. Für die Aufnahme spielte der Familienstand keine Rolle. Es zählte allein, daß die zukünftigen Eltern reinrassig waren.

Für die Mütter bestand eine Hauptattraktivität der Heime darin, daß man ihnen die Verantwortung für ihre Kinder bereits kurz nach der Geburt völlig abnahm, wenn sie dies wünschten. Alle Kinder im Heim wurden praktisch »Eigentum« der SS. Mit Erlaubnis der SS konnten die Mütter ihre Kinder aber auch mit nach Hause nehmen und selbst großziehen – was viele der verheirateten, aber auch einige der unverheirateten Frauen taten. Die SS stellte in diesen Fällen sicher, daß die natürlichen Väter ihre Kinder unterstützten, selbst wenn sie ihre Vaterschaft nicht offiziell anerkannt hatten.

Wollten die Mütter ihre Kinder nicht behalten, was zumeist der Fall war, übernahm es die SS, sie in politisch zuverlässigen (d. h. den Nazis treu ergebenen) Familien unterzubringen, die mit großer Sorgfalt und nach eingehender Prüfung ausgesucht wurden. »Auf diese Weise«, schrieb Ebner, »werden die späteren Generationen rassisch wertvoller Kinder am besten geschützt.«

In den Heimen wurde alles getan, um die Geheimhaltung zu wahren und keine Verlegenheit oder Scham aufkommen zu lassen. Die dort arbeitenden Ärzte mußten einen SS-Eid unterschreiben, Stillschweigen zu wahren und »die Ehre der schwangeren Frauen zu achten, gleichgültig, ob sie ihr Kind vor oder nach der Eheschließung empfangen haben«. Es war verboten, die Frauen zu fotografieren. Auf den überlieferten Bildern sieht man daher fast ausschließlich Babys, Schwestern, Gebäude und Gärten.

Die Heime führten ein eigenes Geburtsregister, um eine Eintragung in die zuständigen Standesamtsregister zu umgehen. Anders als bei normalen Geburtsurkunden war den vom Lebensborn ausgestellten Papieren nicht zu entnehmen, ob ein Kind unehelich war. Sie bekamen lediglich einfache Zertifikate, die ihre arische Abstammung bestätigten, um auszuschließen, daß sie späterhin Schwierigkeiten mit der Bürokratie bekamen. Das ist einer der Gründe, warum es für die in den Heimen geborenen deutschen Kinder später praktisch unmöglich war, ihre Eltern aufzuspüren.

Sitz des Lebensborns war von Anfang an München, Himmlers Machtbasis. Er fuhr selbst im Land umher, um sich nach passenden Gebäuden und Standorten für die Heime umzusehen. Das knapp eine Autostunde von München entfernte Steinhöring schien ihm von seiner Lage her besonders geeignet, zumal er sich zum Ziel gesetzt hatte, die Heime weit außerhalb der schmutzigen Städte zu errichten. Das in Aussicht genommene Gebäude, das spätere Heim »Hochland«, gehörte der katholischen Kirche, die es als Wohnheim für pensionierte Priester und später als Kinderheim nutzte. Die bayerische Staatsregierung kaufte es für 55 000 RM. Himmler steckte 540 000 RM hinein, um es seiner neuen Bestimmung entsprechend umzubauen, und ließ es mit Symbolen seiner Lebensphilosophie schmücken – einem hohen Wachturm ähnlich einem mittelalterlichen Bergturm sowie eisernen Toren mit Runensymbolen und den stilisierten Initialen SS.

Himmlers Ansichten zur Rassenlehre wurden stark von Dr. Gregor Ebner beeinflußt, den er während des Studiums in München kennengelernt hatte. Ebner war 1892 geboren und hatte sich 1920 in der Nähe von München als praktischer Arzt niedergelassen. 1930 trat er der nationalsozialistischen Partei bei und wurde bald Ortsgruppenleiter in Kirchseeon. Im folgenden Jahr trat er in die SS ein, wo er seinen Kameraden Unterricht in Rassenselektion und Rassenhygiene erteilte. In dieser Zeit entstand eine enge Freundschaft zwischen ihm und Himmler. Es scheint sicher, daß Himmler in jeder Entwicklungsphase seiner Lebensborn-Idee Ebner zu Rate zog. 1936 ernannte er ihn zum medizinischen Berater für das Heim »Hochland« in Steinhöring. Ein Jahr später gab Ebner seine Privatpraxis auf, nachdem er zum ärztlichen Leiter sämtlicher Heime ernannt worden war. Da die Bezeichnung »ärztlich« alle Aspekte der rassischen Auswahl umfaßte, war er damit der wichtigste Mann in der Lebensborn-Hierarchie und erstattete Himmler persönlich Bericht.

Bei seiner Ernennung legte Ebner seine Auffassung in einem umfangreichen Aufsatz dar. Er schrieb:

> Die deutsche Zukunft steht oder fällt mit dem deutschen Kind. Daraus folgt, daß der erste Schritt zur Lösung des [Bevölkerungs-]Problems in die Richtung gehen muß, die jungen Leute bei der Eheschließung zu beraten, insbesondere bei der Wahl des richtigen Partners. Es ist ein von Gott gegebenes Gesetz, daß der Wert eines jeden einzelnen Menschen von seinen Vorfahren ererbt wurde. Ein Kind kann nicht durch Erziehung zu einer rassisch wertvollen Person gemacht werden. Deshalb sieht es der nationalsozialistische Staat als seine vornehmste Pflicht an, diejenigen sorgfältig auszuwählen, die rassisch und erbgesundheitlich wertvoll sind.

Ebner betonte ein über das andere Mal, daß es keine Rolle spiele, ob die Eltern des Kindes verheiratet seien oder nicht:

> Das uneheliche Kind darf nicht unter der Tatsache leiden, daß es unter den gegebenen Umständen bedauerlicherweise vielen jungen Väter und Müttern nicht möglich ist zu heiraten ... Jede uneheliche Mutter, die bereit ist, einem Kind das Leben zu schenken, wird vom Lebensborn unterstützt. In diesen Mutter-und-Baby-Heimen kann eine Mutter frei von den Sorgen des täglichen Lebens in Ruhe ihr Kind bekommen. Sie wird die beste Fürsorge erhalten: Ärzte, große, sonnige, luftige Räume, wundervolle Frische und eine herrliche, ländliche Gegend sollen es der Mutter erleichtern, die für sie sehr schwere Zeit durchzustehen ... Das Leben in den Heimen ist nicht als Klinikaufenthalt gedacht, sondern als Leben in einer großen Familie. Klassenunterschiede gibt es nicht: es ist ein echtes gemeinsames Zusammenleben.

1939, zwei Jahre, nachdem er dem Verein beigetreten war, erstattete Ebner über seine Fortschritte Bericht. Inzwischen gab es sechs Lebensborn-Heime: das Heim »Hochland« in Steinhöring, »Friesland« in Hohehorst bei Bremen, »Harz« in Wernigerode/Harz, »Kurmark« in Klosterheide/Mark (nördlich von Berlin), »Pommern« in Bad Polzin (Polen) und »Wienerwald« in Pernitz/Muggendorf (nahe Wien). Für die Mütter standen 263 und für die Kinder 487 Betten zur Verfügung.

Bis Ende 1938 hatte man 653 Mütter aufgenommen. Mehr als doppelt so viele hatten um Aufnahme gebeten, aber Ebner berichtete, bei den strengen rassischen Testverfahren habe sich herausgestellt, daß nur vierzig Prozent der Eltern aus hinreichend reinrassigen Familien stammten. Er verwies darauf, daß die Säuglingssterblichkeit in den Heimen nur halb so hoch sei wie im übrigen Deutschland – drei Prozent gegenüber sechs Prozent. »Die Geburten verlaufen sehr leicht, ohne größere Komplikationen. Dies ist der rassischen Auslese und der Qualität der zu uns kommenden Frauen zuzuschreiben.«

Doch obgleich diese Qualität nicht erkennbar nachließ, nahm die Säuglingssterblichkeit zu Beginn des Krieges wieder beunruhigend zu. Der Trend blieb auch 1940 steigend – ebenso wie im übrigen Deutschland –, und am Ende des Jahres war die Sterblichkeitsrate um fast fünfzig Prozent auf 4,23 Prozent angewachsen. Ebner meinte, das könne daran liegen, daß die Mütter das Heim zu früh verließen – in der Regel vier bis sechs Wochen nach der Geburt – und die Kinder nicht lange genug gestillt würden; sowohl er als auch Himmler maßen dem Stillen erhebliche Bedeutung bei. Er verlängerte daher die Aufenthaltsdauer der Mütter bis zu vier Monaten, obwohl dadurch erheblich weniger Frauen aufgenommen werden konnten.

Am Ende verließen die meisten Mütter das Heim nach weniger als zwei Monaten, besonders jene, die sich entschlossen hatten, ihr Kind zur Adoption freizugeben. Die Säuglingssterblichkeit ging wieder ein wenig zurück, erreichte aber nie mehr den niedrigen Stand von drei Prozent. (1943 führte der zunehmend auf die Heime ausgeübte Druck zu einer Umkehr der Politik, und die Mütter mußten wieder nach 14 Tagen gehen. Der Grund war, daß man die Menschenverluste im Krieg durch mehr Geburten ausgleichen wollte.)

In seinem Bericht von 1939 äußerte sich Ebner auch zu finanziellen Fragen. Die Kosten für die Versorgung einer Mutter, die ihr Kind im Heim bekam, betrugen danach 400 RM. »Aber dies ist kein großes Opfer, wenn man 1000 Kinder von gutem Blut retten kann.« Er fügte hinzu, daß der Verein außerdem 110 SS-Familien je nach Kinderzahl mit einigen Tausend Mark unterstütze.

Das Geld kam auf vielen Wegen herein. So zahlten die

Mitglieder des Vereins »Lebensborn e. V.« einen Beitrag. Als Ebner seinen Bericht abfaßte, betrug ihre Zahl 13 000, von denen 8000 der SS (für Offiziere war die Mitgliedschaft Pflicht) und 766 den verschiedenen Zweigen der Polizei angehörten. Bis Kriegsende stieg die Mitgliederzahl auf rund 17 000.

Der Mindestbeitrag betrug 27 RM im Monat. Für Angehörige der SS, die ihren Vaterpflichten nicht nachkamen, wurde es teurer. Wer im Alter von 28 Jahren noch kein Kind gezeugt hatte, mußte einen höheren Beitrag zahlen, und diese Summe erhöhte sich abermals, wenn der Betreffende dreißig wurde, es sei denn, er hatte es bis dahin auf wenigstens zwei Kinder gebracht. Das »Bußgeld« steigerte sich, je älter der Mann wurde, ohne sein Soll zu erfüllen. Außerdem wurde er von der Beförderung ausgeschlossen. Die Broschüre, in der diese Regeln für die SS-Männer erläutert wurden, enthielt folgenden sarkastischen Kommentar:

> Jene, die glauben, sich ihren Verpflichtungen gegenüber Volk und Rasse entziehen zu können, indem sie ledig bleiben, werden derart hohe Beiträge zahlen, daß sie am Ende lieber heiraten werden, als unverheiratet zu bleiben.

Aber auch die Väter der Kinder – ob verheiratet oder nicht – wurden von den Lebensborn-Heimen zur Kasse gebeten, und die Mütter mußten die Leistungen aus der Kranken- und Sozialversicherung an das Heim abtreten.

Die Summe, die auf diese Weise zusammenkam, reichte indessen bei weitem nicht für die Bedürfnisse des expandierenden Lebensborn-Vereins aus. 1939 steuerte das Finanzministerium eine Million RM bei, um das wachsende Defizit auszugleichen. Die riesigen Summen, die man zum Kauf und zur Einrichtung der Heime benötigte, kamen zunächst von der Nationalsozialistischen Volkswohlfahrt e. V. – NSV –, die später mit dem Lebensborn um die Zuständigkeit auf dem Gebiet der Kinderfürsorge und Adoption konkurrierte. Zu Beginn der 30er Jahre bezog die NSV bereits einen großen Teil ihrer Gelder aus – nicht ganz freiwilligen – Straßensammlungen. Sie betrieb schon vor der Gründung des Lebensborns ihr Hilfswerk »Mutter und Kind« und war für das besser bekannte »Winterhilfswerk« zuständig. Aber die NSV war, wie Josef Goebbels, Minister für Volksaufklärung und Propaganda, 1938 in einer Rede ausführte, alles andere als eine konventionelle Wohlfahrtseinrichtung, die half, wo die Not am größten war:

> Wir gehen nicht vom einzelnen Menschen aus, wir vertreten nicht die Anschauung: man muß die Hungernden speisen, die Durstigen tränken und die Nackten bekleiden ... Unsere Motive sind ganz anderer Art. Sie lassen sich am lapidarsten in dem Satz zusammenfassen: Wir brauchen ein gesundes Volk, um uns in der Welt durchsetzen zu können.

Nachdem die SS die Lebensborn-Heime übernommen hatte, kamen die benötigten Gelder auch aus anderen Quellen. Teils handelte es sich um Spenden von Himmlers Freunden aus der Wirtschaft, teils aber auch um Vermögenswerte, die man den Juden weggenommen hatte. So brachte man die Heime häufig in beschlagnahmten ehemals jüdischen Kliniken oder Sanatorien unter. Die Hauptabteilung »Verwaltung« des Lebensborns in München residierte im früheren Büro einer jüdischen Gemeindeorganisation.

Jüdischer Besitz mußte auf manche Weise herhalten. 1942 schrieb Ebner an den Bürgermeister der bayerischen Stadt Ichenhausen und bat ihn um einen Gefallen. Er betonte zunächst, daß der Lebensborn ein Lieblingskind Himmlers sei, und kam dann darauf zu sprechen, daß eine der Mütter aus Steinhöring eine Wohnung suche:

> Da ich von meiner Schwester gehört habe, daß in Ichenhausen zahlreiche jüdische Familien evakuiert worden sind, haben Sie dort nicht die gleichen Wohnungsprobleme wie wir hier. Hier [in München] ist es mir gelungen, viele Wohnungen an die Hand zu bekommen, die früher jüdischen Familien gehörten. Es wäre mir eine Freude, wenn ich dem Reichsführer melden könnte, daß Leute wie Sie seine Arbeit am Bevölkerungsproblem mit ganzer Kraft unterstützen.

1936 ernannte Himmler Dr. Guntram Pflaum, einen SS-Sturmbannführer und ehemaligen Kaufmann, zum Geschäftsführer des Vereins, obwohl Dr. Ebner bereits für den äußerst wichtigen medizinischen Bereich zuständig war, einschließlich der Entscheidung, welche Eltern arisch genug waren, um im Heim aufgenommen zu werden. 1940 wurde Pflaum nach einem Zusammenstoß mit Himmler, der ihm finanzielle Mißwirtschaft vorwarf, durch Max Sollmann ersetzt, einen seiner Vertrauten. Sollmann wurde 1904 geboren, trat mit 18 Jahren in die NSDAP ein und nahm ein Jahr später am Hitler-Putsch teil. Einige Jahre lang arbeitete er für deutsche Firmen in Kolumbien, kehrte aber 1934 nach Deutschland zurück und trat 1937 der SS bei.

Sollmann reorganisierte die Verwaltungsstruktur des Lebensborns, so daß schließlich er und Ebner sich die Macht teilten. Beide waren Himmler direkt unterstellt. Die stärkere Zentralisierung der Machtbefugnisse führte zu einer rapiden Erweiterung des Mitarbeiterstabes im Hauptquartier von 23 Ende 1937 auf 220 Anfang 1942.

Mit dem Wechsel in der Verwaltung nahm auch Himmlers persönliches Engagement zu. Er interessierte sich für die kleinsten Details, speziell hinsichtlich der medizinischen Versorgung und der Ernährung. Gelegentlich wurde das zu einer fixen Idee. So verlangte er in einem Memo, man solle die Mütter dazu anhalten, Haferflocken zu essen: Er hatte entdeckt, daß Porridge eine bedeutende Rolle bei der Entwicklung der hohen rassischen Qualitäten der englischen Oberklasse spielte, einer elitären Gruppe, die er sehr bewunderte. Den Befürchtungen der Mütter, Porridge mache dick, begegnete er mit dem Hinweis auf die schlanke Erscheinung von Lord Halifax, dem britischen Außenminister: für ihn der schlagende Beweis, daß Haferbrei »keine Auswirkung auf das Gewicht von Standespersonen hat«.

Auch bestand er darauf, daß man den Köchen die richtige Zubereitung von Gemüse beibringen müsse, um ein Maximum an Nährwert zu erhalten, daß Kartoffeln in der Schale serviert und nach Möglichkeit Vollkornbrot gegessen werden sollte. Außerdem empfahl er frische Salate und Sonnenblumenkerne und setzte gegen den Protest der Mütter durch, daß man ihnen regelmäßig eine Dosis Rizinusöl verabreichte. Bis zum Ende des Krieges sorgte er dafür, daß die Heime bei der Verteilung der immer knapper werdenden »Luxusgüter«, etwa von frischem Obst, bevorzugt wurden.

Die Möbel und Teppiche in den Heimen gehörten zum Besten, was man sich dank seines erheblichen Einflusses aus dem heraussuchen konnte, was den Juden aus ihren Wohnungen und Institutionen gestohlen wurde. Für diese Dinge besaß das Heim eine eigene Nachschubkette, in der die Eisenbahnlinie vom Konzentrationslager Dachau eine wichtige Rolle spielte. Man erzählt, daß die Beute von Dachau herübergebracht und von Häftlingen ausgeladen wurde, die auch als kostenlose Arbeitskräfte beim Aus- und Umbau der Heime eingesetzt wurden. Eine Gruppe von etwa dreißig zumeist polnischen Häftlingen aus Dachau stand dem Verein ständig zur Verfügung. Den Männern war es strengstens verboten, irgendeinen Kontakt zu den Müttern aufzunehmen. Die schwere Hausarbeit wurde von weiblichen Häftlingen verrichtet, häufig von Zeugen Jehovas, die man in Ravensbrück gefangen hielt. »Wir selbst hatten ein bequemes Leben«, erinnert sich eine der Lebensborn-Mütter, »und die Versorgung der Kinder war hervorragend.«

Obwohl sich Deutschland im Krieg befand, der von allen gleichermaßen Opfer forderte, hielt Himmler das Lebensborn-Projekt für genauso wichtig wie die Rüstungsindustrie. Für ihn war beides untrennbar miteinander verbunden, denn der Erfolg des einen hing von dem des anderen ab.

Der Zweite Weltkrieg war im wesentlichen ein Rassenkrieg mit dem Ziel, auf Kosten der »minderwertigen« Slawen, Juden und Mittelmeervölker Raum für eine geläuterte deutsche Rasse zu schaffen. Manche Analytiker meinen, das erkläre, warum Hitler nach dem Fall Frankreichs nicht in England einfiel: Für ihn waren die Engländer ein in erster Linie germanisches Volk. Himmler erwähnte gegenüber Felix Kersten mehrmals, daß Hitler von einer gemeinsamen deutsch-englischen Weltherrschaft träume, in der die englische Flotte die Meere und die deutsche Armee das Land beherrschten. (Hitler bewunderte das englische Imperium. Seine eigenen Kolonisationsversuche im Osten beruhten zum Teil auf den gleichen Prinzipien.) Himmler meinte, daß das einfache Volk mit einer solchen Lösung einverstanden sein würde, hatte aber das Gefühl, daß die englische Regierung zu sehr unter jüdischem Einfluß stehe, um die Vorteile einer solchen Regelung zu sehen. Auf die enge Verflechtung zwischen dem Lebensborn-Projekt und den Kriegsanstrengungen hat Himmler in einem Brief an Feldmarschall Wilhelm Keitel hingewiesen:

> Nach den Statistiken werden in Deutschland pro Jahr 600 000 Kinder abgetrieben. Die Tatsache, daß davon

> die rassisch Besten betroffen sind, hat mir seit Jahren Sorgen gemacht. Meiner Meinung nach können wir es uns nicht leisten, Hunderte, ja Tausende von Kindern zu verlieren. Dieses deutsche Blut zu schützen, verdient oberste Priorität. Wenn es uns gelingt, diese Abtreibungen zu stoppen, können wir jedes Jahr 200 deutsche Regimenter mehr in Marsch setzen. Weitere 500 – 600 000 Menschen könnten Millionen von Mark für die Wirtschaft erzielen. Mit der Kraft dieser zusätzlichen Soldaten und Arbeiter werden wir ein größeres Deutschland schaffen. Darum habe ich 1936 den Lebensborn gegründet. Er bekämpft die Abtreibungen auf eine positive Art. Jede Frau kann in Ruhe und Frieden ihr Kind bekommen und ihr Leben der Verbesserung der Rasse weihen.

Die Worte Friede, Ruhe und Bequemlichkeit kehren in den schriftlichen Berichten Himmlers über den Lebensborn ständig wieder. Die Mütter durch gutes Essen und ein gemütliches Heim zu verwöhnen, war Teil seiner Strategie, sie davon zu überzeugen, daß ihnen kein Stigma anhafte, sondern ihre »Spende« an den Staat im Gegenteil sehr geschätzt werde. Man wollte, daß sie ihren Aufenthalt als eine Art Urlaub betrachteten; man hatte sogar an Ansichtskarten von dem Heim gedacht, die sie ihren Familien und Liebhabern schikken konnten.

Die offizielle Heimbroschüre, die angehenden Müttern zugesandt wurde, war so geschmackvoll aufgemacht, daß sie mit ihren sorgfältig ausgesuchten Motiven vom Heim und seiner ländlichen und friedvollen Umgebung fast einem Werbeprospekt für eine Kette luxuriöser Landhotels oder Gesundheitsfarmen glich. Aber es gab Unterschiede. Die Vorderseite schmückte das dreizackige Symbol des Lebensborns, das auf altgermanischen Runen beruhte und vom

Hakenkreuz der Nazis abgeleitet war. Die Titelseite verbreitete die Botschaft »Eine Mutter guten Blutes ist heilig«. Die Rückseite zeigte das Bild einer blonden und gesunden jungen Frau.

Gegenüber Kersten erläuterte Himmler das Prinzip wie folgt:

> Mein Hauptziel bei der Gründung des Lebensborns war die schreiende Notwendigkeit, unverheirateten, reinrassigen Frauen die Möglichkeit zu geben, ihre Kinder zur Welt zu bringen, ohne daß ihnen Kosten entstanden. Dort konnten sie die Wochen vor der Geburt in einer angenehmen Umgebung verbringen und das große Ereignis in Ruhe abwarten. Sie können sich kaum vorstellen, was es für eine Frau bedeutet, der man wegen ihres unehelichen Kindes die kalte Schulter gezeigt und die man beschimpft hat, in ein Heim zu kommen, wo sie sich geistig und körperlich entspannen kann, ärztlich versorgt wird und spürt, daß sich jeder mit ihr auf das Kind freut.

Obwohl Himmler das körperliche Wohlergehen der Mütter für das wichtigste hielt, wurde auch ihre politische Schulung nicht vernachlässigt. Schon zu Beginn hatte man in den Heimen Mütterschulen eingerichtet, um die Frauen zu noch besseren Nazis zu erziehen. Die Mütter mußten jede Woche drei Stunden am weltanschaulichen Unterricht teilnehmen. Man zeigte ihnen Propagandafilme, man hörte sich gemeinsam Reden im Radio an und sang die Parteilieder. Einige der Frauen fühlten sich belästigt und protestierten. Vor dem Krieg kamen gelegentlich örtliche Parteigrößen in die Schule, um beim Unterricht mitzuwirken. Diese Besuche wurden bei Kriegsbeginn eingestellt, da man nun anderes zu tun hatte.

Kinder, die an Himmlers Geburtstag, dem 7. Oktober, geboren wurden, genossen besondere Privilegien. Zu ihrer Geburt bekamen sie einen Kerzenleuchter (auf Bestellung im Konzentrationslager Dachau angefertigt), und zu jedem Geburtstag schickte man ihnen für jedes Lebensjahr eine Kerze sowie je eine Mark für ihre Sparbüchse. Diese Gabe sollten sie bis zu ihrem 21. Lebensjahr bekommen. Außerdem erbat sich Himmler von jedem dieser bevorzugten Kinder einen jährlichen Bericht über ihre Gesundheit, ihr Gewicht und ihre Größe.

Manchmal kamen dann so aufmunternde Briefe wie der von Käthe Sayrl, einer dankbaren Mutter aus Mecklenburg:

> Ich danke Ihnen für Ihre guten Wünsche zur Geburt meines dritten Lebensborn-Kindes. Der Kerzenhalter für Klein-Helga ist gut angekommen und auch die 6 Flaschen Vitaborn-Saft. Bitte sagen Sie dem Reichsführer SS von mir und meinem Mann herzlichen Dank. Ich lege ein Weihnachtsfoto von unseren drei kleinen zufriedenen Mädchen bei – Gisela (Oktober 40), Dietlind (Mai 1942) und Helga (7. Oktober 1943). Obgleich es schwierig ist, in diesem nun 5. Jahr des Krieges Kinder großzuziehen, ist es doch für jede Mutter mit der richtigen Einstellung möglich. Man braucht dazu nur ein gläubiges Herz. Und ich bin fest davon überzeugt, daß unsere Führung alles tun wird, die jungen Mütter weiterhin glücklich und zufrieden zu machen. Auf den totalen Krieg gibt es heute nur eine Antwort – es muß alles getan werden, damit wir siegen.

Ihr Brief zeigt auch, daß die seit Kriegsbeginn zunehmende Propaganda, mehr Kinder in die Welt zu setzen, egal, ob ehelich oder unehelich, die Haltung der Bevölkerung gegenüber den Frauen veränderte, die diesen Aufruf wörtlich genommen hatten:

> Es ist mir eine besondere Freude, Ihnen mitteilen zu können, daß der Wunsch nach einem Kind in Mecklenburg sehr groß ist, weit mehr als früher. Meine eigene Erfahrung ist dafür ein gutes Beispiel. Ich habe mein erstes Kind mit 18 Jahren bekommen, obgleich die Leute sagten, das sei zu früh. Als das nächste gleich hinterherkam, sagten die Leute, ich würde nichts mehr vom Leben haben. Aber jetzt, wo ich mein drittes habe, sagt niemand mehr etwas. Jeder erkennt, was für eine fabelhafte Sache ich gemacht habe, denn im Verlauf dieses Krieges haben die Leute begriffen, daß man nichts Wertvolleres anbieten kann als eine ganze Horde Kinder.

Aber nicht alles lief in den Lebensborn-Heimen so glatt, wie dieser Brief vermuten läßt. Himmler kam gelegentlich unangemeldet zu Besuch und war nicht immer zufrieden mit dem, was er sah. Im Januar 1941 besuchte er das Heim »Kurmark« in Klosterheide bei Berlin und äußerte ein paar Tage später bei einem Treffen mit der Lebensborn-Leitung sein Mißfallen. Er war insbesondere darüber beunruhigt, daß die Heime bei der Bevölkerung den Ruf von Züchtungsanstalten, ja sogar von Bordellen hatten – ein Ruf, der durch die Geheimniskrämerei genährt wurde, mit der man sie umgab. Er ordnete daher an, daß der Besuch von Männern künftig eingeschränkt werden sollte: »Die Heime geraten in Gefahr, durch solche Besuche ihren guten Ruf zu verlieren. Um Härten zu vermeiden, soll eine Besuchsbaracke aufgestellt werden, wo man den Besuchern Kaffee anbieten kann, es aber keine Gelegenheit zu Intimitäten gibt.«

Der Verdacht war weit verbreitet, daß die Lebensborn-

Heime nicht nur den werdenden Müttern Annehmlichkeiten boten, sondern auch Partner vermitteln konnten. Einige glaubten, es gebe in den Heimen selbst entsprechende Treffpunkte: Unter den bei den Nürnberger Prozessen vorgelegten Dokumenten war ein Brief an Himmler von einer Frau aus Lübeck, die um Auskunft über die SS-»Paarungs-Häuser« bat, weil sie ihre Mitarbeit anbieten wolle. Seine Antwort ist nicht überliefert.

In den Erinnerungen des SS-Offiziers Peter Neumann, der sein Buch in England unter dem Titel *Other Men's Graves* veröffentlicht hat, findet sich etwas, das auf den ersten Blick wie ein zuverlässiger Beweis für die Theorie vom Lebensborn als »Gestüt« aussieht. Seine aus dem Französischen übersetzten Memoiren sind in Tagebuchform und in einem so flotten Stil geschrieben, daß der Eindruck entsteht, daß hier wohl doch manches erfunden wurde. Andererseits klingt seine Schilderung der Kämpfe an der Ostfront so authentisch, daß seine Lebensborn-Anekdote es zumindest wert ist, erzählt zu werden. Er berichtet, er sei zum leitenden SS-Arzt zitiert worden, der ihn informiert habe, daß sein Stammbaum überprüft worden sei:

> Ich gratuliere Ihnen. Sie sind rein arischer Abstammung. Wir sind bis ins 18. Jahrhundert zurückgegangen und haben ausschließlich germanische Vorfahren gefunden.

Dann hält er Neumann einen ausführlichen Vortrag über die Abstammungstheorie, wonach alle individuellen Besonderheiten von Generation zu Generation weitergegeben werden. (»Bach entstammte einer langen Reihe von Musikern ... die Krupp-Dynastie hat Deutschland stets geniale Erfinder und Techniker geschenkt ...«) Danach kommt die Rede auf »Gestüte« für Menschen:

> Es ist ganz normal, die Produktion einer perfekten Spezies unter den Tieren zu fördern ... aber bei der Vorstellung, dasselbe Prinzip auch beim Menschen anzuwenden, heben die Leute entsetzt die Hände ...

Neumann beginnt zu begreifen. Er hat erst vor kurzem den SS-Eid (»Gehorsam bis zum Tod«) geleistet und kann sich schlecht der an ihn gerichteten Forderung entziehen – was er als gesunder junger Mann von zwanzig Jahren auch gar nicht beabsichtigt. Zwei Tage später sitzen er und vier weitere perfekte Arier im Zug nach Marburg, wo sie ein Wagen erwartet, der sie in das zwei Stunden entfernte Schmallenog im Rothaargebirge bringt. Dort werden sie in ein modernes Gebäude gebracht, das wie ein Krankenhaus wirkt; was immer dieses Haus war, es gehörte nicht zu den verzeichneten Lebensborn-Heimen.

Nach einer weiteren medizinischen Untersuchung, einschließlich der Abgabe von Sperma, wird Neumann auf die Frauen losgelassen und steuert sofort auf eine kleine, perfekt geformte Blondine namens Liselotte zu, die ihm erzählt, sie sei Mitglied des BDM, und ihm von dem moralischen Druck berichtet, der auf sie ausgeübt wurde, sich freiwillig für diese selbstlose Pflichterfüllung zur Verfügung zu stellen. Sie reden über die Moral der ganzen Angelegenheit (»Du verkaufst deinen Körper nicht – du schenkst ihn Deutschland, was etwas ganz anderes ist«), und nachdem sie ihre Karten haben abstempeln lassen, um das Ganze offiziell zu machen, verbringen sie sechs Tage und Nächte zusammen, ehe er zu seiner Einheit zurückkehrt. Aus einer beiläufigen Tagebucheintragung zwei Jahre später erfahren wir, daß Liselotte dem Führer einen Sohn geschenkt hat.

Einem anderen Gerücht zufolge soll es von der SS gemietete Wohnungen gegeben haben, wo sich die Paare treffen konnten. Marc Hillel und Clarissa Henry berichten in ihrem

Buch *Children of the SS*, daß zahlreiche Mütter beim Geburtsregister von Steinhöring immer wieder dieselben vier Münchner Adressen als Wohnsitz angegeben hätten. Sie stellen die Frage, ob es sich hierbei möglicherweise um »Befruchtungszentren« gehandelt habe. Tatsächlich scheinen es jedoch Wohnungen von Mitarbeitern des Lebensborns gewesen zu sein, und wahrscheinlich wurden sie den Müttern als Deckadressen für die auszustellenden Dokumente zur Verfügung gestellt, um ihre Anonymität zu wahren.

Überlieferte Briefe von Ebner lassen den Schluß zu, daß er es nicht als Aufgabe des Lebensborns betrachtete, bereitwilligen Männern und Frauen Partner zu vermitteln. Er hat es im Gegenteil mehrfach entschieden abgelehnt, die Rolle einer Vermittlungsagentur zu spielen. Der überzeugendste Hinweis, daß solche Treffen tatsächlich stattgefunden haben, findet sich in Felix Kerstens Memoiren. Er behauptet, sich an ein Gespräch mit seinem Arbeitgeber im Jahr 1943 zu erinnern, das dem Klosterheide-Memorandum zwei Jahre zuvor zu widersprechen scheint. Himmler soll ihm angeblich folgendes gesagt haben:

> Ich habe unter der Hand verbreiten lassen, daß sich jede unverheiratete Frau, die allein ist und sich ein Kind wünscht, vertrauensvoll an den Lebensborn wenden kann. Ich würde das Kind unterstützen und für seine Erziehung sorgen. Ich weiß, dies ist ein revolutionärer Schritt, denn nach dem derzeitigen Moralkodex der Mittelklasse hat eine unverheiratete Frau nicht das Recht, sich nach einem Kind zu sehnen ... Aber oft trifft sie nicht den richtigen Mann oder kann wegen ihrer Arbeit nicht heiraten, obgleich ihr Wunsch nach einem Kind sehr stark ist. Ich habe daher für diese Frauen eine Möglichkeit eröffnet, das Kind zu bekommen, das sie unbedingt haben wollen. Wie du

dir vorstellen kannst, empfehlen wir nur rassisch einwandfreie Männer als »Zeugungshelfer«.

Die Lebensborn-Heime waren bei der einfachen Bevölkerung im allgemeinen unbeliebt – ironischerweise besonders in Bayern, dem Kernland der Nazis. Dafür gab es zwei Gründe. Zum einen lehnten die Ortsbewohner diese hochprivilegierte Enklave in ihrer Mitte ab, die bevorzugt mit bereits knapp werdenden Lebensmitteln versorgt wurde. Vor allem aber war bekannt, daß die meisten dort lebenden Mütter unverheiratet waren und viele die Absicht hatten, ihre Kinder zur Adoption freizugeben. Und das brachte die Leute am meisten auf. Bayern ist ein konservatives, überwiegend katholisches Land, wo die traditionellen Moralbegriffe und Verhaltensmuster bis heute überlebt haben. Selbst eingefleischte Parteimitglieder fanden die offensichtliche Duldung – ja Ermunterung – von offizieller Seite nur schwer erträglich, außerhalb der Ehe Kinder zu bekommen.

In Steinhöring ist es fünfzig Jahre später schwierig zu entscheiden, wieviel den Bewohnern bereits damals von dem bekannt war, was sie heute wissen. Aber es sieht so aus, als sei ihnen von offizieller Seite nie Genaueres über den eigentlichen Zweck des Heims mitgeteilt worden, obwohl natürlich Gerüchte kursierten, daß man mit den dort geborenen Babys irgend etwas Besonderes vorhabe. Das Schweigen, das dieses Heim und andere Heime in Deutschland und den besetzten Gebieten umgab, weckte natürlich die schlimmsten Vermutungen. Während der gesamten neunjährigen Geschichte der Lebensborn-Bewegung mußten Himmler und seine Helfer einen ständigen Kampf führen, um die Leute davon zu überzeugen, daß die von ihnen angestrebte Reinheit der Rasse so wichtig war, daß konventionelle Moralvorstellungen dahinter zurücktreten mußten.

Das gesamte Konzept einer selektiven rassischen Züchtung ist ziemlich abstoßend; dennoch ist die Verallgemeinerung sicher nicht richtig, daß die Paare zufallsbedingt und unterschiedslos ohne Rücksicht auf irgendwelche Gefühle zusammengeführt wurden. Es mag durchaus Fälle gegeben haben, in denen die Schwangerschaft ausschließlich vom starken Pflichtbewußtsein der Frau gegenüber dem Staat motiviert war oder auch erzwungen wurde, aber die wenigen verfügbaren Beweise zeugen übereinstimmend von einer echten Liebe der Mütter zu ihren SS-Liebhabern. Trotz allem waren es eben doch gesunde junge Frauen mit ganz normalen emotionalen Bedürfnissen.

Eine der Frauen, mit denen wir uns unterhalten haben, bewahrt noch heute das Foto des Vaters ihrer Tochter und seine zärtlichen Liebesbriefe – eine bizarre Mischung aus Zartheit und patriotischen Ermahnungen – auf, und das mehr als fünfzig Jahre nach seiner Hinrichtung durch die Alliierten wegen Verbrechen gegen die Menschlichkeit. Und als 1985 der älteste Teil des ehemaligen Heims abgerissen wurde, fand man unter den Fußbodenbrettern einige rührende Erinnerungsstücke, darunter signierte Fotos von gutaussehenden jungen Männern in SS-Uniform. »Von Max Wechter«, heißt es da zum Beispiel, »mit glücklichen Erinnerungen«. Auf ein anderes Foto hatte eine junge Frau geschrieben: »Mein Hauptmann«.

Dennoch konnten die Vorurteile der Bevölkerung gegenüber dem Heim nie ausgeräumt werden. Selbst nach so langer Zeit wollten diejenigen, die während des Krieges in Steinhöring gelebt haben, nur ungern darüber reden. »Es war ein Schönheitsfehler in unserer Gemeinde«, erinnerte sich von Feury fünfzig Jahre später. »Meiner Ansicht nach war dieses SS-Züchtungsprogramm das größte Verbrechen der Nazis überhaupt. Deshalb reden die Leute hier auch nicht mehr darüber und wollen auch nichts mehr davon wissen.« Zum Teil ist das einem unterschwelligen nationalen Schuldgefühl zuzuschreiben, zum anderen der Angst, die Nachbarn könnten einen Bruch des ungeschriebenen, aber anerkannten Schweigegebotes mißbilligen.

Eine Dorfbewohnerin, die kurz nach der Befreiung durch die Amerikaner als Kinderschwester im Heim arbeitete, hat aus rein geschichtlichem Interesse versucht, Material für ein Forschungsarchiv zusammenzutragen. Bei ihren Nachforschungen stößt sie jedoch bei den damaligen Bewohnern des Dorfes immer wieder auf Widerstand. Zwangsläufig gibt es unter ihnen einige, die vor fünfzig Jahren eine Meinung vertreten oder Dinge getan haben, derer sie sich heute schämen. Wohl aus diesem Grund trifft man auf eine allgemeine unausgesprochene Übereinkunft, die Vergangenheit wegzuschließen und den Schlüssel zu verstecken.

Die Aufforderungen der Nazis an die Bevölkerung, voranzugehen und sich zu vermehren, waren in den Jahren vor Kriegsbeginn zunächst erfolgreich. 1939 erreichte die Geburtenrate mit 20,4 Lebendgeburten pro tausend Einwohner einen Höhepunkt. Aber drei Jahre später war die Zahl wieder auf 14,9 zurückgegangen – womit sie nur um einen Bruchteil höher lag als 1933. Man stand effektiv wieder am Anfang. Auch der Feldzug gegen die Abtreibung brachte nicht den gewünschten Erfolg: Die Zahl nahm zwischen 1940 und 1943 – dem Jahr, in dem die Todesstrafe für Abtreibungen eingeführt wurde – ständig zu. Das gleiche galt für die Zahl der Fehlgeburten, von denen viele absichtlich herbeigeführt wurden.

Noch schlimmer war, daß die SS-Männer ihren Reichsführer – zumindest was ihre Vaterschaft anbelangte – völlig im Stich ließen. Er muß tief enttäuscht gewesen sein. Weit entfernt von dem geforderten Durchschnitt von vier Kindern pro SS-Mann, brachten sie es bis 1939 nur auf mickrige 1,1, und selbst wenn man die Unverheirateten nicht mitrechnete, kam man nur auf 1,5. Zwar waren einige kinderlose SS-Familien bereit, Kinder aus den Lebensborn-Heimen zu adoptieren, aber die meisten lehnten das ab und zogen ein Bußgeld oder sogar den Ausschluß aus der SS vor.

Doch obwohl sich die rassische Elite hartnäckig weigerte, das von ihr erwartete Opfer auf dem Altar der Fruchtbarkeit darzubringen, und trotz der unterschwelligen Ablehnung der Lebensborn-Heime durch die traditionsbewußten Teile der deutschen Bevölkerung reichte die Anzahl der zur Verfügung stehenden Betten von Anfang an nicht aus. Bereits im Januar 1940 schrieb Ebner an Pflaum, der damals noch im Amt war, daß er dringend zusätzlichen Platz brauche. Neue Heime waren beinahe schon am Tag ihrer Eröffnung voll belegt.

Später mußte zusätzlich Raum für Kinder aus den besetzten Gebieten geschaffen werden, die nach einer sorgfältigen rassischen Durchleuchtung, ob sie auch genügend arische Gene hatten, zur »Germanisierung« und Vorbereitung ihrer Adoption an die Lebensborn-Heime überwiesen wurden. Anfangs war der Verein nur dafür verantwortlich gewesen, die in den eigenen Heimen geborenen Kinder unterzubringen. Nun mußte er sich plötzlich auch um Kinder kümmern, deren Stammbaum unbekannt war – wie ein Autohändler, der neben den Neuwagen der eigenen Marke nun auch noch die Gebrauchtwagen der Konkurrenz verkaufen soll. Obwohl es in fast allen besetzten Ländern eigene Lebensborn-Heime gab, wurden viele dieser im Ausland geborenen Kinder nach Deutschland verschickt.

Aber Raummangel war in den Kriegsjahren nicht das einzige Problem; ebenso schwierig war es, ausreichendes Personal zu finden. Für die medizinische Versorgung war in jedem Heim ein SS-Arzt zuständig, der von einem Verwalter, einer Sekretärin und einer Oberschwester unterstützt wurde, die in der Regel den ideologisch zuverlässigen »Braunen Schwestern« der NSV angehörte. Es gab eine Schwester für die Mütter und eine weitere für die Kinder sowie Sicherheitskräfte, einen Wartungsdienst und Hausangestellte. Für den Bedarfsfall stand in der Regel in einer nahegelegenen Stadt ein Kinderarzt zur Verfügung, der jedes Kind alle vier Wochen untersuchte und den Schwestern Anweisungen gab. Jeden Monat mußten klinische Berichte an den im Hauptquartier in München stationierten Gynäkologen des Lebensborns geschickt werden, wo auch ein Ernährungswissenschaftler zur Verfügung stand, um Anweisungen für die Ernährung der Mütter zu erteilen. Als sich Himmler wegen der Säuglingssterblichkeit zu sorgen begann, wurde die fachärztliche Überwachung in den Heimen verstärkt.

Nach Kriegsbeginn wurden dringend Ärzte gebraucht, um die Verwundeten in den Feldlazaretten zu versorgen, und ohne Himmlers persönlichen Einsatz wäre es praktisch unmöglich gewesen, sie in den Heimen zu halten. Aber trotz der Interventionen seines Chefs wurden Ebners Personalprobleme immer gravierender. Einige Ärzte mißbilligten offen den Zweck der Heime und behandelten die Frauen unverhohlen respektlos.

Selbst die »Braunen Schwestern« entsprachen nicht immer Ebners hohen Anforderungen. In einem Memo von 1940 beklagte er sich, daß sie nicht lange genug in den Heimen blieben, sondern diese auf eigenen Wunsch bald wieder verließen. Einige seien nur unzulänglich in der Pflege schwangerer und stillender Mütter ausgebildet. Am schlimmsten aber war seiner Meinung nach ihr Verhalten gegenüber den unverheirateten Müttern, auf die viele von ihnen, ebenso wie die Ärzte, herabsahen. (Diese Haltung wurde dadurch bestärkt, daß unverheiratete Schwestern den Dienst quittieren mußten, wenn sie schwanger wurden.) Trotzdem zog Ebner sie den »blauen Schwestern« oder den Ordensschwestern vor, die in erster Linie der Kirche statt der Partei treu ergeben waren. Um das Schwesternproblem zu entschärfen, erklärte er sich damit einverstanden, daß geeignete Mütter nach einer kurzen Ausbildung als Hilfskräfte im Heim bleiben konnten; zumindest konnte er sich ihrer positiven Einstellung sicher sein. Außerdem erreichte er beim Gesundheitsminister, daß den Lernschwestern ein Jahr im Lebensborn-Heim auf ihre Ausbildung angerechnet werden konnte, entsprechend dem Probejahr in einer Kinderklinik.

Aber einige Mütter waren über das Verhalten der Ärzte und Schwestern so erbost, daß sie das Angebot ablehnten, als Hilfsschwestern zu bleiben, selbst wenn sie keinen anderen Arbeitsplatz hatten, an den sie zurückkehren konnten. 1942 schrieb Lydia Ossig, die ihr Kind im Heim »Wienerwald« geboren hatte, einen Brief an Himmler, in dem sie sich über Schwester Gerda beschwerte – offensichtlich ein ziemlicher »Drache«. Lydia hatte mit einer Freundin im Tagesraum getanzt. Schwester Gerda war dazugekommen und hatte ihnen Vorhaltungen gemacht: »Ihr solltet euch schämen, in dieser Zeit zu tanzen; ihr wißt, daß der Doktor es verboten hat.« Das nahm Lydia zum Anlaß, Schwester Gerda wegen ihres »gräßlichen Verhaltens« beim Reichsführer zu denunzieren. Sie erklärte: »Sie ist falsch und zieht vor anderen Müttern über uns her.«

Da sie schon einmal dabei war, machte Lydia auch gleich ihrem Groll darüber Luft, daß einer Mutter besondere Privilegien gewährt wurden, weil der Vater des Kindes ein hoher SS-Funktionär war. »Sie hat ein Doppelzimmer ganz für sich allein, obgleich das Heim voll belegt ist, und man erlaubt ihr sogar, hinzugehen und ihr Baby zu sehen, was wir übrigen nicht dürfen.« Lydia schloß ihren Brief, indem sie sich dafür entschuldigte, daß sie Himmler mit diesen Dingen belästige, aber »ich kann mich unmöglich zu einer Mitarbeit in einem Heim entschließen, das jemanden wie Schwester Gerda beschäftigt«.

Zufälligerweise befindet sich unter den geretteten Lebensborn-Dokumenten ein langer Bericht über Schwester Gerda, der vor ihrer Anstellung abgefaßt wurde. Er geht auf die komplizierten Details ihres rassischen Hintergrunds ein: »Nordisch mit dinarischem Einfluß«, und bewertet ihre politische Einstellung »als mit den Prinzipien der SS übereinstimmend«. Sie wird außerdem als eine »bis ins Mark überzeugte Nationalsozialistin« gelobt. All dem hätte Lydia sicher zugestimmt, nicht jedoch der weiteren Bemerkung, daß die Schwester »freundlich zu Müttern« sei.

Es ist kaum anzunehmen, daß Himmler für Lydias Beschwerde viel Verständnis hatte, denn er selbst bestand auf strengen Verhaltensregeln im Heim, und Schwester Gerda hat sich wahrscheinlich nur an seine Anordnungen gehalten. Der folgende Brief von Ebner an Sollmann veranschaulicht diesen Punkt:

> Lieber Sollmann,
> wie Sie wissen, ist der Reichsführer ein entschiedener Gegner einer übertriebenen Schönheitspflege unserer Frauen. Er hält es für einer deutschen Frau unwürdig, sich die Lippen anzumalen, die Augenbrauen auszuzupfen und die Nägel zu lackieren. Wir halten uns in den Lebensborn-Heimen sehr streng an diese Regel und achten darauf, daß die Mütter diese bedauerliche Gewohnheit nicht anfangen. Leider habe ich bemerkt, daß die in der Zentrale beschäftigten Frauen sich nicht an diese Abmachung halten. Einigen Müttern ist dies ebenfalls aufgefallen, und nun sind sie leicht verunsichert, wie die SS denn nun wirklich zu dieser Frage steht. Es wäre daher besser, wenn die für den Lebensborn arbeitenden Frauen mit gutem Beispiel vorangingen.

Im Gefolge des deutschen Vormarsches wurden zu Beginn des Krieges auch im Ausland Lebensborn-Heime eingerichtet. Zum einen sollten sie sich um die Kinder einheimischer Mütter kümmern, deren Väter deutsche Soldaten oder SS-Männer waren: Falls die Mutter aus einer rassisch gesunden Familie kam, würden diese Kinder einmal gute Deutsche abgeben. Zum anderen spielten sie eine Rolle bei der Germanisierung geeigneter Kinder aus einheimischen Familien. Es gab drei Lebensborn-Heime in Polen, zwei in Österreich und jeweils eines in Belgien, Holland, Frankreich, Luxemburg und Dänemark. In Norwegen, wo man die Verbindung zwischen den einheimischen blonden Frauen und den Besatzern besonders gern sah, wurden nicht weniger als neun Heime eingerichtet, die genaugenommen nicht in den Lebensborn integriert, sondern ihm nur lose angegliedert waren. Dort kamen etwa 6000 Kinder zur Welt, die norwegische Mütter und deutsche Väter hatten. Die Gesamtzahl aller norwegischen Kinder mit deutschen Kriegsvätern könnte sich auf das Zehnfache belaufen.

Beim Nürnberger Prozeß schätzte Max Sollmann die Zahl der Kinder, die in den Lebensborn-Heimen in den neun Jahren ihres Bestehens geboren wurden, auf 12 000 – wobei er Norwegen nicht mitrechnete. Aber das ist wahrscheinlich übertrieben. Die Unterlagen sind zwar unvollständig, aber sie zeigen, daß zwischen 1936 und September 1943 insgesamt 5047 Babys zur Welt kamen. Um die von Sollmann genannte Zahl zu erreichen, hätten in den verbleibenden zwanzig Monaten bis zum Kriegsende in den Heimen noch 7000 weitere Kinder geboren werden müssen. Da die Heime aber vor dem Ansturm der Alliierten nach und nach geschlossen wurden, ist das sehr unwahrscheinlich.

Die Zahl der in den Heimen aufgenommenen ledigen Mütter stieg anfangs von Jahr zu Jahr an, und fast immer waren sie gegenüber den verheirateten Frauen in der Mehrzahl. Bis 1939 waren laut Ebner 57,6 Prozent der Mütter unverheiratet, bis 1942 etwa siebzig Prozent. Erst gegen Ende des Krieges kehrte sich das Verhältnis um, als viele verheiratete Frauen, häufig die Ehefrauen von NS-Funktionären und SS-Männern, ihre Kinder so weit wie möglich von den vorrückenden Feinden und den Städten entfernt wissen wollten, die bereits dem ständigen Bombardement der Alliierten ausgesetzt waren.

Nach Jahren eines patriotischen Krieges, geführt in messianischer Erwartung des gerechten und durch nichts aufzuhaltenden Sieges, brauchte man einige Zeit, um die Möglichkeit einer Niederlage überhaupt in Erwägung zu ziehen. Noch fast bis Ende 1944 widmete sich der Lebensborn weiterhin seiner Aufgabe, rassisch einwandfreie Kinder zu produzieren und zu verteilen, um das Tausendjährige Reich zu bevölkern. Himmler hielt weiterhin Reden über seine utopische Vision und verfaßte kleine Moralpredigten über die Hausordnungen. Erst gegen Ende des Jahres begann man die wahre Bedeutung der alliierten Landung in der Normandie im Juni und der katastrophalen Rückschläge an der Ostfront zu begreifen. 1944 signalisierte das fallende Laub in den Wäldern um Himmlers Born des Lebens nicht nur das Ende des Sommers.

5

Himmlers Kinder

> In der SS habe ich mich systematisch über die bestehenden Gesetze hinweggesetzt und meinen Männern erklärt, daß Kinder immer ein großer Segen sind, ehelich oder nicht. Und was ist das Ergebnis? Heute sagen mir meine Männer mit leuchtenden Augen, daß sie gerade Vater eines unehelichen Kindes geworden sind. Die Mädchen betrachten es als eine Ehre, nicht als Schande.
>
> *Himmler zu Felix Kersten, Mai 1943*

Wenn das 20. Jahrhundert zu Ende geht, sind die in den Lebensborn-Heimen von rassisch untadeligen Eltern geborenen Superkinder in den Fünfzigern. In Deutschland muß es Tausende von ihnen geben. Viele haben inzwischen selbst Kinder und Enkel, und trotzdem ist es äußerst schwierig, sie aufzuspüren.

Der Grund ist einfach. Sie waren kleine Kinder, als der Krieg zu Ende ging und sich von heute auf morgen alle Standpunkte und Überzeugungen der Gesellschaft, in die sie hineingeboren waren, als falsch herausstellten. Bis dahin war eine Mutter stolz darauf gewesen, das Kind eines SS-Mannes zu gebären, das sie in dem Glauben empfangen hatte, beim Aufbau einer neuen rassischen Elite mitzuwirken; jetzt plötzlich müßte sie sich dessen schämen. Die Rolle der Frau in diesem Konzept hatte nicht länger den heroischen Anstrich, den Himmler ihr gegeben hatte. Statt dessen betrachtete man das Ganze als biologische Verirrung, als den grauenhaften Versuch, eine abstruse Theorie in die Tat umzusetzen, die man jetzt für berechnend, menschenverachtend und mehr als nur ein bißchen verrückt hielt.

Kein Wunder, daß die Mütter Hemmungen hatten, ihren Kindern oder sonst irgend jemandem davon zu erzählen. Viele der Kinder waren adoptiert worden, und auch ihre neuen Eltern sahen keine Veranlassung, ihnen die Wahrheit über ihre Herkunft zu enthüllen. Sie mögen sogar mit einer gewissen Berechtigung geglaubt haben, daß Offenheit hier mehr psychologischen Schaden angerichtet als Gutes bewirkt hätte.

Aus dem gleichen Grund wurden auch wir gebeten, ihre Anonymität zu wahren, als wir schließlich Lebensborn-Kinder und -Mütter fanden. Daher sind die Namen in der folgenden Geschichte erfunden, aber alles andere ist wahr.

Inge ist heute über achtzig Jahre alt. Ihre Tochter Greta wurde 1944 im Lebensborn-Heim in Steinhöring geboren. Sie war das Ergebnis einer leidenschaftlichen Affäre mit einem verheirateten SS-Offizier, der ein paar Jahre älter als Inge war und 1946 von den Alliierten als Kriegsverbrecher hingerichtet wurde. Wir unterhielten uns mit beiden Frauen in Inges Wohnung, und sie zeigten uns ein ganzes Album voller Fotos, die kurz nach Gretas Geburt im Heim aufgenommen worden waren. Allein die Tatsache, daß so viele Bilder gemacht worden waren – von Kindern, Ärzten, Schwestern und dem übrigen Personal –, zeigt, wie begeistert die Mütter von den Lebensborn-Heimen und dem Gemeinschaftsgeist waren, der in den besten von ihnen genauso gefördert wurde wie in einer guten Schule oder einem College.

Trotz der Mißbilligung seitens ihrer traditionell eingestellten Umwelt empfand man keinerlei Schuldgefühle. Die Frauen waren im Gegenteil stolz, Teil des NS-Systems zu sein, und fest davon überzeugt, nur ihre Pflicht gegenüber ihrem Vaterland zu erfüllen. Einige waren ohnehin verheiratet, und wer wie Inge ledig war, hatte gute Gründe, sich mit der liberalen Einstellung gegenüber der Unehelichkeit zu trösten, die sich in den Heimen manifestierte. In ihren Augen war das Heim eine aufgeklärte, moderne Sozialeinrichtung.

»Hier hat sie zum ersten Mal gelächelt«, sagt Inge und zeigt auf das verschwommene Foto eines Babys auf einer Wolldecke. »Sieh dir bloß die komische Strampelhose an, die du anhast. Mit zwei Monaten warst du für dein Alter schon recht lebendig – und sehr neugierig ... Aber hier auf diesem bist du sehr ernst.« Greta wandte sich einem weiteren Foto zu. »Das muß die Kinderschwester sein. Sie sieht nett aus.«

»Das war sie auch. Sie lachte immer, wenn sie mich sah. Sie waren alle sehr freundlich. Ich habe ihnen Filme für ihre Fotoapparate besorgt – es war gar nicht leicht, sie zu bekommen –, und sie machten Fotos von dir und schickten sie mir. Und sie schrieben mir, welche Fortschritte du gemacht hattest. Eine der Schwestern hing so sehr an dir, daß sie dich im Kinderwagen mitnahm, wenn sie einkaufen ging. Sie sagte, sie liebe besonders deine strahlend blauen Augen.

Sieh mal, hier bekommst du gerade Zähne. Du warst damals ziemlich quengelig. Und hier ist eins, da bist du acht Monate alt, das war im Juni. Ich hatte das Heim schon verlassen, aber ich habe dich besucht und bin 14 Tage geblieben. Wann immer ich mich von meiner Arbeit freimachen konnte, bin ich zu dir gefahren. Es war gar nicht leicht hinzukommen, weil es keinen direkten Zug gab, und häufig wurde der Verkehr durch Fliegeralarm unterbrochen. Ich war jedesmal sehr traurig, wenn ich wieder nach Hause mußte.

Siehst du die Schuhe? Die Schwester hatte sie für dich

besorgt. Ich fürchte, sie hat sie einem anderen Kind weggenommen. Sie stehen dir gut.«

Inge blieb nach Gretas Geburt noch vier Wochen im Heim. Sie verließ es mit gemischten Gefühlen: Auf der einen Seite fand sie die Gängelei im Heim lästig, auf der anderen Seite war sie verzweifelt, daß sie sich von ihrem Kind trennen mußte. Aber sie mußte an ihren Arbeitsplatz zurückkehren und ihren Lebensunterhalt verdienen. Selbst wenn es ihr möglich gewesen wäre, ihre Tochter zu sich zu nehmen, das Baby war in Steinhöring zweifellos schon deshalb besser aufgehoben, weil die Lebensborn-Heime Sonderzuweisungen an Nahrungsmitteln bekamen, die damals schon sehr knapp waren – Fleisch, Obst und Milchprodukte. So fiel es Inge nicht ganz so schwer, ihre Schuldgefühle und ihre Selbstvorwürfe zu unterdrücken.

»Ich habe mich immer darauf gefreut, dich im Urlaub zu besuchen«, sagte sie zu Greta, während wir die Fotos ansahen. »Gleichzeitig machte es mich traurig, an dich zu denken, weil ich wußte, daß ich wieder zurück mußte. Das war jedesmal schrecklich, obwohl man sich sehr gut um dich kümmerte. Und bei mir konntest du nicht leben, denn wo ich wohnte, waren Kinder nicht erlaubt.«

Die Schwestern im Heim schickten ihr regelmäßig Berichte über Gretas Entwicklung. Inge hat diese Briefe aufgehoben, die auf alle kleinen Einzelheiten eingehen und nur gute Nachrichten enthalten. Greta las uns aus einigen vor: »Sobald ich in die Nähe ihres Ställchens komme, strahlt sie mich an ... besonders meine Brille interessiert sie, bei jeder Gelegenheit greift sie danach ... ihr Haar wird bereits kräftig und lockig ... sie ist ein lebendiges kleines Ding, ein richtig kleiner Sonnenschein ... sie reckt jetzt schon den Kopf, wenn man ihren Namen ruft.«

Mehrere Fotos zeigen das Heim in Steinhöring. Greta war kurz zuvor mit uns dort gewesen und erklärt ihrer Mutter nun, was sich alles verändert hat in den rund zwanzig Jahren, seitdem sie beide das Heim zuletzt besucht haben. Die Nebengebäude, in denen früher das Personal und die Wachmannschaft wohnten, sind inzwischen abgerissen, und der Garten ist für die schwerstbehinderten Menschen erweitert worden, die heute dort leben. Der See sieht noch genauso aus wie auf den alten Fotos, und selbst einige Bäume haben die Zeit überstanden.

»Du warst wirklich ein ganz süßes Ding«, sagt Inge beim Anblick eines Fotos, »das muß ich sagen.« Beim nächsten Foto blickt sie auf und sieht Greta ins Gesicht: »Du sahst aus wie dein Vater. Absolut genauso, haargenau. Das Lächeln, die Stupsnase, die Hände, die gleiche Haltung. Du hast sogar seine Grübchen.«

Bis zu diesem Moment hätte es sich um jede andere alte Mutter handeln können, die Besuch von ihrer Tochter bekommen hat und mit ihr ein wenig wehmütig das Familienalbum betrachtet. Aber plötzlich lag eine spürbare Spannung in der Luft. Die beiden Frauen sahen Gretas Vater mit sehr unterschiedlichen Augen. Für Inge war er der strahlende Held, die Liebe ihres Lebens. Greta hatte ihn selbst nie kennengelernt. Für sie, wie für die meisten ihrer Generation, war die SS eine fanatische Organisation, deren Wahnsinn den Tod von Millionen Menschen in Europa verursacht hat. Diese konträre Sicht der Dinge war im Nachkriegsdeutschland nicht ungewöhnlich, aber die besonderen Umstände von Gretas Geburt verschärften die Gegensätze.

Inge und Gunter hatten sich im Urlaub kennengelernt. »Es war eine echte Liebesgeschichte«, versichert Inge. »Eine große Liebe.« Als sie feststellte, daß sie schwanger war, freute sich Gunter riesig. Aufgrund seiner Stellung in der SS war es für ihn leicht, sie in einem Lebensborn-Heim unterzubringen.

Inge sah der Geburt mit gemischten Gefühlen entgegen.

Zuerst war es für sie ein Schock. »Natürlich wollte ich ein Kind, aber wenn es dann wirklich so weit ist, merkt man plötzlich, wie einen der Mut verläßt. Aber trotzdem freute ich mich auf das Baby.« Zumindest wußte sie, daß sie ihr Kind im Lebensborn-Heim in Ruhe, Sicherheit und – was genauso wichtig war – im geheimen bekommen konnte. Das war in der damaligen Zeit eine durchaus wesentliche Überlegung.

Beide Eltern hatten sich einen Sohn gewünscht, der Gunters Ebenbild werden sollte. Als Greta ihnen insoweit einen Strich durch die Rechnung machte, tröstete sich Inge schnell damit, daß Greta ihrem Vater wie aus dem Gesicht geschnitten war. Nun ist es nach so langer Zeit schwierig festzustellen, ob diese Ähnlichkeit vielleicht nur das Produkt von Inges Wunschdenken war, aber sie besteht darauf, daß Greta genau wie Gunter spricht und wie er ein rasches und leidenschaftliches Temperament besitzt. »Für mich bedeutete es ein großes Glück, daß sie so sichtlich seine Tochter war. Seine Familie war sehr nett. Seine beiden Schwestern waren gut zu Greta, während er im Krieg war.«

Die Gefühle Gretas, die heute eine Frau mittleren Alters ist und alles über ihren Vater weiß, sind völlig andere. Die Wahrheit über ihre Geburt hat man ihr nur nach und nach erzählt. Erst mit 15 Jahren erfuhr sie, daß sie unehelich geboren war. Und erst als sie schon über vierzig war, entdeckte sie, daß man Gunter als Kriegsverbrecher hingerichtet hatte.

Im Sommer 1957 zwang sie ihre Mutter auf einem Waldspaziergang in der Nähe des Heims förmlich, ihr die Umstände ihrer Geburt zu erzählen. Monatelang – im Grunde jahrelang – hatte sie versucht, den Mut aufzubringen und sie zu fragen. Schon seit 1946 hatte sie gespürt, daß es da irgendein Geheimnis gab; schon als ihre Mutter und ihre Großmutter sie aus dem Heim abholten und sie auf eine lange, unbequeme Eisenbahnfahrt in die Stadt mitnahmen. Diese Reise gehört zu ihren ersten lebhaften Erinnerungen: vor allem die zerbombten Eisenbahnstationen unterwegs und ihre verzweifelte Angst, die beiden Frauen könnten sie in einer davon zurücklassen.

Die beiden Frauen und das Kind lebten in einer kleinen Zweizimmerwohnung. Anfangs schien es nicht ungewöhnlich zu sein, daß kein Mann im Haus war: Tausende deutscher Soldaten, die den Krieg überlebt hatten, wurden noch von den Alliierten gefangengehalten. Zwischen 1946 und 1949 kamen dann die meisten von ihnen zurück. Die Wohnung von Gretas Familie lag an der Hauptstraße, und sie erinnert sich, daß sie viele entlassene Gefangene die Straße herunterkommen und nach Hause gehen sah. Einige blieben stehen, um nach dem Weg zu fragen, und die Leute gaben ihnen Brot. Mitschüler verkündeten plötzlich eines Morgens: »Mein Vater ist zurückgekommen.«

Niemand sagte Greta, daß ihr eigener Vater jene sehnsüchtig erwartete Reise nach Hause niemals antreten würde. Inge glaubte, sie sei noch zu jung, um mit der Realität fertig zu werden. So träumte Greta jahrelang von seiner Ankunft; irgendwie war sie überzeugt, daß er am Nachmittag kommen würde. Ihre Wohnung lag im dritten Stock, und eine Zeitlang bekam sie jedesmal Herzklopfen, wenn es an der Haustür klingelte. Sie rannte dann auf den obersten Treppenabsatz, von wo aus sie hinuntersehen konnte, und hoffte gegen alle Vernunft, daß er es sein möge. Als die Jahre vergingen und ihr Vater nicht kam, fand sie sich allmählich damit ab, daß sie ihn wohl niemals sehen würde. Wenn andere Kinder auf der Straße mit ihrem Vater spazierengingen, fühlte sie jedesmal einen Anflug von Neid und Sehnsucht.

Als sie älter wurde, hätte sie gern mehr über ihren Vater gewußt. Aber sie hatte Hemmungen, ihre Mutter zu fragen, der sie sich niemals leicht anvertraute – wahrscheinlich, weil sie die ersten vier Jahre ihres Lebens von ihr getrennt gelebt hatte. Endlich nahm sie all ihren Mut zusammen, um eine Frage zu stellen, die sie schon lange sehr beschäftigt hatte: Wie kam es, daß sie genauso hieß wie ihre Mutter? Alle anderen Kinder, die sie kannte, trugen den Nachnamen ihres Vaters, selbst wenn dieser tot war. Inge erklärte ihr – nicht allzu überzeugend –, daß sie und Gunter zufällig den gleichen Familiennamen gehabt hätten. Greta konnte das nur schwer glauben, und eine Zeitlang, während sie sich verzweifelt den Kopf nach einer Erklärung zermarterte, fragte sie sich, ob Inge überhaupt ihre richtige Mutter sei.

Über Gunter hatte man ihr lediglich erzählt, daß er ein starker, warmherziger blonder Mann gewesen war und Inge ihn sehr geliebt hatte. Aber mit der Zeit fiel ihr auf, daß ihre Verwandten und Bekannten seltsam reagierten, sobald die Rede auf ihn kam. Jahrelang besuchte sie mit ihrer Mutter jeden Sonntag deren Bruder und seine Familie, und sie fand die Art und Weise, wie diese mit ihr redeten, irgendwie komisch. Sie benahmen sich stets leicht herablassend. Später erfuhr sie, daß ihr Onkel während des Krieges ein strammer Nazi gewesen war, nach der Niederlage aber – wie viele Deutsche – sehr schnell gegen Hitler gewettert hatte. Als sie schließlich die Wahrheit über ihren Vater erfuhr, war sie davon überzeugt, daß ihr Onkel und andere damals versucht hatten, den Widerspruch in ihrer Haltung zu den Nazis aufzulösen, indem man sie zum Sündenbock machte – eine lebende Erinnerung an die Hitler-Jahre.

Sie bekam das Gefühl, in Gegenwart anderer Erwachsener wie eine Art Ausstellungsstück behandelt zu werden. Eines Sonntags, als sie wie üblich im Haus ihres Onkels war, bekam die Familie Besuch. Die Erwachsenen unterhielten sich im Wohnzimmer, während sie draußen spielte. Schließlich schickte man ihren Vetter hinaus, um sie zu holen. Greta vermutete, daß man über sie gesprochen hatte, und weigerte sich in ihrer Verlegenheit mitzukommen. Darauf versuchte ihr Vetter, sie gewaltsam durch die Tür zu schieben, aber sie warf sich zu Boden und wollte nicht aufstehen. Am Ende zerrte man sie hinein, und ihr Vetter konnte den Besuchern verkünden: »Das ist sie.« Vermutlich hatten sie von Gunter gehört und waren neugierig auf seine Tochter. Das gleiche passierte ihr noch ein- oder zweimal bei anderen Verwandten, wenn auch nicht so brutal. Zumeist waren die Leute freundlich und versuchten nett zu ihr zu sein, aber Greta spürte die fehlende Spontaneität.

Wer wie Greta in den 40er und 50er Jahren in Deutschland aufwuchs, wurde zwangsläufig ständig mit den Nazis und dem konfrontiert, was sie während ihrer Herrschaft angerichtet haben. Auch ihre Freunde in der Schule diskutierten gelegentlich darüber, wenngleich im Unterricht bemerkenswert wenig zu diesem Thema gesagt wurde. Greta hätte gern mit ihrer Mutter darüber gesprochen, aber Inge verhielt sich sehr zurückhaltend. Sobald Greta dieses Thema anschnitt, gab sie der Unterhaltung schnell eine andere Richtung. Mit 15 Jahren beschloß Greta, sich endlich Klarheit zu verschaffen. Ein Waldspaziergang bot ihr die seit langem erhoffte Gelegenheit. »Ich meine, es ist Zeit, daß du mir die Wahrheit über meine Geburt erzählst«, sagte sie.

Die Mutter blieb stehen und sah das Mädchen prüfend an, das nun bald eine junge Frau sein würde, und ihr fiel wieder auf, wie sehr sie Gunter ähnelte. »Dein Vater war ein guter Mensch«, erwiderte sie – ein Satz, den sie schon hundertmal gesagt hatte. Sie spürte, daß Greta sich diesmal nicht damit zufriedengeben würde, aber zumindest gewann sie dadurch Zeit, ihre Gedanken zu ordnen.

»Du weißt, daß ich das nicht meine. Ich möchte wissen, wie ihr euch kennengelernt, wann ihr geheiratet habt, wie er gestorben ist – wer er *wirklich* war.«

Inge hatte gewußt, daß dieser Augenblick kommen würde. Sie hatte nie vorgehabt, Greta die Wahrheit zu verschweigen

– zumindest nicht die ganze. Sie spürte, daß sie Gefahr lief, sich ihre Tochter für immer zu entfremden, wenn sie ihr jetzt keine Antwort auf ihre drängenden Fragen gab.

Der Spaziergang geriet zu einer Beichte. Inge gestand Greta, daß sie ihren Vater nicht habe heiraten können, da Gunter bereits eine Ehefrau und mehrere Kinder hatte. Zurückblickend meinte Greta, daß es sie am härtesten getroffen und verletzt habe, daß sie Halbbrüder und Halbschwestern hatte, die sie nie gesehen und von denen man ihr nie erzählt hatte. Ihr Ausflug endete in Schweigen. Als sie nach Hause zurückkamen, ging sie auf ihr Zimmer, um nachzudenken.

Sie wußte, daß ihre Mutter ein Bündel Briefe von ihrem Vater besaß. Als sie wieder herunterkam, fragte sie, ob sie diese lesen dürfe. Zunächst lehnte Inge ab.

»Das sind sehr persönliche Briefe«, protestierte sie, »sie sind nur für mich bestimmt, für sonst niemanden – auch nicht für dich. Es stehen viele vertrauliche Dinge darin.«

Greta blieb hartnäckig. »Ich habe das Recht, sie zu lesen. Er ist mein Vater, und er ist tot. Diese Briefe sind alles, was er hinterlassen hat. Sie sind meine einzige Chance, ihn jemals kennenzulernen.«

Inge gab schließlich nach und holte die Briefe aus ihrem Zimmer. Greta las den ganzen Abend darin. Es waren gute Briefe – liebevoll, besorgt und humorvoll. Sie waren unbeirrbar optimistisch, was den Ausgang des Krieges betraf. Gunter versicherte Inge, daß alles gut werden würde, wenn erst der Sieg errungen sei und sie sich wiedersehen könnten. Er erkundigte sich immer fürsorglich nach der Gesundheit des Babys und erklärte, wenn sie irgend etwas brauchten, werde er seine Beziehungen als hoher SS-Offizier spielen lassen und versuchen, es ihnen zu besorgen.

Als Greta die Briefe das erste Mal las, fühlte sie sich sehr stolz. Diesen Mann hätte sie gemocht. In den nächsten Tagen und Wochen las sie seine Briefe immer wieder auf Hinweise über ihn und sein Verhältnis zu ihrer Mutter durch. Nur wenige Liebesbriefe halten einer so hartnäckigen Überprüfung stand, und sie entdeckte bald, daß sie im Grunde voller romantischer Klischees und Durchhalteparolen waren. (»Hier an der Front ist das Leben sehr hart«, stand da, »aber die Moral ist gut, und unser Mut ist ungebrochen.«)

Nachdem der Vorhang zerrissen war, der sie von ihrer Vergangenheit getrennt hatte, hungerte Greta nach weiteren Informationen. Aber sie mußte behutsam vorgehen. Inge hatte unterschwellig immer ein schlechtes Gewissen gehabt, weil sie ihr Kind während der ersten Entwicklungsjahre anderen überlassen hatte; dabei war ihr unter den damaligen Umständen gar keine andere Wahl geblieben: Mit Sicherheit hätte sie ihrer Tochter weder die Pflege noch die Ernährung bieten können, die Greta in Steinhöring genossen hatte. Greta spürte diese Unsicherheit und bemühte sich, ihrer Mutter nicht das Gefühl zu geben, sie mache ihr irgendeinen Vorwurf oder glaube ihr nicht. Wenn Inge aus ihren Fragen derlei herauszuhören meinte, verschloß sie sich wie eine Auster. So blieben die wirklich wichtigen Fragen über die wahren Motive und Gefühle ihrer Mutter, auf die Greta brennend gern eine Antwort gehabt hätte, ungestellt.

Die Enthüllungen ihrer Mutter verstärkten das Gefühl von Isolation und Ablehnung, das sich in Greta durch das unsichere Taktieren ihrer Umgebung aufgestaut hatte. Sie meint, das sei der Hauptgrund gewesen, warum sie selbst nicht geheiratet habe. Rückblickend sagt sie: »Ich glaube, ich habe das Leben nie anders als durch eine Glaswand betrachtet, die mich gehindert hat, voll daran teilzunehmen.«

Erst mehr als 25 Jahre nach jenem Waldspaziergang erfuhr Greta die ganze Wahrheit über ihren Vater und über die wahre Natur der Lebensborn-Bewegung, in die sie hineingeboren wurde. Sie hatte immer geahnt, daß ihre Mutter auch weiterhin einige Dinge vor ihr verheimlichte. Aber erst als sie fast vierzig war, schien es ihr unerläßlich, die ganze Geschichte aufzudecken. Sie entschloß sich, auf eigene Faust weiterzuforschen.

Das war nicht leicht. Das Dokumentarzentrum in Berlin, wo die Archive der Nazis aufbewahrt wurden, verweigerte ihr die Akteneinsicht, da sie keine studierte Historikerin war. Aber inzwischen waren eine Menge Kriegsberichte veröffentlicht worden, und sie verbrachte Stunden in den Bibliotheken, um die Stichwortregister durchzugehen. Schließlich fand sie die Unterlagen, die sie suchte. Mit wachsendem Entsetzen las sie die Einzelheiten über die von ihrem Vater zugegebenen Kriegsverbrechen und die Zahl der Toten – Juden, Kommunisten, Sinti und Roma –, die man ihm angelastet hatte.

Betäubt, zerschlagen und verwirrt verließ sie die Bibliothek. Ihre erste Reaktion war, daß sie diese Entdeckung geheimhalten müsse. Besonders ihre Freunde durften es niemals erfahren – niemand würde mit ihr noch etwas zu tun haben wollen. Dann wieder glaubte sie, daß sie sich von dieser Hinterlassenschaft nur dann befreien konnte, wenn sie auf die Straße lief und die Wahrheit in alle Welt hinausschrie. Sie erinnerte sich an die Beteuerungen ihrer Mutter, wie ähnlich sie ihrem Vater sehe und wie sehr sie ihm auch sonst gleiche. Was aber, wenn sie auch seine üblen Eigenschaften geerbt hatte? Sie erinnerte sich an Vorfälle, bei denen sie ihren Kollegen gegenüber die Beherrschung verloren und irrational wütend reagiert hatte. War das nicht der Beweis dafür?

Am Ende posaunte sie die Neuigkeiten nicht vom Kirchturm herunter und behielt sie auch nicht völlig für sich, sondern erzählte sie einigen ihrer besten Freunde. Diese taten ihr möglichstes, um sie zu trösten. Sie machten ihr klar, daß sie selbst keine Kriegsverbrechen begangen habe und für die Taten ihres Vaters nicht verantwortlich gemacht werden könne. Aber Greta fiel es schwer, diese Differenzierung für sich zu akzeptieren. Sie meinte, als Gunters Tochter könne sie nicht völlig von jeder ererbten Verantwortung für seine Verbrechen freigesprochen werden.

Es gab noch eine andere, vielleicht schrecklichere Angelegenheit, in die sie unlösbar verstrickt war. Ihre Geburt war im Rahmen eines Programms zur Züchtung einer rein arischen Rasse erfolgt. Die Morde, die ihr Vater befohlen hatte, waren nur ein anderer Aspekt desselben Programms, alles auszulöschen, was die Nazis als verderblich ansahen. In gewissem Sinn mochte Gunter seine Kinder sogar als Ausgleich für jene angesehen haben, die er eliminierte. Voller Bitterkeit stellte sie sich die Frage, für welchen Juden oder Roma sie als Ersatz hatte dienen sollen.

Diese furchtbaren Gedanken konnten auch ihre Freunde nicht verbannen, selbst wenn sie ihr immer wieder sagten, daß sie für die Taten ihres Vaters nicht verantwortlich sei. Sie fühlte sich förmlich dazu getrieben, der Karriere ihres Vaters noch weiter nachzugehen, obwohl ihr das alle auszureden versuchten: In der Vergangenheit herumzustochern sei sinnlos, und was geschehen sei, sei geschehen. Als sie auf den Rat ihrer Freunde bei einem Psychologen Hilfe suchte, empfahl auch er ihr, ihre Nachforschungen einzustellen. Aber das schaffte sie nicht. Sie blieb hartnäckig und erhielt schließlich Zugang zu den offiziellen Dokumenten. Zum einen hatte sie weitergemacht, weil das Thema sie zu verfolgen begann, zum anderen, weil sie sich sagte – wenn auch ohne allzuviel Hoffnung –, daß sie nur tief genug graben müsse, um vielleicht doch auf mildernde Umstände oder wenigstens einen Bericht über einige individuelle Gnadenakte zu stoßen, welche die Menschlichkeit ihres Vaters bestätigten.

Nach einiger Zeit wurde ihr klar, daß sie sich unsinnige Illusionen gemacht hatte. Sie konnte der Wahrheit nicht entfliehen. Seine Verbrechen waren nicht einmalig, aber es waren Verbrechen, und er war entsprechend dafür bestraft worden. Für das, was er getan hatte, gab es keine Entschuldigung, und es half ihr auch nichts, die Augen davor zu verschließen. Ein wichtiger Schritt, das Ungeheuerliche innerlich zu verarbeiten, war getan, als sie sich selbst und ihren Freunden sagen konnte: »Ja, mein Vater war ein Mörder – aber ich bin jemand anderes.« Im Grunde befand sie sich in keiner anderen Situation als ganz Deutschland: Man erkennt an, wie wichtig es ist, die Verbrechen der Nazis offenzulegen und Lehren aus der Vergangenheit zu ziehen. Dennoch sehen die Deutschen der 90er Jahre nicht ein, wieso man von ihnen erwarten kann, daß sie bis in alle Ewigkeit Wiedergutmachung leisten sollen – sowenig wie Greta für den Rest ihres Lebens nach Absolution für die Sünden ihres Vaters suchen wird. Sie wird nie aufhören, sich seiner zu schämen, aber der Gedanke an ihn verfolgt sie nicht mehr.

Die derzeitige Nutzung des Heimes »Hochland« entbehrt nicht der Ironie. Bis 1971 blieb es ein Kinderkrankenhaus, dann wurde es in ein Heim für schwerstbehinderte Erwachsene umgewandelt. Und so betreut man heute Patienten mit schwersten körperlichen und geistigen Gebrechen in denselben Räumen, in denen vor fünfzig Jahren eine Rasse herangezüchtet wurde, mit deren Hilfe eben dieses »unwerte Leben« aus dem Angesicht des Tausendjährigen Reiches getilgt werden sollte. Damals wäre jedes Kind, das ähnliche Symptome aufgewiesen hätte wie die heutigen Heimbewohner, trotz seiner tadellosen Abstammung ein Kandidat für die Euthanasie gewesen.

45 Jahre, nachdem Inge ihre Tochter aus Steinhöring abgeholt hatte, kehrte Greta dorthin zurück. Es war nicht ihr erster Besuch. Kurz nachdem sie von ihrer Herkunft erfahren hatte, hatte auch sie, wie viele andere Lebensborn-Kinder, die Pilgerfahrt zum Ort ihrer Geburt angetreten – zusammen

mit ihrer Mutter. Dort hatten sie eine Frau getroffen, die früher Kinderschwester im Heim gewesen war und die Inge anhand eines Fotos wiederzuerkennen glaubte, aber wie alle ehemaligen Schwestern behauptete sie, erst seit dem Sommer 1945 dort gearbeitet zu haben, nachdem die SS abgezogen war. Auch Greta hatte aufgrund der Fotos keine Zweifel, daß es sich um eine der Schwestern handelte, die sich um sie gekümmert hatten, und war über ihr hartnäckiges Leugnen enttäuscht.

Manches hatte sich inzwischen verändert, aber das eiserne Tor trug noch immer das SS-Zeichen und die Runen, für die Himmler so sehr schwärmte. Das Hakenkreuz war entfernt worden, doch die übrigen Symbole hatten bleiben dürfen – wahrscheinlich deshalb, weil sie ohnehin niemand bemerkte, der nicht speziell nach ihnen suchte.

Auch die Statue der Mutter mit ihrem Kind war hinter Büschen verborgen noch da. Während Greta deren Symbolcharakter für das Heim entsetzlich fand, hielt sie die Gestalt als solche für ein kraftvolles und in gewisser Weise schönes Kunstwerk. Das durch die Blätter fallende Sonnenlicht malte ein funkelndes Muster, wie kleine Sterne, auf den Stein.

Der älteste Teil, das ehemalige Priesterheim, war abgerissen worden, aber der in den 30er Jahren von Himmler angebaute Seitenflügel steht noch. Nur innen wurde einiges verändert. Der riesige Speisesaal wurde in kleinere Räume aufgeteilt, um die geistig behinderten Heimbewohner darin unterzubringen. Auch die Halle oben ist in ähnlicher Weise umgebaut worden. Sie war früher der Schauplatz der absonderlichen Namensgebungszeremonie, die Greta ebenso wie jedes andere dort geborene Kind über sich ergehen lassen mußte.

Obwohl sie bei ihrem Auszug noch sehr klein gewesen war, glaubte sich Greta an den Raum zu erinnern, den sie mit drei anderen Kindern geteilt hatte. Und sie meinte sich auch noch an andere Dinge zu erinnern, beispielsweise daran, daß niemand kam, wenn sie weinte.

Nachdem sie sich im Haus umgesehen hatte, ging sie durch den rückwärtigen Park, vorbei an dem malerischen See bis zu den alten Bahnhofsgebäuden, die heute überwiegend als Kornspeicher dienen. Noch wenige Tage vor der Kapitulation waren hier auf Himmlers Intervention hin, die Mütter und ihre Kinder dürften keinen Mangel leiden, Züge mit Nahrungs- und sonstigen Versorgungsgütern für das Heim angekommen.

Als sie über den Rasen zum Haus zurückging, bemerkte Greta: »Ich frage mich, was hier eigentlich mit mir geschah, was ich damals empfunden habe. Dort sind die Stufen, die ich von den Fotos mit den Kinderwagen auf der Terrasse kenne. Ich meine mich sogar zu erinnern, dort einmal hinaufgekrabbelt zu sein, aber ich vermute, daß ich mir das nur einbilde.

Ich weiß, daß ich ein Teil der Geschichte dieses Hauses bin, und trotzdem fühle ich mich ihm nicht verbunden. Es ist, als hätte ich in einem Buch darüber gelesen. Ich bin mit den Umständen meiner Geburt ins reine gekommen. Um ehrlich zu sein: Das alles läßt mich heute kalt.«

6

Polen wie wir

> Offensichtlich gibt es in einem solchen Völkergemisch immer ein paar rassisch wertvolle Typen. Darum glaube ich, daß es unsere Pflicht ist, ihre Kinder mitzunehmen, sie aus ihrer Umgebung fortzuschaffen, wenn nötig, indem wir sie rauben oder stehlen.
>
> *Himmler, Oktober 1943*

Zwischen Deutschland und Rußland gelegen und stets ihren begehrlichen Blicken ausgesetzt, war Polen immer das Opfer der Streitigkeiten und des Ehrgeizes anderer Völker. Indem Hitler im September 1939 die »Freie Stadt« Danzig in der erkennbaren Absicht besetzte, Polen in sein geplantes Ostreich einzugliedern, löste er den Zweiten Weltkrieg aus, in dem sechs Millionen Polen (ein Sechstel der Bevölkerung) umkamen, darunter buchstäblich alle im Land lebenden drei Millionen Juden. Die meisten wurden von den Deutschen, ein Teil aber auch von den Russen umgebracht, die zu Beginn des Krieges den östlichen Teil Polens besetzten.

Gleich nach Kriegsbeginn wurde der an Deutschland angrenzende und überwiegend von ethnischen Deutschen bewohnte Teil Polens dem Deutschen Reich eingegliedert. Der Rest des Landes mit seiner »minderwertigen« Bevölkerung wurde als »Generalgouvernement« einer gesonderten Verwaltung unterstellt. Im Oktober 1939 wurde Himmler zum »Reichskommissar für die Festigung deutschen Volkstums« ernannt – mit der Aufgabe, Deutschlands Rassenpolitik auf Polen und andere besetzte Gebiete auszudehnen. In erster Linie bedeutete das die Endlösung der Judenfrage. Zu seinen Pflichten gehörte aber auch die Identifizierung der ethnisch deutschen Bevölkerung sowie jener Polen, deren rassische Abstammung so rein war, daß man sie als Deutsche anerkennen konnte.

»Mein Ziel war immer dasselbe«, erklärte er 1940, »alles nordische Blut in der Welt auf uns zu ziehen und es für uns selbst zu nutzen.«

Was die Nazis mit Polen vorhatten, war klar und nicht auf die militärische Eroberung beschränkt: Die polnische Nation sollte vollständig ausgelöscht werden. Ethnische Deutsche, die bereit waren, sich künftig als Deutsche und nicht mehr als Polen zu betrachten, sollten im Westen Polens angesiedelt und die dort ansässigen Polen ins Generalgouvernement abgeschoben werden, wo sie wie Sklaven gehalten werden sollten. Jenen Polen, welche die strengen rassischen Voraussetzungen erfüllten, wollte man die Chance geben, sich für eine »Germanisierung« zu entscheiden – was bedeutete, daß sie alle Bindungen an ihre eigene Kultur und Sprache aufgeben mußten. Dieses Privileg galt indessen nicht für jene, die in einer linksgerichteten Partei aktiv gewesen waren.

1939, nach dem Sieg über Polen, gab das Rasse- und Siedlungshauptamt (RuSHA) ein Papier mit dem Titel *Die Behandlung der Bevölkerung in den ehemals polnischen Gebieten entsprechend den rassepolitischen Kriterien* heraus. Darin wurde empfohlen, polnisches Eigentum zu beschlagnahmen, die Polen – wie die Juden in Deutschland – von zahlreichen Geschäften, Handwerken und akademischen Berufen auszuschließen, Gottesdienste in Polnisch zu verbieten und spezifisch polnische Feiertage zu streichen. Polnische Clubs, Vereinigungen, Restaurants, Kinos und Theater sollten geschlossen und der Besitz von Radios oder Grammophonen verboten werden.

Der einschneidendste Teil des Programms befaßte sich mit dem Schulunterricht, der nur noch nach strengen deutschen Richtlinien erteilt werden durfte. In Polen selbst sollte nur noch eine rudimentäre Form des Unterrichts angeboten werden: In den Volksschulen sollten die Kinder einzig lernen, bis 500 zu zählen, ihren Namen zu schreiben und den Deutschen blindlings zu gehorchen. Ein weitergehender Unterricht fand allein in Deutschland statt und sollte nur den Kindern jener Polen zugute kommen, die für eine Germanisierung ausgesucht und auch damit einverstanden waren.

Ein Schönheitsfehler dieses Systems war allerdings der, daß dem neuen Deutschen Reich möglicherweise wertvolle Kinder verlorengingen, deren Eltern zwar nachweislich gute rassische Anlagen hatten, die man aber nicht unbedingt als ethnische Deutsche einstufen konnte oder deren Eltern hartnäckig darauf bestanden, nichts anderes als Polen sein zu wollen. Wenn man dieser Kinder früh genug habhaft wurde, konnten einige von ihnen germanisiert werden und den nationalen Bestand an arischem Blut vermehren. Als Himmler und seine Leute zu Beginn der Besatzung durch Polen reisten, waren sie überrascht von der großen Zahl blonder und hellhäutiger Kinder, die genau jene Attribute aufwiesen, die sie als äußerst wünschenswert ansahen. Es mochte ein sinnloses Unterfangen sein, aus starrsinnigen Erwachsenen gute Deutsche zu machen – gleichgültig, welche Hautfarbe sie hatten –, aber kleine Kinder verhielten sich anders, wie Himmler beobachtete.

»In den nächsten zehn Jahren«, sagte er bald nach dem Einmarsch, »wird sich die Bevölkerung im Generalgouvernement zu einer absolut minderwertigen Rasse entwickeln, die uns für Sklavenarbeiten zur Verfügung steht. Eine unserer wichtigsten Aufgaben wird dabei die rassische Sichtung und Auslese der Kinder sein. Denn es liegt auf der Hand, daß auch in diesem Völkergemisch von Zeit zu Zeit einige sehr gute rassische Exemplare auftauchen werden.«

Soweit diese Kinder eine gründliche körperliche Untersuchung überstanden, konnte man sie durch eine intensive Gehirnwäsche vergessen machen, daß sie jemals Polen gewesen waren. Voraussetzung hierfür war, daß die Verbindung zu ihren polnischen Eltern vollständig abgebrochen und der Name der Kinder geändert wurde. Das würde nicht nur Deutschland stärken, sondern zusätzlich den polnischen Volksstamm schwächen.

Das RuSHA-Papier besagte:

> Es muß der Versuch gemacht werden, rassisch wertvolle Kinder von der Umsiedlung [der Polen] auszuschließen und sie in geeigneten Institutionen zu erziehen, wie z. B. den ehemaligen Kriegswaisenhäusern in Potsdam oder in einer deutschen Familie. Die hierfür in Frage kommenden Kinder dürfen nicht älter als acht oder zehn Jahre sein, denn in der Regel ist eine wirkliche ethnische Umformung – d. h. eine wahre Germanisierung – nur bis zu diesem Alter möglich. Erste Voraussetzung ist das vollständige Abschneiden aller Verbindungen zu ihren polnischen Verwandten. Die Kinder werden deutsche Namen germanischen Ursprungs bekommen. Ihre Geburts- und Abstammungsurkunden werden bei einer Spezialabteilung aufbewahrt.

Himmler hatte keine Zweifel am Erfolg dieses Projekts. In einem Memorandum vom Mai 1940 schrieb er:

> Vor allem vertrauen wir unserem eigenen Blut, das durch die Wechselfälle der Geschichte in eine fremde Nation eingeflossen ist. Wir sind überzeugt, daß unsere eigene Philosophie und unsere Ideale sich im Charakter dieser Kinder widerspiegeln, die uns rassisch ähnlich sind.

Bevor er an die Umsetzung seiner Pläne gehen konnte, mußte er jedoch zunächst die Versuche der NS-Volkswohlfahrt (NSV) abwehren, die an sich für derartige Aufgaben zuständig war und sein Projekt gern übernehmen wollte. Aber Himmler hatte Hitlers Unterstützung, und so gab es eigentlich nie wirkliche Zweifel daran, daß man der SS – via Lebensborn – die Verantwortung für die Umerziehung der Kinder übertragen würde.

Im Juni 1940 schrieb Himmler an Arthur Greiser, den Gauleiter von Danzig-Westpreußen, und erläuterte ihm die Einzelheiten seines Plans. Man werde die rassisch einwandfreien polnischen Kinder aussondern und der Obhut des Lebensborns unter dem Vorwand übergeben, daß ihre Gesundheit in ihren derzeitigen Familien oder Waisenhäusern gefährdet sei. Anschließend werde man sie einer intensiven Germanisierung unterziehen und in zuverlässige deutsche Familien geben. Auch für jene, welche die Moral eines solchen Kindesraubes in Frage stellten, hatte er eine Antwort parat. In seiner vielzitierten Rede vor SS-Obergruppenführern im Oktober 1943 erklärte er:

> Sie sagen: »Wie könnt ihr so grausam sein und einer Mutter ihr Kind wegnehmen.« Darauf antworte ich: »Wie könnt *ihr* so grausam sein, der anderen Seite einen starken zukünftigen Feind zu lassen, der eure Söhne und Enkel töten wird?«

Hauptlieferanten der neuen Deutschen sollten die polnischen Waisenhäuser sein, in denen damals viele Kinder lebten, deren Eltern von den Deutschen umgesiedelt oder liquidiert worden waren. Himmler und seine Leute verbreiteten das Gerücht, daß die Polen viele ethnisch deutsche Kinder dorthin gebracht und deren Namen geändert hätten, um ihre deutsche Abstammung zu verschleiern. Möglicherweise ist das in einigen Fällen geschehen. Zumindest wurde diese Behauptung als Vorwand benutzt, jedes »deutsch« aussehende Waisenkind zu germanisieren und ihm genau das anzutun, was man den Polen vorgeworfen hatte. Im Februar 1942 schrieb SS-Gruppenführer Ulrich Greifelt – Mitarbeiter im Stab Himmlers und in Nürnberg als Kriegsverbrecher verurteilt – eine ausführliche Anweisung, wie mit den Kindern zu verfahren sei:

> Es gibt eine große Anzahl Kinder, die in ehemals polnischen Waisenhäusern oder bei polnischen Pflegeeltern leben, die nach ihrem Aussehen als Kinder nordischer Rasse anzusehen sind. Nachforschungen haben ergeben, daß sie von ethnisch deutschen Eltern abstammen und systematisch von den Polen als »Findelkinder« in polnische Waisenhäuser gesteckt oder polnischen Pflegeeltern übergeben wurden. Man gab ihnen polnische Namen und vernichtete alle Dokumente, aus denen ihre wahre Herkunft hervorging.

Diese Behauptung ließ sich hervorragend ausschlachten, bedeutete sie doch, daß die SS jedes Waisenkind, das seinem Äußeren nach den deutschen Vorstellungen entsprach, erst einmal als Volksgenossen reklamieren konnte. Greifelt fügte hinzu, diese Kinder sollten vor ihrer Wiedereingliederung ins deutsche Volk zunächst in Lodz, dem Hauptquartier des RuSHA in Polen, einem Rassentest unterzogen werden. Wer ihn bestand, sollte anschließend sechs Wochen lang in den Kinderheimen in Brockau und Kalisz von Dr. Hildegard Hetzer einer psychologischen Beurteilung und Charakteranalyse unterzogen werden.

Ein Opfer dieses Verfahrens war Helena Wilkanowicz, die im Waisenhaus in Pabjanice nahe Lodz lebte, als die SS-Inspektoren 1943 dort auftauchten. Fast dreißig Jahre später erzählte sie Clarissa Henry und Marc Hillel:

> Drei SS-Männer traten in den Raum und stellten uns an der Wand auf. Wir waren etwa hundert Kinder. Die Blonden und Blauäugigen haben sie sofort herausgesucht, das waren – mich eingerechnet – sieben. Dabei habe ich keinen Tropfen deutsches Blut in den Adern. Damals war ich zwölf Jahre alt. Mein Vater, der sich meiner Abreise zu widersetzen suchte, wurde von den Soldaten bedroht. Es hieß sogar, man würde ihn ins KZ schicken. Aber ich habe keine Ahnung, was weiter geschah, denn wir wurden sofort ins Kinderauffanglager nach Brockau gebracht.

Maria Hanfova, die nach dem Lidice-Massaker 1942 in der Tschechoslowakei verschleppt wurde (ein brutaler Racheakt der Deutschen für die Ermordung des stellvertretenden Reichsprotektors von Böhmen und Mähren, Reinhard Heydrich) beschreibt ihre Untersuchung durch Dr. Hetzer:

> Wir mußten uns völlig nackt ausziehen, Jungen wie Mädchen. Die Dame maß unseren Kopf-, Brust- und Hüftumfang. Dann wurden wir einer nach dem anderen auf irgendwelchen großen Waagen in der Ecke gewogen. Danach wurden unsere Gesichter von allen Seiten fotografiert. Wir waren vor Angst alle halbtot.

Tausende dieser Bilder von Kindern aus den besetzten Gebieten wurden nach dem Krieg in Kalisz, Lodz und anderswo gefunden. Zumeist waren sie aus drei Blickwinkeln aufgenommen. Man kann sie sich heute in der Zentrale der Kommission zur Untersuchung nationalsozialistischer Kriegsverbrechen in Warschau ansehen. Es ist ein beklemmender Anblick. Regale voller Kästen mit Fotos von Kindern, manche nicht älter als ein Jahr, manche bis zu zwölf Jahre alt, alle akribisch mit Nummern versehen. Die meisten machen einen verängstigten Eindruck, einige weinen, und alle sind offensichtlich verstört. Mit Sicherheit leben viele von ihnen heute mit neuen Namen und neuen Identitäten in Deutschland, möglicherweise ohne zu ahnen, woher sie stammen. Nur zwanzig Prozent kehrten nach dem Krieg nach Polen zurück.

Die sechs- bis zwölfjährigen Kinder, die bei den Untersuchungen und Tests als möglicherweise rassisch wertvoll eingestuft worden waren, wurden auf deutsche Volksschulen geschickt, wo sie auf Anweisung Greifelts in jeder Hinsicht wie deutsche Kinder behandelt wurden. Die Zwei- bis Sechsjährigen kamen in Lebensborn-Heime, wo sie dem Bestand an Adoptionskindern zugefügt wurden. Greifelt ordnete darüber hinaus an, daß ihre zukünftigen Eltern ihre wahre Nationalität nicht erfahren durften:

> Es ist besonders darauf zu achten, daß die Bezeichnung »polnische Kinder zur Germanisierung geeignet« nicht zu ihrem Nachteil an die Öffentlichkeit dringt. Es ist besser, man spricht von »deutschen Waisenkindern aus den zurückeroberten Ostgebieten«.

Das war eine wohlüberlegte Vorsichtsmaßnahme, denn die Nazipropaganda hatte die anti-polnischen Gefühle derart hochgepeitscht, daß es bereits genügte, jemanden als Polen zu bezeichnen, um Spott und Schlimmeres zu provozieren.

Im übrigen entsprach sie der Überzeugung der Nazis, daß man sich jeden Terror erlauben konnte, wenn man sich nur eine hinreichend harmlose Umschreibung dafür ausdachte. Es würde so gut wie keinen Beweis für ihre Verbrechen geben und eine noch geringere Chance auf die Rückkehr der Kinder. Für Leute, welche die Ermordung der Juden als »Befreiung des Ghettos«, »Umsiedlung« und »Transport nach Osten« bezeichneten, war die kleine Notlüge über die polnischen Kinder schon fast Routine.

Eine weitere Anweisung des Innenministeriums vom Dezember 1942 macht auf ergreifende Art deutlich, welche Qualen die Verwandten der Kinder erlitten haben, die unmittelbar aus ihren Familien herausgerissen oder aus den Waisenhäusern entführt wurden. Die Weisung betrifft das Heim in Kalisz, das für die Umschulung benutzt wurde, und besagt:

> Es hat sich im Verlauf der Zeit gezeigt, daß damit gerechnet werden muß, daß die zurückbleibenden polnischen Verwandten und Freunde versuchen, den Aufenthaltsort der Kinder zu erfahren. Dies kann jederzeit durch eine Anfrage beim Melderegister der örtlichen Polizeibehörde erfolgen. Das jedoch würde die Germanisierung der Kinder gefährden. Rückschläge bei ihrer Umerziehung, die auftreten könnten, wenn die Kinder unter den Einfluß ihrer Verwandten geraten, müssen mit allen Mitteln vermieden werden. Ich weise Sie daher an, ein eigenes polizeiliches Melderegister unter der Bezeichnung Polizei-Meldestelle II in Kalisz/Warthegau einzurichten.

Der Weisung wurde entsprochen.

Rogozno ist eine unauffällige kleine Stadt, ungefähr vierzig Kilometer nördlich von Posen in Wielkopolska gelegen, dem

Stammland der polnischen Nation. Sie liegt etwas abseits der Hauptverkehrslinie von Posen zur Ostsee und ist das Zentrum einer landwirtschaftlichen Genossenschaft. Ihre kurze Hauptstraße wird von kleinen Läden und anderen Gebäuden aus dem 19. Jahrhundert gesäumt und von einer Kirche mit charakteristischem Zwiebelturm beherrscht. Der graue Bahnhof mit der Jahreszahl 1881 über dem Eingang liegt etwa einen Kilometer vom Stadtzentrum entfernt am Ende einer Straße, die heute ebenfalls durch besiedeltes Gebiet führt, das 1943 aber noch offenes Gelände war.

An einem Septembermorgen des Jahres 1943 bewegte sich eine seltsame Prozession auf dieser Straße von der Stadt zum Bahnhof. Die Spitze bildete eine Gruppe von etwa zwei Dutzend Kindern im Alter von zwei bis zwölf Jahren. Die jüngsten wurden von Schwestern in weißen Schürzen beaufsichtigt. Einige Kinder waren fröhlich und ausgelassen; man hatte ihnen erzählt, sie führen in die Ferien. Die meisten jedoch waren verängstigt und starrten mit hängenden Köpfen zu Boden. SS-Männer in schwarzen Uniformen gingen vor und hinter der Gruppe, um aufzupassen, daß niemand weglief.

Einige Meter dahinter folgten – von der SS auf Distanz gehalten – die verzweifelten und schluchzenden Mütter der Kinder. Sie hatten bereits mehr als drei Jahre unter deutscher Besatzung gelitten und glaubten kein Wort von den Beschwichtigungen, daß ihre Kinder »um ihrer Gesundheit willen« verschickt und nach einem Monat zurückkommen würden – eine weitere grausame Lüge.

Wie die meisten ihrer Landsleute hatte Malgorzata Twardecki bereits einige schreckliche Kriegsjahre erlebt. 1939 hatte sie zusammen mit ihrem Mann, einem Hauptmann des Grenzschutzes, und ihrem kleinen Sohn Alojzy nahe der deutschen Grenze gewohnt. Ihr Mann wurde im selben Jahr eingezogen. Sie sah ihn nie wieder: Er verschwand wie drei

Millionen anderer Polen. Als die Deutschen einmarschierten, war sie mit Alojzy allein. Zu Fuß ergriff sie mit dem Kind die Flucht. Nach etwa 1,5 Kilometern wurde sie von einem Pferdefuhrwerk aufgelesen, und der Bauer brachte sie zu dem 65 Kilometer entfernten kleinen Hof ihrer Eltern in der Nähe von Rogozno.

Ihr Haus und ihren gesamten Besitz hatte sie verloren, und von ihrem Mann hatte sie keine Nachricht. Als erstes mußte sie Arbeit finden, um sich und ihr Kind zu ernähren. Sie hatte insofern Glück, als sie über eine bessere Schulbildung als die meisten verfügte und ziemlich gut Deutsch sprach. Sie bekam einen Job in der Schreibstube des Kreisgerichtes.

Ein paar Monate später wurden sie und ihre Eltern vom Hof vertrieben, den eine deutsche Familie bekam. Sie zogen in ein kleines Haus nahe der Stadtmitte. Kurz darauf begannen die Besatzungstruppen, die Bewohner der Stadt in rassische Gruppen einzuteilen, bevor sie entschieden, was mit ihnen weiter geschehen sollte. Obwohl sie selbst sich als Polen betrachteten, wurden Malgorzata und ihre Familie als ethnisch deutsch eingestuft, da sie deutsche Vorfahren hatten und sowohl Deutsch als auch Polnisch sprachen. Wenn sie gewollt hätten, hätten sie durch ihre Unterschrift auf einem Formular ihre polnische Nationalität aufgeben und Deutsche werden können. Malgorzatas Vorgesetzter bei Gericht, ebenfalls ein ethnischer Deutscher, redete ihr gut zu. Aber sie lehnte ab: »Ich bin Polin«, erklärte sie. »Ich bin keine Deutsche. Ich bin als Polin geboren, und das will ich auch bleiben.«

Auch heute, mit über achtzig Jahren, tut ihr diese Entscheidung nicht leid – im Gegenteil, sie ist stolz darauf, obwohl ihr klar ist, daß sie sich, hätte sie dem Drängen ihres Chefs nachgegeben, höchstwahrscheinlich den Alptraum der folgenden zehn Jahre erspart hätte, der ihr Leben beherrschen und fast zerstören sollte.

Im Sommer 1943 war Alojzy fünf Jahre alt, blond, blauäugig, groß und für sein Alter ziemlich weit entwickelt: Er hatte mit neun Monaten laufen und schon mit einem Jahr sprechen können. Er war Malgorzatas einziges Kind, und in Abwesenheit ihres Mannes drehte sich ihr Leben allein um ihn. Eines Morgens klopfte ein Polizist an ihre Tür und forderte sie auf, mit ihrem Sohn zur Untersuchung ins Gemeindebüro zu kommen. Als sie ihn fragte, wozu das gut sein solle, erwiderte er, nicht gerade zu ihrer Beruhigung: »Sie schicken die Kinder in die Ferien – wegen ihrer Gesundheit.«

»Mein Junge ist völlig gesund. Er braucht keine Ferien«, protestierte sie, bemüht, sich ihre aufsteigende Angst nicht anmerken zu lassen. »Er ist mein einziges Kind. Ich lasse ihn nicht gehen.« Aber sie wußte natürlich, daß sie keine andere Wahl hatte, als der Aufforderung nachzukommen.

Als sie zum Gemeindebüro kam, saßen dort bereits ein bis zwei Dutzend Mütter. Ihre Kinder wurden medizinisch untersucht, wobei Kopf- und Brustumfang gemessen und Haar- und Augenfarbe genau notiert wurden. Es bestand nicht der geringste Zweifel, daß der blonde Alojzy den Test bestehen würde. Er verkörperte genau jenes Erbgut, welches das Dritte Reich brauchte. Malgorzata wurde gesagt, sie solle ihn wieder mit nach Hause nehmen und weitere Instruktionen abwarten.

Zwei Wochen später wurde sie schriftlich aufgefordert, mit Alojzy um sechs Uhr früh im Gemeindebüro zu erscheinen und ihm für mindestens vier Wochen Kleidung mitzugeben: Er solle zusammen mit anderen Stadtkindern in ein »Sanatorium« in »Urlaub« geschickt werden. Das Ganze war in Form eines gutgemeinten Angebots abgefaßt – eine bekannte Taktik der Nazis. Sie wußte nur zu gut, daß sie nicht ablehnen konnte, so sehr sie es sich auch wünschte. Wie alle anderen Mütter auf der Liste war sie verzweifelt. Keine von ihnen glaubte daran, daß die Kinder in vier Wochen zurückkommen würden. Sie wußten zuviel über die Nazis und deren

Unmenschlichkeit, um sich irgendwelche Illusionen zu machen: Sie würden ihre Kinder nicht wiedersehen.

Malgorzata brachte Alojzy zur anberaumten Zeit nicht ins Gemeindebüro. Obwohl sie wußte, daß sie so gut wie keine Chance hatte, der Anweisung zu entgehen, klammerte sie sich bis zuletzt an jeden Strohhalm. Um sieben Uhr klopfte die Militärpolizei an ihre Tür und stellte sie vor die Wahl, ihr Kind selbst zur Sammelstelle zu bringen oder seiner zwangsweisen Mitnahme zuzusehen. Der Polizist gab ihr Zeit, Alojzy anzuziehen. Im Gemeindebüro wurden die Kinder von ihren Müttern getrennt, und die SS-Männer stellten sie für den Marsch zum Bahnhof in Reihen auf. Sie gingen nicht durch das Bahnhofsgebäude hindurch, sondern rechts daran vorbei direkt auf den Bahnsteig, wo sie von einer Gruppe der berüchtigten »Braunen Schwestern« in Empfang genommen wurden. Dort wartete schon ein abfahrbereiter Zug auf sie.

Die Mütter durften nicht einmal in die Nähe des Bahnsteigs. Polizisten mit Hunden trieben sie hinter einen Zaun auf der anderen Straßenseite. Der Nazibürgermeister der Stadt war ebenfalls anwesend. »Man wird gut für sie sorgen«, versicherte er den verzweifelten Müttern. »Und außerdem ist es nur für einen Monat.« Aber die Frauen waren untröstlich und jammerten und weinten. Sie konnten sich nicht einmal richtig verabschieden. Als der Zug abfuhr, sahen sie fassungslos hinterher. Es gab nichts, was sie gegen die Entführung ihrer Kinder hätten tun können.

Viele unserer schrecklichsten Bilder von der Unterdrückung durch die Nazis haben mit Zügen zu tun. In der Tat kann man sich nur schwer vorstellen, wie sie ihre Terrormaßnahmen ohne Bahn hätten durchführen können. Die Viehwagen, mit denen sie die Juden und andere in die Konzentrationslager transportiert haben, sind das bekannteste Beispiel. Aber auch die Umsiedlung ganzer Bevölkerungsgruppen, wie sie in Polen und anderswo stattfand, wäre ohne diese von der Polizei wirksam und leicht zu überwachende Form der Massentransporte schlicht unmöglich gewesen.

Die Mütter blieben, bis sich die letzte Dampfwolke auflöste und der Zug in der Ferne verschwand, dann gingen sie ohne ihre Kinder und mit einem entsetzlichen Gefühl der Leere nach Hause. Man hatte ihnen ihre Kinder genommen, und es gab keine Möglichkeit, sie zurückzubekommen. Als wir fünfzig Jahre später auf demselben Bahnhof stehen, erzählt uns Malgorzata unter Tränen: »Sie können sich nicht vorstellen, wie das ist, wenn man Ihnen Ihr Kind stiehlt. Wir haben ihnen unsere Kinder nicht gegeben, sie haben sie uns weggenommen. So etwas hatte es noch nie gegeben. Meine Mutter erzählte mir, sie habe in ihrem Leben schon einige Kriege erlebt – den französischen Krieg und den Ersten Weltkrieg –, aber niemals habe irgend jemand etwas so Fürchterliches getan.«

Da sie das ganze Ausmaß dieser Barbarei nicht glauben konnte, versuchte Malgorzatas Mutter sie noch zu trösten. »Nimm es nicht so schwer«, riet sie, »vielleicht kommen sie ja doch zurück.« Malgorzata wußte, daß das nicht geschehen würde. Aber eine Mutter gibt die Hoffnung niemals auf, und so ging sie zum Bürgermeister, nachdem sie einen Monat lang nichts von Alojzy gehört hatte.

»Wo sind die Kinder?« fragte sie. »Sie haben gesagt, es sei nur für vier Wochen.«

»Verschwinde«, erwiderte der Bürgermeister, »verschwinde, oder ich mache dir Beine!«

Schließlich sickerte durch, die Kinder seien ins Kinderheim in das zwischen Posen und Lodz gelegene Kalisz gebracht worden, wo man sie nach Weisung des Innenministeriums vom Dezember 1942 auf ihre Germanisierung vorbereitete. Malgorzata fand heraus, daß es in Rogozno einen Müller gab, der regelmäßig Mehl nach Kalisz lieferte. Sie fragte ihn, ob er sie mitnehmen würde, und er war einverstanden. Aber sie kamen zu spät: Die Kinder waren zwei Tage zuvor aus Kalisz abgeholt worden – wahrscheinlich deshalb, weil noch weitere Mütter herausgefunden hatten, wo sie waren. Die älteren Kinder hatte man nach Österreich, die jüngeren – darunter auch Alojzy – nach Deutschland gebracht.

Alojzy war auf der Fahrt von Rogozno nach Kalisz nicht ganz auf sich allein gestellt. Unter den älteren Jungen seiner Gruppe waren auch sein elfjähriger Vetter Leon Twardecki und dessen Freund Jan Tloczynski. Da die älteren Jungen besser begriffen, was man in Wahrheit mit ihnen vorhatte, war auch ihre Verzweiflung größer als die der jüngeren. Manche weinten. Trotz seiner Angst fühlte sich Leon für seinen Vetter verantwortlich, und während der Zug zunächst in Richtung Posen und dann in östlicher Richtung durch eine monotone, flache Landschaft fuhr, versuchte er ihn, so gut es ging, zu trösten.

Nach ihrer Ankunft in Kalisz wurden sie in ein Gebäude gebracht, das Leon nach seinem Äußeren für ein Kloster hielt. Das war es ursprünglich auch gewesen – und ist es heute wieder –, aber während des Krieges waren die meisten Nonnen weggebracht und durch Personal des RuSHA und durch »Braune Schwestern« ersetzt worden. Die Kinder begriffen sehr schnell, daß sie keineswegs in einem Ferienheim, sondern eher in einem Internat gelandet waren. Leon und Alojzy durften sich ein Zimmer teilen. Am nächsten Tag wurden noch einige medizinische Untersuchungen durchgeführt, und dann wurden sie in ihre Klassenräume gebracht, wo sie in der folgenden Zeit intensiven Unterricht in deutscher Sprache und deutscher Geschichte aus Sicht der Nazis erhielten. Das Gebäude wurde strenger überwacht als ein konventionelles Internat, dennoch durften sie die meiste Zeit zusammensein und sogar gelegentlich unter Aufsicht Spaziergänge durch die Stadt machen.

In Kalisz geschah aber noch etwas anderes, wovon sie nichts wissen konnten: Die Ergebnisse ihrer »medizinischen« Untersuchungen wurden sorgfältig analysiert. Man verwendete hierfür lange, detaillierte Vordrucke, auf denen 62 charakteristische Körpermerkmale – unterteilt in fünf Rubriken – anzukreuzen waren, die als besonders typisch für die unterschiedlichen Rassen galten. Wichtige Hinweise waren Haar- und Augenfarbe, Dicke der Lippen, Größe und Haltung (echte Deutsche saßen aufrecht, Slawen dagegen krumm). Die Form der Nase war ein so aussagekräftiger Faktor, daß sie zweimal bewertet wurde. So konnte die Nase eines Kindes an der Spitze als jüdisch und am Kopfansatz als arisch eingestuft werden.

Nach den Ergebnissen wurden die Kinder in elf rassische Gruppen eingeteilt, von der höchst erstrebenswerten arischen bis zur allerletzten. Wer die Merkmale mehrerer verschiedener oder einzig die der »minderwertigen« Rassen aufwies, kam in die letzte Kategorie. Nur Kinder der drei obersten Klassen – mit anderen Worten jene, die den Test als rein oder überwiegend arisch bestanden hatten – kamen für eine Adoption durch kinderlose SS- oder NS-Ehepaare in Betracht, die ihnen eine sorgenfreie und ideologisch korrekte Erziehung geben konnten. Die Kinder aus den mittleren Kategorien versuchte man bei politisch weniger engagierten Ehepaaren oder in Familien unterzubringen, die schon mehrere Kinder hatten.

Das Schicksal der »minderwertigen« Kinder kümmerte niemanden besonders: Auf lange Sicht, spätestens bis zum Ende des Jahrhunderts, sollten sie völlig aus dem Reich eliminiert werden. Einstweilen brachte man sie in Konzentrationslager beziehungsweise in spezielle Kinderlager in Lodz, wobei es den Nazis ziemlich egal war, wie und ob sie überlebten.

Die Kinder ahnten nichts von dieser Schicksalsentscheidung über Leben und Tod. Und auch die, die alle Tests bestanden hatten, wußten natürlich nicht, daß sämtliche Unterlagen über ihre Geburt und wahre Herkunft systematisch vernichtet wurden. Sie bekamen neue Papiere mit eingedeutschten Namen: Aus Alojzy wurde Alfred, aus Leon Leo, und ihr Nachname wurden von Twardecki in Hartmann geändert. Wie bei vielen Namensänderungen bediente man sich dabei einer Art Wortspiel: Twardecki heißt auf deutsch »harter Mann«. Ihre neuen Geburtsurkunden besagten, daß ihre Mütter im Kindbett gestorben und ihre Väter im Krieg gefallen waren. Selbst das Geburtsdatum wurde geändert – für den Fall, daß irgend jemand nach ihnen suchen sollte.

Eines Morgens, etwa sechs Wochen nachdem die Gruppe aus Rogozno in Kalisz angekommen war, wurde Leon sehr früh von einer »Braunen Schwester« geweckt, die ihm befahl sich anzuziehen. »Was ist mit Alojzy«, fragte er, »wecken Sie ihn nicht auch?«

»Laß ihn schlafen«, erwiderte die Frau, »wir brauchen ihn noch nicht.«

Leon begriff, daß man ihn vor Alojzy wegbringen wollte. Entgegen der Anweisung weckte er ihn. »Sie bringen mich irgendwo anders hin«, flüsterte er. »Hier, behalte das.« Und er drückte seinem Vetter eine Kette mit einem Heiligenbild in die Hand, die er selbst stets um den Hals getragen hatte – die beiden sollten sich erst zehn Jahre später wiedersehen.

Leon wurde zusammen mit Jan und den älteren Jungen zum Bahnhof nach Kalisz gebracht. Man hatte ihnen nicht gesagt, was man mit ihnen vorhatte, und sie hatten Angst. Auf einer langen, gewundenen Strecke dampfte ihr Zug nach Süden durch das Tatragebirge in die Tschechoslowakei und von dort nach Österreich. Ihre Reise endete in Oberweis bei Gmunden am Traunsee, östlich von Salzburg. Sie kamen in das neu eröffnete Lebensborn-Heim »Alpenland«, das unter der Schirmherrschaft der HJ stand und speziell der Eindeutschung von »Ostkindern« diente.

Polnische und andere »ausländische« Kinder lebten hier mit deutschen Altersgenossen zusammen, so daß sie schnell lernten, Deutsch zu sprechen und sich wie Deutsche zu benehmen. Gemeinsam mit den anderen wurden sie gedrillt und mußten Nazilieder singen. Wenn sie es wagten, untereinander polnisch zu sprechen, wurden sie bestraft. Denn Deutsch war die zukünftige Sprache Europas, und es war sinnlos, an den kuriosen Dialekten einer in Verruf geratenen Vergangenheit festzuhalten.

Auch Alojzy – beziehungsweise Alfred – blieb nicht lange in Kalisz. Zusammen mit anderen Altersgenossen wurde er in das Lebensborn-Heim »Pommern« in Bad Polzin gebracht. Das Heim »Pommern«, eines der ersten Lebensborn-Heime, war nur wenige Monate nach Steinhöring eröffnet worden. Alfred war fünfeinhalb, als er Ende 1943 dort ankam – ein Alter, in dem man schnell lernt und schnell vergißt. Bald sprach er nur noch Deutsch, und die Lebensborn-Verwaltung bemühte sich um Adoptiveltern für den blonden, blauäugigen Jungen, aus dessen Papieren hervorging, daß er ein deutsches Waisenkind war.

Im März 1943 feierte Alojzy in Bad Polzin seinen sechsten Geburtstag. Nicht lange danach bekam er Besuch von einer freundlichen Frau aus Koblenz. Sie unterhielt sich eine ganze Weile mit ihm, und er fühlte sich fast sofort zu ihr hingezogen. Wichtiger war, daß auch sie von ihm begeistert war, und nach Erledigung aller Formalitäten wurden die kinderlosen Eheleute Margarete und Theo Binderberger offiziell seine Eltern. Herr Binderberger holte ihn in Bad Polzin ab, und gemeinsam fuhren sie in einem überfüllten, langsamen Nachtzug in die Gegend südlich von Koblenz.

Am späten Nachmittag des folgenden Tages sah Alfred sein neues Heim zum ersten Mal: ein hübsches Haus mit einem großen Garten, in dem auch Margaretes Eltern wohnten. Voller Spannung lief er hinein und war überwältigt; überall standen Vasen mit bunten Sommerblumen. Das hier war so ganz anders als sein Zuhause in Polen (und die Erinnerung daran verblaßte sehr schnell), wo er eine solche Pracht nie kennengelernt hatte. Die einzige Übereinstimmung bestand darin, daß seine beiden »Mütter« zufällig den gleichen Vornamen hatten.

Margarete und ihre Eltern begrüßten ihn. Er erinnert sich noch, daß sein »Großvater« eine grüne Schürze trug – ein Anblick, der ihm bald vertraut war, denn der alte Mann arbeitete die meiste Zeit im Garten. Der Großvater inspizierte ihn sehr gründlich, drehte ihn herum und besah in sich von allen Seiten.

»Ja«, meinte er schließlich, »ja, er ist gut gewachsen. Aus dem wird mal ein ganzer Kerl.« So klein er war, fand Alfred diese Behandlung doch etwas erniedrigend – als sei er ein Preisbulle auf einer Landwirtschaftsausstellung. Er sagte, er sei müde, und bat, gleich zu Bett gehen zu dürfen.

Zu seiner Adoptivmutter entwickelte er schnell ein liebevolles Verhältnis, während seine Beziehung zu Herrn Binderberger, der als Ingenieur in der Waffenfabrik von Krupp arbeitete, immer etwas kühl blieb. Er war Mitglied der NSDAP – wodurch Margarete die Möglichkeit erhalten hatte, sich in Bad Polzin ein »Waisenkind« auszusuchen – und Reserveoffizier. Jede Woche mußte er an einem Abend zur Schulung. Nach Margarete verstand sich Alfred am besten mit ihrem Vater, der als Oberhaupt der Familie galt. Er hatte als preußischer Offizier in der kaiserlichen Armee gedient und trug einen gepflegten weißen Schnurrbart. Hitler verachtete er, weil der es nur zum Obergefreiten gebracht hatte.

In der Schule lebte sich Alfred schnell ein, da er jetzt fließend Deutsch mit kaum wahrnehmbarem polnischem Akzent sprach. Er hatte viele Freunde. Selbstverständlich standen sie im Krieg alle auf seiten der Deutschen und waren vom Sieg ihres Vaterlandes fest überzeugt. Sie verehrten Hitler, und auch über Alfreds Bett hing ein Bild des Führers in Uniform. Mit dem Marschallsstab wies er nach Osten. Koblenz war Garnisonsstadt, und die Offiziere kamen oft zu Besuch – vor allem vom Fliegerhorst, wo Margarete arbeitete.

Ende 1944 wurde Herr Binderberger an die Westfront abkommandiert. Gegen Kriegsende verbrachte die Familie immer mehr Stunden im Luftschutzkeller, wobei jeder – auch die Kinder – einen Schutzhelm trug. Eines Morgens wachte Alfred auf und stellte fest, daß die Straßen voll amerikanischer Soldaten waren, die von Lastwagen und Panzern mit weißen Sternen an der Seite kletterten. Aus den Fenstern aller Häuser hingen weiße Tücher. Er weinte und beschuldigte wie seine Familie und Freunde die Kommunisten, die Stadt feige übergeben zu haben. Kurz darauf kehrte sein Adoptivvater von der Front zurück. Als erstes nahm er das Hitlerbild über dem Bett seines Sohnes ab und trug es auf den Dachboden. »Du Verräter!« schrie Alfred ihn an – und wurde für seinen Patriotismus verhauen.

Die Amerikaner wurden von der französischen Armee als Besatzungsmacht abgelöst. Als ehemaliges Parteimitglied konnte Herr Binderberger von ihnen kein Entgegenkommen erwarten. Die Familie wurde aus ihrem Haus vertrieben. Gemeinsam kamen sie im Haus nebenan unter, wo sie nun in drei Zimmern zusammenhockten. Aber sie bildeten eine liebevolle, sich gegenseitig unterstützende Gemeinschaft, und nachdem der erste Schock der Niederlage überwunden war, verlief Alfreds Kindheit weiterhin sehr glücklich.

In Rogozno versuchte Malgorzata Twardecki unterdessen, wie Tausende polnischer Mütter, ihr Kind wiederzufinden. Aber es war schwer, irgendwo anzusetzen, da die Nazis sämtliche Spuren gründlich verwischt hatten. Sie schrieb an die Besatzungsmächte in allen vier Besatzungszonen Deutschlands, verschickte Fotos und bat um Nachricht. Die alliierten Dienststellen, die damals mit Tausenden ähnlicher Anfragen aus ganz Europa bombardiert wurden und alle Hände voll zu tun hatten, wieder so etwas wie Normalität in eine zerrüttete und demoralisierte Nation zu bringen, wußten kaum, wo sie anfangen sollten. In der Regel sandten sie erst einmal einen Vordruck zurück, in dem es hieß, man werde sich sofort melden, falls man etwas herausbekäme – was kaum jemals geschah.

Etwa ein Jahr nach Kriegsende kehrte Leon nach Rogozno zurück. Seine Repatriierung war relativ einfach gewesen, da er nicht adoptiert worden war und sich beim Einmarsch der Amerikaner noch in einem Lager der HJ befunden hatte. Glücklicherweise waren einige Soldaten polnischer Abstammung, und da er bei seiner Entführung bereits elf Jahre gewesen war, erinnerte er sich noch an alles und konnte der zuständigen Dienststelle genau erklären, wo er herkam. Kinder in Alfreds Alter und jünger, die von liebevollen Familien aufgenommen worden waren, erinnerten sich nicht mehr: Sie hielten sich für Deutsche und waren stolz darauf.

Da Leons Vater tot und seine Mutter bei seiner Rückkehr unheilbar krank war, zog er zu seiner Tante Malgorzata und konnte ihr hilfreiche Tips für die weitere Suche nach ihrem Sohn geben. So erzählte er ihr, daß Alojzy nicht mehr Twardecki hieß: Sie beide seien in Hartmann umbenannt worden. (Natürlich wußte er nicht, daß Alfreds Name nochmals geändert worden war und er nun Binderberger hieß.) Malgorzata, die trotz ihres hartnäckig zur Schau getragenen Optimismus innerlich verzweifelt war und fürchtete, daß sie ihren Sohn vielleicht nie finden würde, schöpfte neue Hoffnung. Alle ihre Briefe und Anfragen hatten nichts gebracht. Aber nun war Leon mit einem neuen Hinweis gekommen, der entscheidend sein konnte. Mit frischem Mut sandte sie eine weitere Flut von Briefen an die zuständigen Stellen.

Aber sie zog eine Niete nach der anderen. Schließlich riet ihr jemand, sich an die polnische Botschaft in Berlin zu wenden, die zumindest an der Quelle saß und Zugang zu den noch vorhandenen Lebensborn-Akten hatte. Ein paar Monate später, im Frühjahr 1947, bekam sie Antwort: Der Name ihres Sohnes sei jetzt Binderberger, und er lebe bei seinen Adoptiveltern in Koblenz. Die Botschaft sandte ihr seine Adresse und erklärte, sofern die Adoptiveltern keine Schwierigkeiten machten, könne Alojzy in ein paar Monaten wieder zu Hause sein. Sie war überglücklich. Nach vier Jahren hatte sie ihn endlich gefunden. Sofort schrieb sie an die Binderbergers in Koblenz.

Malgorzatas Brief traf die deutsche Familie wie ein Blitz aus heiterem Himmel. Sie hatten nicht die geringste Ahnung gehabt, daß ihr Sohn Alfred Pole war, und ihre erste Reaktion war, daß es sich um einen Irrtum handeln müsse. Ihre Antwort war höflich, aber kompromißlos. Sie erklärten, Alfred sei ein deutsches Waisenkind und könne daher unmöglich Pole sein. Abgesehen von allem anderen sehe er auch völlig deutsch aus. Sie seien sich der Schwierigkeiten durchaus bewußt, angesichts der chaotischen Zustände in Europa bei Kriegsende die Spur der verschleppten polnischen Kinder zu verfolgen. Aber in diesem Fall habe man ihr mit Sicherheit etwas Falsches mitgeteilt. Weitere Diskussionen seien daher überflüssig.

Doch Malgorzata, deren aufkeimende Hoffnung so jäh gedämpft worden war, ließ nicht locker. Sie schrieb an Bundeskanzler Konrad Adenauer, erhielt aber keine Antwort. Sie schickte den Binderbergers ein Foto von sich und Alojzy als Kind, doch sie leugneten jede Ähnlichkeit. Sie schrieb weitere Briefe. Die meisten blieben ohne Echo, und wenn sie doch einmal eine Antwort bekam, dann nicht von Margarete, sondern von deren Eltern, welche die meisten Briefe abfingen, damit Alfred sie nicht sah.

Als die polnische Botschaft einen Vertreter zu den Binderbergers schickte, um sich den Jungen anzusehen, hieß es, er sei bei einer Verwandten in einer anderen Stadt. Die westlichen Alliierten und die westdeutsche Nachkriegsregierung halfen Malgorzata schon gar nicht. Denn trotz ihrer Lippenbekenntnisse, verschleppte Personen repatriieren zu wollen, waren sie angesichts des Kalten Krieges nicht bereit, irgend etwas zu tun, um Kinder aus der westlichen Einflußsphäre in den kommunistischen Osten zu entlassen. In der sich verschlechternden internationalen Lage traten humanitäre schnell hinter realpolitischen Überlegungen zurück.

Dennoch waren Malgorzatas ständige Bitten nicht umsonst, obwohl sie von der Familie immer wieder zurückgewiesen wurden: Die Binderbergers wurden unsicher. Wenn Alfred nun doch Alojzy war?

1949 ging der elfjährige Alfred eines Tages wie üblich mit seinem Freund Peter Holler von der Schule nach Hause. Es war ein guter Tag gewesen. Er winkte Peter zum Abschied zu und sprang vor sich hin pfeifend die Stufen zur Wohnung hinauf. Als er die Wohnzimmertür öffnete, blieb er jedoch wie angewurzelt stehen. Seine Eltern und Großeltern saßen da wie ein Empfangskomitee, geradezu wie auf einem Familienfoto aus den ersten Tagen der Fotografie. Sein Vater hielt einen Brief in der Hand.

»Alfred«, sagte er ernst, »wir haben auf dich gewartet. Das hier ist ein Brief von deiner Mutter.«

»Aber Mutter sitzt neben dir!« rief er, überzeugt, daß es sich um einen Scherz handele, der sich gleich aufklären werde.

»Nein, das ist ein Brief von deiner richtigen Mutter. Sie lebt in Polen.«

Einen Augenblick lang herrschte Schweigen. Dann begann Herr Binderberger zu erklären, was sich während des Krieges in den besetzten Ländern abgespielt, wie man die Kinder ihren Familien weggenommen und ihre wahre Herkunft verschleiert hatte. Er erzählte dem Jungen, daß sie Malgorzatas Briefen zunächst nicht geglaubt, ihre Hartnäckigkeit und die übersandten Fotos sie aber schließlich überzeugt hatten, daß ihre Behauptung wohl doch wahr sei.

Als sein Vater geendet hatte, blieb Alfred zunächst stumm. Das war mehr, als er verdauen konnte. Der Gedanke, er könne Pole sein, versetzte ihm einen fürchterlichen Schlag, denn er war wie alle deutschen Kinder ein Opfer der NS-Propaganda, wonach die Polen eine minderwertige Rasse waren, allenfalls gut genug, für die reinblütigen Deutschen die Dreckarbeit zu erledigen.

Er hatte während des Krieges ein paar Polen gesehen, die man als Zwangsarbeiter nach Deutschland verschleppt hatte. Sie waren unrasiert, häufig schmutzig und sahen ziemlich krank aus. Manche hatten sich anstelle von Schuhen Zeitungspapier um die Füße gewickelt. Sie erledigten die schmutzigen Arbeiten, schleppten auch bei ihnen die Kohlen in den Keller, und sein Vater hatte ihnen Zigaretten als »Trinkgeld« gegeben. In der Schule war »Polacke« eine Beleidigung, genauso wie der Satz »faul wie ein Polack«. Und nun erklärte man ihm, daß er einer von ihnen sei. Keine Sekunde wollte er das glauben.

Alfred begann zu weinen. Herr Binderberger gab ihm die Fotos, auf denen er als kleines Kind mit seiner Mutter zu sehen war, sowie einen an ihn adressierten Brief, der mit »Lieber Alojzy« begann.

»Ich bin Alfred, Alfred Binderberger, nicht Alojzy!« schrie er, bevor er ihn las.

> Mein lieber Sohn,
> ich frage mich, ob Du weißt, daß ich seit 1947 versucht habe, Dich nach Hause zurückzuholen. Du erinnerst Dich sicher an Deinen Vetter Leon und den Tag, an dem ihr beide von der Geheimpolizei von Rogozno

weg nach Kalisz gebracht wurdet. Leon ist mit Hilfe des Internationalen Roten Kreuzes bereits zurückgekommen. Dein Großvater ist 1948 gestorben. Erinnerst Du Dich noch, wie Du Dich an ihn herangeschlichen hast, wenn er in seinem Sessel eingeschlafen war, und ihn an den Haaren gezogen hast? Deine Großmutter ist letzten November 80 geworden. Sie fragt, ob Du Dich erinnerst, wie Du immer mit ihr einkaufen gegangen bist und sie am Rock gezupft hast, bis sie Dir eine Limonade gekauft hat. Ich bitte Dich als meinen Sohn, mir ein paar Zeilen zu schreiben und mir ein Foto von Dir zu schicken. Ich kann es kaum erwarten, Dich an mein Herz zu drücken.

Deine Dich liebende Mutter

Alfred warf den Brief wütend zu Boden. »Ich will nichts mit ihr zu tun haben«, erklärte er. Dann zerriß er den Brief und die Fotos, warf die Schnipsel in den Papierkorb, stürmte in sein Zimmer und warf sich schluchzend auf sein Bett.

In dem emotionalen Durcheinander der folgenden Tage beschloß Alfred, daß er nicht zu seiner natürlichen Mutter zurückkehren wollte, selbst wenn die Geschichte von seiner Herkunft stimmte. Er war in Koblenz glücklich. Die Binderbergers taten nichts, um ihn umzustimmen. Er war schließlich auch *ihr* einziges Kind. Sie liebten ihn und gaben ihm beinahe alles, was er sich wünschte. Für seine Mutter – falls sie es überhaupt war – empfanden sie wenig Mitgefühl; hatten doch viele Frauen in den Schrecken des Krieges ein ähnlich schweres Schicksal erlitten. Polen gehörte mittlerweile zum Ostblock, war hinter dem Eisernen Vorhang abgeschottet, und alle Berichte, die den Westen erreichten, kündeten von den Entbehrungen, unter denen die dortigen Bewohner litten. Die Binderbergers zweifelten keinen Augenblick daran, daß es für den Elfjährigen in jeder Hinsicht das Beste sei, wenn er blieb, wo er war.

Im folgenden Jahr traf die Familie jedoch ein harter Schlag. Man stellte bei Margarete eine Krebserkrankung fest. Es ging ihr immer schlechter, sie hatte unerträgliche Schmerzen und war zuletzt fast ein ganzes Jahr im Krankenhaus. Sie war der Mensch, den Alfred auf der ganzen Welt am meisten liebte, und ihr offensichtliches Leiden stürzte ihn in tiefe Verzweiflung. Seine Leistungen in der Schule wurden so schlecht, daß er ein Jahr wiederholen mußte.

Herr Binderberger war ein fürsorglicher Vater, aber er hatte nie ein so enges Verhältnis zu Alfred gehabt wie Margarete oder der Großvater. Kurz nach Margaretes Tod heiratete er ihre Cousine. Alfred mochte die neue Frau Binderberger nicht, und das beruhte auf Gegenseitigkeit. Er stritt sich immer häufiger mit ihr und demzufolge auch mit seinem Vater. Die häusliche Atmosphäre war gespannt. Im Sommer 1953 sollte Alfred daher seine Schulferien bei Verwandten des Großvaters in England verbringen. Die Familie war vor dem Ersten Weltkrieg dorthin ausgewandert. Er sollte dort Englisch lernen, um vielleicht später einmal an einer englischen Universität zu studieren.

Kurz vor seiner Abreise kam ein weiterer Brief von Malgorzata, in dem sie ihn einlud, die Sommerferien bei ihr zu verbringen. Wieder einmal stritt er sich mit seinem Vater, und um ihm eins auszuwischen, sagte Alfred: »In Ordnung, ich fahre nicht nach London. Ich fahre statt dessen nach Polen.« Er war überzeugt davon, daß Herr Binderberger protestieren würde. Aber zu seiner großen Überraschung stimmte dieser zu. »Wie du willst«, erwiderte er, »ich werde dir morgen eine Fahrkarte kaufen.« Alfred bereute seine Unbesonnenheit sofort, aber er hatte sich in eine Lage manövriert, aus der er ohne das Gesicht zu verlieren nicht mehr herauskam.

Er erzählte keinem seiner Freunde, wohin er fuhr, denn er hatte ihnen auch seine möglicherweise polnische Abstammung verschwiegen. Er versicherte ihnen lediglich, daß er rechtzeitig zum Schulanfang zurück sein werde. An einem schönen Julimorgen lud er sein wertvolles blaues Fahrrad – ein Geschenk zu seinem 14. Geburtstag – in den VW-Bus der Familie, und sein Vater fuhr ihn zum Bahnhof. Sein Großvater winkte ihm von der Haustür aus nach, und Alfred hatte plötzlich das Gefühl, daß er seine Großeltern nicht wiedersehen würde.

Der Zug war restlos überfüllt, dicht gedrängt standen die Leute in den Gängen. Als der Zug durch die DDR fuhr, sah er zum ersten Mal einen mit einer Kalaschnikow bewaffneten Russen. Seine erste Station war Berlin, wo er sich von der polnischen Botschaft ein Visum holen mußte. Die Bearbeitung seines Antrages dauerte eine Woche. Während dieser Zeit wohnte er bei der Familie des polnischen Botschafters, wo er – wie er glaubte – zum ersten Mal Polnisch hörte.

Als sein Visum bewilligt war, wurde er mit seinem Fahrrad im Schlepptau wieder zum Bahnhof gebracht und in ein Schlafwagenabteil gesetzt. Der polnische Schaffner wurde gebeten, ein Auge auf ihn zu haben. Alfred wurde bald immer nervöser und fand es höchst irritierend, daß der Schaffner in regelmäßigen Abständen seinen Kopf ins Abteil steckte. Er fühlte sich an seine Ankunft in Koblenz erinnert, als Margaretes Vater ihn so abschätzend gemustert hatte.

Der eigentliche Grund für sein Unbehagen war jedoch die Angst, was ihn an seinem Ziel erwarten mochte. Bisher hatte er über Polen nur gehört, daß es dort sehr kalt und das Land überwiegend von Wäldern bedeckt sei, in denen sich Bären und Wölfe tummelten; daß die Menschen in primitiven Häusern lebten, die mit gemauerten Holzöfen beheizt würden, und daß sie eine Abneigung dagegen hätten, sich zu waschen. Dagegen hatte er völlig vergessen – was man ihm als Kind sicher erzählt hatte –, daß Polen einmal ein mächtiges Königreich gewesen war und berühmte Schriftsteller, Komponisten und Wissenschaftler hervorgebracht hatte, die Nobelpreise errungen hatten. Mittlerweile spielte er mit dem Gedanken, seiner Mutter bei der Begrüßung auf dem Bahnhof in Posen zu sagen, daß er sofort mit dem Gegenzug zurückfahren wolle.

Als Malgorzata den Brief aus Koblenz erhielt, der ihr mitteilte, daß ihre Hartnäckigkeit endlich belohnt würde, konnte sie ihrer Gefühle kaum beherrschen. Im Jahr zuvor hatte sie zum zweiten Mal geheiratet: einen langjährigen Freund aus Rogozno, der Alojzy als kleines Kind gekannt hatte. Da sie ihren Sohn unbedingt auf dem Bahnhof in Posen empfangen wollte, bestand sie darauf, schon den Mittagszug von Rogozno zu nehmen, obwohl der Zug aus Berlin erst am späten Abend ankommen sollte. Es machte ihr nichts aus, zehn Stunden auf dem Bahnhof zu warten, nachdem sie seit zehn Jahren auf diesen Augenblick gehofft hatte.

Sie und ihr Mann postierten sich an beiden Enden des Bahnsteigs. Aber im Gewühl der ankommenden Reisenden, in dem Türenschlagen und der aufgeregten Wiedersehensfreude um sie herum konnten sie Alfred zunächst nicht entdecken. Aber dann sah Malgorzata plötzlich einen großen, allein reisenden Jungen, der zögernd die Stufen eines Waggons hinabstieg. »Das ist er!« schrie sie und rannte los.

»Du irrst dich«, warnte ihr Mann, der ihr folgte. »Er ist so groß!« Er hatte noch immer das Bild des etwa fünfjährigen Alojzy vor Augen, den die Deutschen verschleppt hatten. Außerdem sah der Junge in seiner schicken Kleidung und mit den kurzen, sorgfältig gekämmten Haaren wie ein typischer Deutscher aus.

Doch Malgorzata ließ sich nicht beirren. »Das ist er«, sagte sie, »ich würde ihn überall erkennen. Er sieht aus wie sein Vater.«

Sie ging auf den Jungen zu und streckte ihm die Hand hin. »Alfred Binderberger?« fragte sie. Er nahm ihre Hand. Er hatte den Augenblick gefürchtet, da sich ihm eine unbekannte, rührselige Frau mittleren Alters heftig schluchzend – davon war er überzeugt gewesen – an den Hals werfen würde. Als Malgorzata ihren einzigen Sohn nach zehn Jahren wiedersah, hätte sie genau das auch am liebsten getan, aber sie begriff instinktiv, daß ihm ein solcher Auftritt peinlich gewesen wäre. Mit eiserner Willensanstrengung hielt sie die aufsteigenden Tränen zurück. »Guten Abend«, sagte sie, »ich hoffe, du hattest eine angenehme Reise.«

Alojzy hatte inzwischen seinen Plan verworfen, sofort nach Deutschland zurückzufahren. Statt dessen sagte er: »Ich bin nur hergekommen, um mich ein wenig umzusehen und die Wahrheit herauszufinden. Ich werde nicht lange bleiben.« Er sah seiner Mutter herausfordernd in die blauen Augen. Aber sie sagte nichts, sondern lächelte nur und nickte. Dann stellte sie ihm ihren Ehemann vor, der nun selbst mit den Tränen kämpfte, obwohl er kurz zuvor Malgorzata immer wieder beschworen hatte, nur ja ruhig zu bleiben.

Auf der gemeinsamen Bahnfahrt nach Rogozno kam es zu einem Zwischenfall, der Alfred und seiner Mutter gleich zu Anfang die Probleme deutlich machte, die sie erwarteten, falls er sich entschloß, für immer in Polen zu bleiben. In ihrem Abteil saß ein polnischer Offizier. Alfred hatte noch nie eine polnische Uniform gesehen und betrachtete sie sehr genau. Dabei bemerkte er auf der Jacke einen dunklen Fleck. »In Deutschland«, wandte er sich an seine Mutter, »würdest du niemals einen Offizier in einer schmutzigen Uniform sehen.«

Er sprach Deutsch – die einzige ihm geläufige Sprache –, und er sprach laut. Seine Bemerkung war gar nicht provokativ gemeint, aber da er seit 1943 in Deutschland gelebt hatte, ahnte er weder, wie tief der Haß auf die Deutschen in den Polen verwurzelt war, noch wußte er von den fürchterlichen Greueltaten, die diesen Haß genährt hatten. Acht Jahre nach der deutschen Niederlage hatte sich an der Einstellung der Polen den Deutschen gegenüber nichts geändert; noch immer reagierten sie wütend auf jedes deutsche Wort. Und viele verstanden Deutsch. Einige Mitreisende begannen diesem naßforschen – wie sie annehmen mußten – deutschen Jüngling mit der Faust zu drohen, der einen ihrer Soldaten kritisierte. Der Offizier aber drehte sich ruhig zu Alfred um und sagte in fließendem Deutsch:

»Du mußt entschuldigen, aber ich bin seit drei Tagen ohne Zwischenhalt unterwegs.«

Nun mischte sich sein Stiefvater ein; um die Spannung im Abteil zu entschärfen, schilderte er den anderen auf polnisch Alfreds Situation. Plötzlich verschwand aller Haß aus ihren Gesichtern und wich einer Mischung aus Verblüffung und Anteilnahme. Alfred, der mit dem Entschluß in sein Geburtsland zurückgekehrt war, alles und jeden schlechtzumachen und von oben herab zu behandeln, stellte fest, daß sich seine Einstellung zu wandeln begann.

Eine weitere Lektion erhielt er, als er in die Wohnung seiner Eltern kam. Er fand sie überraschend warm, gemütlich und einladend. Nur die Gaslampen entsprachen seinem Vorurteil über die primitiven Lebensbedingungen, die ihn hier erwarteten. Rasch ging er durch die drei kleinen Räume. Offensichtlich stimmte irgend etwas nicht.

»Was suchst du?« fragte ihn sein Stiefvater.

»Den Kachelofen«, erwiderte er.

Sein Stiefvater lachte. »Du scheinst Polen mit Rußland zu verwechseln«, sagte er, »das liegt noch ein bißchen weiter östlich.«

Alfreds erste Tage in Rogozno waren einsam. Mit den Gleichaltrigen konnte er sich nicht unterhalten, weil sie kein Deutsch sprachen – und Polnisch zu lernen bemühte er sich gar nicht erst, da er in einem Monat ohnehin nach Koblenz zurückkehren würde. Die meiste Zeit fuhr er mit dem Fahrrad umher und erkundete die Umgebung, und da die Gegend sehr flach ist, konnte er große Entfernungen zurücklegen.

Trotzig hatte er einen Stander mit einer deutschen Flagge an seinem Rad befestigt – und wurde deswegen gelegentlich von den polnischen Kindern mit Steinen beworfen.

Auf der anderen Seite wurde das Verhältnis zu seiner Mutter immer enger. Ihre Freundlichkeit und ihr Verständnis erinnerten ihn stark an die so sehr vermißte Margarete. Natürlich behandelte sie ihn wie einen kleinen Prinzen und versuchte die verlorenen Jahre wettzumachen. Sie verwöhnte und behandelte ihn ebenso nachsichtig wie seine deutsche Mutter, nachdem sie ihn aus dem Lebensborn-Heim geholt hatte. Trotzdem war er nach wie vor davon überzeugt, daß Deutschland das bessere Land sei, und suchte ständig nach irgendwelchen Mängeln. Malgorzata erzählte uns, daß er sich einmal beim Abendessen über ein Haar in seinem Pudding beschwert hatte – worauf sein Stiefvater den Napf nahm und ihm den Inhalt über den Kopf schüttete.

Warum er sich während seines auf vier Wochen geplanten Urlaubs dann doch entschloß, für immer in Polen zu bleiben, darüber gibt es zwei unterschiedliche Versionen. Alojzy, wie er jetzt wieder genannt wurde, erinnert sich, daß er etwa in der Mitte seiner Ferien einmal von einer Radtour zurückkam und seine Mutter in Tränen aufgelöst vorfand. Auf seine Frage, warum sie weine, habe sie geantwortet, weil er in zwei Wochen nach Deutschland zurück müsse. Ohne zu überlegen, nur um sie zu trösten, habe er daraufhin gesagt: »Ich bleibe« – ohne es im Grunde wirklich zu meinen. Seine Mutter aber habe darauf mit einer derartigen Freude reagiert, daß er nicht mehr zurück gekonnt habe, genauso wie damals, als er seinem deutschen Vater gesagte hatte, er wolle seine Ferien in Polen verbringen.

Malgorzata behauptet dagegen, den Ausschlag habe ein Brief von Herrn Binderberger gegeben, in dem dieser die Frage gestellt habe, ob Alojzy wirklich nach Deutschland zurückkommen wolle. Er solle sich sehr genau überlegen, ob er nicht bei seiner Mutter in Polen bleiben wolle. Alojzy habe vermutet, daß die zweite Frau seines Vaters dahinterstecke, und habe nur ihretwegen überhaupt ernsthaft darüber nachgedacht. Er sei damals in sein Zimmer gegangen, um den Brief noch einmal in Ruhe zu lesen. Als er zurückkam, so erinnert sie sich, habe er gesagt: »Mama«, – zum ersten Mal habe er sie so genannt –, »Mama, ich möchte hierbleiben. Aber ich werde zur Schule gehen und Polnisch lernen müssen.« Als Malgorzata jetzt an diesen Augenblick vor mehr als vierzig Jahren zurückdachte, leuchteten ihre Augen: »Ich fühlte mich wie neugeboren.«

Diese beiden rührenden, wenn auch unterschiedlichen Aussagen übergehen allerdings einen äußerst wichtigen Punkt: Die Behörden hätten Alojzy gar nicht wieder ausreisen lassen. 1953, in Stalins Todesjahr, war die Atmosphäre in Osteuropa sehr gespannt, und der Kalte Krieg eskalierte immer mehr. Der Aufstand vom 17. Juni in Ostberlin wurde von der kommunistischen Regierung niedergeschlagen; ein Jahr später lehnten die Russen den westlichen Vorschlag ab, Deutschland wiederzuvereinigen. Das alles bedeutete, daß die Kontrollen des Reiseverkehrs äußerst streng waren und Besucher sich in allen Ostblockstaaten bei den Behörden melden mußten. Auch Alojzy ging kurz nach seiner Ankunft zum Meldebüro und mußte dort seinen deutschen Paß abgeben. »Komm in acht Tagen wieder«, sagte man ihm, »dann bekommst du ihn zurück.«

Als er eine Woche später zusammen mit seiner Mutter wieder hinkam, überreichte man ihm ein Formular zur Unterschrift. Da es auf Polnisch abgefaßt war, konnte er es nicht lesen. Malgorzata schwieg, und so unterschrieb er und bat um seinen Paß.

»Welchen Paß?« fragte der Beamte. »Du bist jetzt polnischer Bürger. Du hast gerade ein Formular unterschrieben, mit dem du das bestätigst. Der Paß wird eingezogen.«

Das bedeutete, daß er Polen nicht mehr ohne besondere Genehmigung verlassen und weder nach Deutschland noch sonst irgendwohin fahren konnte. Seine Anträge auf Reiseerlaubnis, die er in den nächsten sechs oder sieben Jahren immer wieder stellte, wurden automatisch abgelehnt, wahrscheinlich weil die Behörden fürchteten, er werde nicht zurückkommen. Im Grunde war er ein zweites Mal gekidnappt worden. 16 Jahre lang konnte er nicht nach Deutschland zurückkehren, nicht einmal zur Beerdigung seines Adoptivvaters. Als er Koblenz im Dezember 1969 wiedersah, war er 31 Jahre alt.

Malgorzata und Leon wohnen noch heute in Rogozno. Alojzy lebt als Dozent mit seiner Familie in Warschau. Er glaubt, daß seine in Abschnitte zerfallene Kindheit ihn viel gelehrt hat:

> Ich war ein deutscher Nationalist. Ich kam in ein Land zurück, das die Deutschen stets als Feind betrachtet hatten und das umgekehrt Deutschland als *seinen* Gegner ansah. Damit mußte ich irgendwie fertig werden. Heute bin ich polnischer Patriot, sehe aber auch das Rheinland als meine Heimat an. Wie kann man ein Nationalist sein, wenn man sowohl eine polnische als auch eine deutsche Mutter hat?
> Einmal habe ich in einer Ausstellung in Düsseldorf eine Skulptur gesehen, die ich mir sofort gekauft hätte, wenn ich sie mir hätte leisten können. Sie zeigte einen Mann zwischen zwei Stühlen, der sich an beiden festhält. Das bin ich. Aber das Wichtigste ist, daß ich gelernt habe, daß es weder Unter- noch Übermenschen gibt.

7

DIE KINDER AUS POSEN

> Unsere Aufgabe im nächsten Jahrhundert wird es sein, den nordischen Menschen wie in den alten Tagen wieder als Herrschaftsklasse zu etablieren, als universale Aristokratie, die die Welt regiert … Wenn wir hier [in Polen] jemanden von guter Rasse finden, wollen wir ihm sein Kind nehmen und es nach Deutschland bringen. Wenn sich das Kind nicht damit abfinden kann, müssen wir es töten, denn als potentieller Führer stellt es für uns eine Gefahr dar. Wenn es sich aber gefügig zeigt, werden wir es in unserer Mitte erziehen und nie wieder hierher zurückkommen lassen.
>
> *Himmler vor SS-Offizieren*
> *in Posen, Polen, November 1943*

Die in der Tiefebene zwischen Berlin und Warschau gelegene Provinz Posen stand in der Vergangenheit häufig im Brennpunkt des polnischen Nationalismus. Ihre Bewohner widersetzten sich bereits vor dem Ersten Weltkrieg ersten Eindeutschungsversuchen. 1918 zwang ein Volksaufstand die Deutschen dann zum Abzug. Das befreite Posen wurde dem neuen polnischen Staat eingegliedert. Die revolutionäre Tradition fand nach dem Zweiten Weltkrieg ihre Fortsetzung: 1956 zwang ein zunächst rein materiell motivierter Aufstand in Posen die Russen, ihren Zugriff auf Polen etwas zu lockern.

Kein Wunder also, daß die Stadt Posen 1939 nach der deutschen Besetzung zur Brutstätte des Widerstands wurde. Einer der bekanntesten Widerstandskämpfer war Francisczek Witaszek, ein Bakteriologe an der Universität Posen. Als Spezialist für Gifte nutzte er seine Kenntnisse, um nicht nur sämtliche Pferde der deutschen Besatzungsmacht, sondern auch eine Gruppe hoher SS-Offiziere zu vergiften. Einige Monate nach diesen mysteriösen Todesfällen wurde er verraten und im April 1942 verhaftet. Im Januar 1943 wurde er hingerichtet. Anschließend trennte man seinen Kopf ab und stellte ihn aus, bevor er an ein Forschungslabor nach Deutschland geschickt wurde, wo man ihn nach dem Krieg fand. Er ist jetzt auf dem Heldenfriedhof in Posen beigesetzt, wo Witaszek ein eindrucksvolles Denkmal errichtet wurde. Der Körper wurde nie gefunden. Seine Frau wurde ebenfalls verhaftet und kam noch im selben Monat nach Auschwitz und von dort ins KZ Ravensbrück, wo sie gegen alle Erwartungen überlebte.

Das Ehepaar hatte vier Töchter und einen 1942 geborenen Sohn. Als die Polizei nach Francisczeks Verhaftung auch seine Frau abholte, nahm sie die beiden jüngsten Töchter, die fünfjährige Alodia und die dreijährige Daria, ebenfalls mit – beide waren strohblond. Die Mädchen wurden zunächst zum RKFDV (Reichskommissar für die Festigung deutschen Volkstums) in Posen gebracht, wo man sie den ersten Standardtests unterzog. Danach lebten sie bis September bei Verwandten und wurden dann zusammen mit etwa hundert ebenfalls ausgesuchten Kindern mit Lastwagen nach Kalisz gebracht, zu der ersten Station auf dem Weg der Germanisierung. Der Morgen ihrer Abreise hat sich Alodia so tief eingeprägt, daß sie sich noch heute an die schwarzen Schaftstiefel der SS-Offiziere erinnert und auch daran, daß sie selbst einen knallroten Mantel mit passendem Hut trug. Außerdem besaß sie einen kleinen Koffer mit Kleidung und ihren »Schätzen«. Als sich die Lastwagen in Bewegung setzten, liefen die Eltern und Angehörigen der Kinder vor Wut und Verzweiflung weinend neben dem Konvoi her.

Die Kinder wurden in ein Durchgangslager am Rand von Posen gebracht, wo sie warten mußten, bis in den zunehmend überfüllten Zügen Platz für sie war. Schon ein paar Tage später kamen die Lastwagen und brachten sie zum Bahnhof, wo man sie in Viehwaggons verfrachtete und in ein Kinderlager nach Lodz transportierte. Dort blieben sie zwei bis drei Monate, wurden weiteren Tests unterzogen und fotografiert und lernten ein wenig Deutsch, bevor sie nach Kalisz kamen.

Das Leben in Lodz war hart. Der Herbst ging bald in einen kalten Winter über, und sie hatten nichts Warmes anzuziehen. Ein paar Kinder starben, einige wurden zu Bettnässern. Wer sein Bett naß gemacht hatte, wurde nach draußen gebracht, mit kaltem Wasser abgespritzt und geschlagen. Da Bettnässen als Zeichen angeborener Schwäche galt, hatten sie damit ihre Chance verspielt, in eine der rassischen Spitzenkategorien eingeordnet zu werden. Das aber bedeutete, daß letztlich nicht viele für eine Germanisierung übrigblieben.

Alodia und Daria hatten das Glück, zumindest während ihres gesamten Aufenthalts in Lodz ein Zimmer zu teilen. In Kalisz jedoch erkrankte Alodia schwer an Diphtherie und wurde wegen eines Luftröhrenschnitts ins örtliche Krankenhaus eingeliefert. Dort lag sie auf der allgemeinen Station und plante ihre Flucht, wobei sie für ein Kind ihres Alters erstaunlich raffiniert vorging. Sie erzählte einigen erwachsenen Besuchern, daß ihr Onkel ganz in der Nähe wohne, und bat sie, ihm Bescheid zu sagen, damit er kommen und sie herausholen könne. Ihr Onkel besuchte sie im Krankenhaus und bestach das Personal, ihr zu erlauben, mit ihm fortzugehen. Es war alles geregelt. Aber bevor sie ihren Plan verwirklichen konnten, wurde sie abgeholt und ins Lager nach Kalisz zurückgebracht. Von dort kam sie im Januar 1943 zusammen mit ihrer Schwester Daria ins Lebensborn-Heim »Pommern« in Bad Polzin.

Das Leben dort war besser als in Kalisz und Lodz – die Räume waren gemütlich, und es gab einen großen Garten. Aber die Regeln waren genauso streng: Wer polnisch sprach, wurde geschlagen. Ihre Namen wurden in Alice und Dora Wittke geändert, und nach drei Monaten wurden sie zur Adoption freigegeben – beide sprachen inzwischen fließend Deutsch.

Alodia begegnete ihrer deutschen Mutter zum ersten Mal im April 1943. Sie war die Frau eines deutschen Soldaten, den die Alliierten gefangengenommen hatten. Als sie das Heim besuchte, um sich eines der Kinder auszusuchen, fühlte sie sich sofort zu Alodia hingezogen, und dieses Gefühl war gegenseitig. Kinder aus liebevollen Familien vermißten ihre Mütter schrecklich und waren in einer Gemütsverfassung, in der sie sich jedem anschlossen, der auch nur ein wenig Interesse für sie zeigte.

Frau Dahl kam ins Lager und machte mit Alodia einen langen Spaziergang, um sie besser kennenzulernen. Unterwegs erzählte ihr Alodia, daß auch ihre Schwester im Heim lebe. Ihre zukünftige Mutter bot daraufhin sofort an, alle beide zu adoptieren, um die ohnehin dezimierte Familie nicht noch weiter auseinanderzureißen. Aber sie hatte nicht mit der sturen Bürokratie der Nazis gerechnet, die strikte Anweisung hatte, Geschwister zu trennen, um die Erinnerung an ihr früheres Zuhause auszulöschen. So mußte Daria trotz Frau Dahls Bitten in Bad Polzin bleiben und zusehen, wie ihre ältere Schwester in ihr neues Zuhause nach Mecklenburg fuhr.

In den folgenden Monaten versuchte Frau Dahl auf Alodias Drängen wiederholt Daria aufzuspüren, aber die Mitarbeiter des Lebensborns verweigerten ihr jede Auskunft. Nach dem Krieg fand die Familie heraus, daß Daria noch einen weiteren Monat im Heim geblieben und dann zu einer österreichischen Familie gegeben worden war, die sie wie ein kleines Dienstmädchen behandelte. Im Gegensatz dazu war Alodia sehr glücklich bei ihrer deutschen Mutter, einer warmherzigen Frau, die sie sehr liebte.

Im Mai 1945 kam Alodias Mutter aus Ravensbrück nach Posen zurück. Sie hatte Entsetzliches durchgemacht, aber – im Gegensatz zu vielen ihrer Landsleute – überlebt. Nun hoffte sie, die verlorenen Jahre wenigstens teilweise wettmachen und für sich und ihre Kinder wieder ein Familienleben aufbauen zu können. Von ihrem Mann hatte sie nichts mehr gehört, doch angesichts seiner Straftaten vermutete sie, daß die Nazis ihn umgebracht hatten. So gut es ging, hatte sie sich innerlich damit abgefunden. Die ganze furchtbare Wahrheit erfuhr sie sehr bald, und als man ihr dann noch sagte, daß zwei ihrer Töchter von den Deutschen verschleppt worden seien, fiel sie ein zweites Mal in ein tiefes Loch.

Wie Malgorzata Twardecki schrieb auch sie zahllose Briefe an die Behörden, um ihre Kinder zu finden – und hatte ebenso wenig Erfolg, weil sie natürlich inzwischen andere Namen hatten und alle Unterlagen vernichtet waren. Sie war völlig verzweifelt. Aber schließlich konnte der unermüdliche Dr. Roman Hrabar – der sich bei der Zusammenführung der im Krieg auseinandergerissenen polnischen Familien einen Namen gemacht hat – 1947 ihre Töchter aufspüren, nachdem es ihm gelungen war, den Code zu knacken, durch den aus Witaszek »Wittke« wurde.

Als es Dr. Hrabar mit der Zeit gelang, immer mehr polnische Kinder zu identifizieren, machte er die Erfahrung, daß die deutschen Adoptiveltern sehr unterschiedlich reagierten. »Es hing von ihrem Einfühlungsvermögen ab«, erinnert er sich. »Gewöhnlich wollten sie ihre Kinder nicht wieder hergeben und versteckten sie, wenn wir kamen. Sie kämpften verzweifelt, um sie zu behalten. Aber die einsichtigeren deutschen Eltern begriffen, daß sie sich dem Wohl der Kinder beugen mußten, und ließen sie nach Hause gehen.«

Frau Dahl hatte keine Ahnung, daß Alodia Polin war, bis sie einen Brief vom Roten Kreuz bekam. Für sie war es ein fürchterlicher Schlag, aber sie reagierte, im Gegensatz zu den Binderbergers in Koblenz, wie eine gute Mutter. So sehr es sie schmerzte, sich von dem fröhlichen kleinen Mädchen trennen zu müssen, fand sie es doch richtig, daß es zu seiner Mutter zurückging. Im November 1947 brachte sie Alodia nach Berlin und setzte sie in den Zug nach Posen.

Frau Dahl trauerte um Alodia, doch im Gegensatz zu vielen anderen tragischen Schicksalen nahm ihre Geschichte ein überraschend glückliches Ende: Sie besuchte Alodia nach ihrer Heimkehr in Polen, und die beiden Mütter schlossen sofort Freundschaft. Und sie haben sich noch häufig getroffen, bevor Frau Dahl 1971 starb. Es war eine bemerkenswerte Freundschaft. Vom logischen Standpunkt aus hätten die beiden Frauen geschworene Feindinnen sein müssen, Rivalinnen um das Sorgerecht für das von beiden geliebte Kind. Aber Menschlichkeit und Toleranz überwanden alle Hindernisse, die einer warmen und letztlich sehr engen Verbindung hätten im Weg stehen können. Frau Witaszek starb 1984.

So hatte Alodia nun zwei Mütter, aber das entschädigte sie kaum dafür, daß ihr eine normale Kindheit in Polen trotz allem versagt blieb. Da sie anfangs kein Polnisch konnte, hielten ihre Altersgenossen sie natürlich für eine Deutsche, für eine von ihren verhaßten Peinigern. Sie war bei ihrer deutschen Mutter sehr glücklich gewesen und hatte sie nur ungern verlassen, aber sie hatte sich unbändig auf ihre lang entbehrten Geschwister gefreut. Man kann sich ihre Enttäuschung vorstellen, als sie feststellte, daß sie sich nicht mit ihnen verständigen konnte. Selbst als sie ihre Muttersprache wieder gelernt hatte, behielt sie einen hörbar deutschen Akzent.

Daria, die einen Monat nach Alodia aus Österreich zurückkehrte, befand sich in der gleichen Lage, und so schlossen sich die beiden Mädchen eng zusammen. Aber beide hatten Schwierigkeiten mit ihrer Identität. Wer und was waren sie, Polen oder Deutsche? Sie waren von ihrer Heimkehr so sehr enttäuscht, daß sie wenige Monate nach ihrer Ankunft heimlich zum Bahnhof schlichen, um wieder nach Deutschland zu fahren. Sie wurden schnell gefaßt und nach Hause geschickt. »Für uns«, erinnert sich Alodia heute, »ging der Krieg noch zehn Jahre weiter, nicht nur fünf.«

Wenn man sich, aus dem Bahnhof von Newcastle-upon-Tyne kommend, nach links wendet, am Kreisel weiter geradeaus und an der römisch-katholischen Kirche vorbeigeht, erreicht man die Westmorland Road. Während man die Straße hinaufgeht, werden die Gebäude zu beiden Seiten immer schäbiger. Man kommt an einer Tankstelle vorbei und an verfallenen Häuserreihen mit Videotheken und kleinen Zeitungskiosken. Etwas zurückgesetzt steht auf der linken Seite ein modernes College-Gebäude, aber alles übrige ist windschief und verwahrlost – eine Gegend, in der man sich nur dann aufhält, wenn man besondere Gründe dafür hat.

Pater Alexander Michelowski hat solche besonderen Gründe. Nahe der Hügelkuppe liegt ein mit dem polnischen Wappen geschmücktes düsteres graues Gebäude, das zum Schutz vor Vandalen und Eindringlingen mit Schlössern und Riegeln versehen ist. Es ist die römisch-katholische Kirche und das Sozialzentrum der kleinen polnischen Gemeinde von Newcastle. Pater Michelowski, der die Kirche betreut, hat sein Büro und seine kleine Wohnung gleich dahinter. Es scheint ein ausgefallener Ort zu sein, um nach einem Opfer der NS-Rassenpolitik zu suchen – er symbolisiert die Verschiebungen, die diese Politik bewirken sollte und auch tatsächlich hervorrief.

Die Gestapo holte Alexander Michelowski sechs Wochen vor seinem elften Geburtstag, am 28. Mai 1942, einen Monat später als Alodia und Daria Witaszek. Er war das älteste von vier Kindern. Seine drei Schwestern waren nicht zu Hause, als die uniformierten Männer vor dem Haus der Familie am Rand von Posen von ihrem Lastwagen sprangen, die Tür aufstießen und mit den Gewehren im Anschlag hereinstürmten. »Hände hoch oder ich schieße!« rief einer von ihnen, während ein anderer sich Alexander griff und ihn in den Lastwagen brachte, wo bereits zahlreiche Kinder aus der Nachbarschaft versammelt waren. Man hatte ihnen erzählt, daß einige von ihnen in die Ferien führen, und jeder hatte einen kleinen Koffer mit Kleidung dabei.

Sie wurden zu einem in der Nähe gelegenen, von Nonnen geführten Kinderheim gebracht, wo sie sogleich von elf Ärzten – zehn Männern und einer Frau – untersucht wurden. Sie mußten sich auf einen Tisch stellen, sich bis zur Taille freimachen und dann auf einen Stuhl setzen, um den die elf Ärzte im Kreis herumstanden. Jeder hatte ein langes Formblatt in der Hand, auf das er Bemerkungen schrieb und Häkchen machte, um festzuhalten, ob der Prüfling die erforderlichen 62 körperlichen Hauptmerkmale erfüllte. Jede Untersuchung dauerte nur ein paar Minuten. Nachdem das letzte Kind begutachtet worden war, verlas der Chefarzt die Namen der Kinder, die den Test bestanden hatten – es waren etwa sechzig, ungefähr die Hälfte der Gruppe. Der Rest wurde nach Hause geschickt.

Obwohl Alexander für sein Alter sehr klein war, gehörte er zu denen, die ausgewählt wurden. Man brachte sie auf den Bahnhof zum Zug nach Kalisz. Auf dem Bahnsteig näherte sich Alexander einer nett aussehende Frau in mittleren Jahren, die normale Straßenkleidung trug. Sie sah sich hastig um, ob auch niemand zuhörte, und flüsterte ihm dann zu, sie sei die Mutter Oberin eines Klosters in der Nähe von Posen. Sie trage kein Habit, da die Deutschen sie verhaften wollten. Sie schenkte ihm ein Bild der Schwarzen Madonna von Tschenstochau, Polens heiligster Ikone, angeblich ein von St. Lukas zu ihren Lebzeiten gemaltes Porträt der Mutter Maria. »Möge die Mutter Gottes dich beschützen«, sagte sie, bevor sie wieder in der Menge verschwand.

Alexander war schon damals ein gläubiger Katholik und diente als Ministrant in seiner Kirche. Er schwor sich, dieses Bild und die ihm zur Erstkommunion geschenkte Bibel nie herzugeben, was auch passieren mochte. Nachdem er zweieinhalb Jahre unter der deutschen Besatzung gelebt hatte, hegte er keine Illusionen mehr, und die Geschichte mit der Ferienreise glaubte er schon gar nicht. In den nächsten drei Jahren, die er in deutschen Einrichtungen verbrachte, hielt er das Bild in Ehren und gab sich die größte Mühe, es vor den Deutschen und sogar vor seinen Kameraden zu verbergen. Heute ist er fest davon überzeugt, daß er es allein dem Schutz der Madonna verdankt, den Krieg überlebt zu haben. Der Glaube an die Kraft des Bildes war für ihn ein ständiger Trost, eine Stütze und ein Symbol dafür, daß die schlimme Zeit einmal vorbei sein würde.

Im Zug nach Kalisz wurde die Gruppe von Soldaten begleitet. Dort angekommen, brachte man sie mit Lastwagen zu einem Ort, den Alexander sofort wiedererkannte: Es war das Kloster, wo seine Tante Nonne gewesen war. Man hatte die Nonnen vertrieben, und das von Mauern umgebene Gebäude diente jetzt als Germanisierungszentrum für polnische Kinder. Nach ihrer Ankunft mußten sie sich völlig entkleiden, baden und danach HJ-Uniformen anziehen. Ihre eigenen Sachen und ihr Gepäck – zu dem bei Alexander auch seine Bibel und das Bild der Madonna gehörten – wurden eingesammelt und auf dem Boden verstaut. Ein paar Tage später schlich er dort hinauf, holte sich die beiden für ihn wertvollen Dinge und versteckte sie in seiner Matratze.

Ein Vorfall, der sich in den ersten Tagen ereignete, ist Alexander noch immer gegenwärtig. Obwohl die Nazis den Bestimmungsort der Kinder vor ihren Eltern geheimgehalten hatten, hatte eine Mutter herausbekommen, wo ihr fünf- oder sechsjähriger Sohn festgehalten wurde. Sie kam ins Kloster, und als sie ihn dort auf dem Hof spielen sah, rief sie seinen Namen, lief zu ihm und umarmte ihn. Ein Wachmann der Gestapo, durch ihren Ruf auf sie aufmerksam geworden, rannte hin, schlug sie zu Boden und trat auf sie ein, bis sie blutete. Dann riß er die verletzte Frau hoch und stieß sie über die Klostermauer. Bis heute weiß Alexander nicht, ob sie überlebte oder starb. In der Nacht sprachen er und seine Freunde im Schlafsaal über den Vorfall und schworen sich, künftig nur noch unter Zwang mit ihren Bewachern zusammenzuarbeiten.

»Wir alle schworen, es ihnen heimzuzahlen«, erinnert er sich heute, »wir wollten die polnische Mutter rächen.«

Die Zeit in Kalisz verbrachten sie damit, Deutsch zu lernen und lange Wanderungen zu machen, wobei die uniformierten Kinder gezwungen wurden, Nazilieder zu singen. Entsprechend der allgemeinen Praxis änderten die Deutschen ihre Namen: Aus Alexander Michelowski wurde Alexander Peters. Ein paar Tage nach seinem Geburtstag im Juli traten sie eine zwei Tage und Nächte dauernde Eisenbahnfahrt ins Heim »Alpenland« – das ehemalige Schloß Oberweis am Traunsee in Österreich – an, in die Nähe des Lagers, in das Leon Twardecki ein paar Monate später kommen sollte.

Die Kinder in Oberweis kamen alle aus Polen. Es wurde noch mehr marschiert, gesungen und Deutsch gelernt als in Kalisz. Wer beim Polnischsprechen erwischt wurde, bekam 24 Stunden lang nichts zu essen. Als es kälter wurde, gestattete man ihnen nicht, etwas anderes anzuziehen als die verordnete Uniform aus dünnem Hemd, kurzer Hose und Sandalen, so daß sie unter schmerzhaften Frostbeulen litten. Wenn sie die fünf Kilometer nach Gmunden – der nächsten größeren Stadt – und zurück marschierten, warfen ihnen mitleidige Passanten gelegentlich warme Sachen zu, aber es war ihnen verboten, sie aufzuheben.

Die älteren Jungen, unter ihnen auch Alexander, leisteten passiven Widerstand und versuchten, so gut es ging, das strenge Regiment ihrer SS-Bewacher zu torpedieren. Einer der Jungen wurde jeweils abkommandiert, um beim Einkaufen zu helfen. Wer immer an der Reihe war, stahl im Laden etwas zu essen, während die Bestellung zusammengestellt und eingepackt wurde. Die Beute verspeisten die ständig hungrigen Jungen gemeinsam nach Mitternacht im Schlafsaal, wenn die Wachen schliefen. Dazu tranken sie Milch, die sie aus dem Vorratsraum im Keller holten. Die Sache flog auf, als Alexander eines Nachts in der Dunkelheit nicht merkte, daß er auf dem Rückweg zum Schlafsaal ein wenig Milch verschüttet hatte. Am Morgen war es für die Wachen leicht, die Spur bis zu seinem Bett zu verfolgen, und er bekam eine gehörige Tracht Prügel.

Bei ihren nächtlichen »Gelagen« diskutierten sie selbstverständlich auch über Fluchtpläne. Während Alexanders Aufenthalt in Kalisz versuchten sie dreimal zu fliehen, wobei sich die Jungen der klassischen Methode bedienten, Bettücher aneinander zu knoten. Sie mußten sehr vorsichtig sein und ihre Pläne nicht nur vor den Wachen, sondern auch vor den Mädchen geheimhalten, die nebenan schliefen und denen sie nicht trauten. Trotz ihrer Vorsichtsmaßnahmen wurden die beiden ersten Versuche von einem »Vertrauensmann« verraten. Sie wurden gefaßt, bevor sie das Grundstück verlassen konnten. Beim dritten Mal gelangten sie zumindest bis in die umliegenden Berge, wo sie die Nacht über kampierten, jedoch am Morgen von Suchhunden aufgespürt wurden.

Etwas erfolgreicher waren sie bei der Umgehung des Schreibverbots. Es war nicht vorgesehen, daß sie Briefe schrieben oder erhielten, aber einigen Kindern war es trotzdem gelungen, ihre Familien wissen zu lassen, wo sie waren. Alle an das Heim adressierten Briefe hätte man abgefangen, bevor sie auch nur das örtliche Postamt erreichten. Aber die Jungen hatten Glück: Sie trafen eine mitfühlende junge Polin, die auf einem Bauernhof in der Nähe des Heims lebte und die sie ganz zufällig kennengelernt hatten. Sie bedienten sich gerade im Garten von ihren Obstbäumen, als einer der Jungen sie kommen sah und seinen Kameraden auf polnisch eine Warnung zurief.

Die Frau war überrascht, ihre Muttersprache zu hören, und fragte sie, wie sie als Polen in diesen Teil Österreichs kämen. Sie erzählten ihr ihre Geschichte, und als sie Mitleid zeigte, baten sie die Polin, ihnen bei der Lösung ihres Postproblems zu helfen. Sie erlaubte ihnen, den Hof als Deckadresse zu benutzen. Der Postbeamte wurde überredet, mitzumachen und die für sie bestimmten, an den Bauernhof adressierten Briefe aufzubewahren, bis einer der Jungen eine Gelegenheit fand, sie auf der Post abzuholen, was mit einem erheblichen Risiko für den Beamten verbunden war. Da es Alexander – wie auch vielen anderen – nicht gelungen war, einen Kontakt zu seiner Familie in Polen herzustellen, brauchte er sich insofern keine Gedanken zu machen. Außerdem mußte er mit sehr viel dringenderen Problemen fertig werden: sich warm zu halten und genug zu essen zu bekommen.

Nach offiziellem Plan sollten die Jungen bei den »richtigen« österreichischen Familien als Adoptivkinder untergebracht werden, sobald sie perfekt Deutsch sprachen. Aber die älteren Jungen waren schwerer zu vermitteln als jüngere oder

Mädchen, und Alexander gehörte zu den elf Jungen aus seiner Gruppe, für die sich keine Familie fand. Das Auswahlverfahren erinnerte ihn an einen Sklavenmarkt: Die Kinder mußten vor den potentiellen Eltern aufmarschieren, damit diese sie in Augenschein nehmen konnten. Auch für ihn hatte sich eine SS-Familie interessiert, die ihn dann aber nicht abholte.

Im August 1944 wurden die sechs ältesten der elf übriggebliebenen Jungen – jene, die schon fast 15 Jahre alt waren – der deutschen Armee überstellt. Die restlichen fünf, unter ihnen Alexander, wurden in ein Lager der HJ in Maria Schmoll im Süden des Landes gebracht. Eskortiert von deutschen Soldaten, wurden sie in den Zug gesetzt. Aber zu dieser Zeit war der Angriff der Alliierten auf Deutschland und seine Verbündeten bereits in seine Endphase getreten und das Reisen extrem gefährlich.

Besonders dieser Teil Österreichs wurde damals verstärkt von den tieffliegenden, mit Maschinengewehren ausgerüsteten »fliegenden Festungen« der amerikanischen Air Force angegriffen. Auch ihr Zug wurde von Tieffliegern beschossen. Sie mußten aus dem Waggon herausspringen und neben den Gleisen in Deckung gehen. Da bei dem Angriff die Schienen getroffen wurden, konnte der Zug nicht weiterfahren, und die sie begleitenden Offiziere sahen keine andere Möglichkeit, als zu Fuß weiterzugehen, obwohl ihr Ziel noch zwei Tagesmärsche entfernt war. Die Nacht verbrachten sie in einer Heumiete.

Der direkte Weg nach Maria Schmoll führte an den Schienen entlang, aber dadurch wurden sie zur Zielscheibe für weitere Tieffliegerangriffe. Alexander ist überzeugt davon, daß er sein damaliges Überleben nur der Erfahrung des deutschen Begleitoffiziers zu verdanken hat – ihm und dem Schutz der Schwarzen Madonna. Der Offizier brachte ihnen bei zu warten, bis das Flugzeug so nah herangekommen war, daß der Bordschütze sie fast im Visier hatte, und sich erst dann blitzschnell auf die Erde zu werfen. Da der Schütze sein Maschinengewehr nicht weit genug schwenken konnte, um direkt nach unten zu schießen, schützte dieses Manöver die Gruppe in den wenigen wirklich gefährlichen Sekunden des Überfalls. Es war manches Mal knapp, aber die ganze Gruppe überlebte.

In Maria Schmoll kampierten etwa 1000 Angehörige der HJ in Zelten zu 15 Mann. Die polnischen Ankömmlinge wurden auf zwei Zelte verteilt – zwei in das eine, drei in ein anderes –, um sie daran zu hindern, untereinander Polnisch zu reden. Das Ganze war praktisch ein militärisches Trainingslager, denn nach der alliierten Landung in der Normandie war dem deutschen Oberkommando klar, daß man jeden jungen Mann und jede junge Frau für den Kampfeinsatz brauchte, um die Katastrophe abzuwenden. Die Jungen erhielten hier eine Grundausbildung an der Waffe und machten zahlreiche Übungsmärsche.

Im November 1944, als die Situation der Deutschen in Österreich immer schwieriger wurde, sagte man den Jungen, daß das Lager am nächsten Tag evakuiert würde. Sie bekamen drei Kekse als Notverpflegung für den Fall, daß man während der Verlegung keine weitere Nahrung auftreiben konnte. Alexander ahnte bereits, daß sie keine Marschverpflegung mehr brauchen würden, denn er vermutete, daß die amerikanischen Truppen schon sehr viel näher waren, als die Lagerkommandanten wußten oder eingestehen wollten. Da er stets hungrig war, aß er einen der Kekse sofort auf – und handelte sich ein paar Ohrfeigen ein, weil er sich nicht hatte beherrschen können. Aber er war so überzeugt davon, daß sie ihre Ration nicht benötigen würden, daß er die anderen ermunterte, seinem Beispiel zu folgen.

Seine Ahnung bewahrheitete sich. Früh am nächsten Morgen hörten sie das Donnern von Panzerabwehrkanonen und das Trommelfeuer von Maschinengewehren, während die amerikanischen Panzer mit dem weißen Stern an den Seiten auf sie zu rollten und hinter ihnen Fallschirmjäger vom Himmel schwebten. Weiße Tücher flatterten von allen Häusern des Dorfes. Die Deutschen leisteten kaum nennenswerten Widerstand. Um die Mittagszeit war das Lager in amerikanischer Hand, und die meisten Insassen waren Gefangene der Alliierten.

Alexander erklärte einem amerikanischen Offizier, daß er und seine vier Freunde keine Deutschen, sondern Polen seien und die Deutschen sie im Lager gefangen gehalten hätten. Er argumentierte, daß es ungerecht sei, wenn sie jetzt wieder einbehalten würden, nur diesmal von der anderen Seite. Nach einer kurzen Überprüfung, ob sie wirklich Polen waren, erklärten sich die Besatzer bereit, die fünf anders zu behandeln als die deutschen Mitglieder der HJ. Man schickte sie in verschiedene Flüchtlingscamps und gab ihnen Unterricht in polnischer Sprache, damit sie ihre Muttersprache wieder fließend zu sprechen lernten, nachdem ihnen das jahrelang verboten gewesen war.

Kurz nach der deutschen Kapitulation im Mai 1945 war Alexander wieder in einem Lager nahe Schloß Oberweis am Traunsee, wo ihn zuvor die Nazis festgehalten hatten. Aus Gesprächen mit amerikanischen Offizieren über seine Zukunft wußte er, daß sich die Besatzungsmächte bereits mit der Frage der Repatriierung der von den Deutschen entführten polnischen Kinder beschäftigten. Er bot den Amerikanern daher an, in Oberweis nachzusehen, ob es dort irgendwelche Dokumente gab, denen sich die Adressen von Adoptiv- oder Pflegeeltern entnehmen ließen. Sie waren einverstanden. Er bekam eine amerikanische Uniform und wurde von einem Offizier in einem beschlagnahmten VW zum Schloß gefahren.

Dort angekommen, erkundigte er sich nach dem SS-Offizier, der zuvor für das Heim verantwortlich gewesen war. Aber das Heim diente inzwischen als Kinderkrankenhaus. In der Küche traf er eine Frau, die schon zu seiner Zeit dort gearbeitet hatte, doch von Akten wußte sie nichts. Alexander erinnerte sich, daß eine in der Nähe des Schlosses wohnende Frau seine ein Jahr jüngere Freundin Helena adoptiert hatte. Diese Frau hatte gelegentlich im Deutschunterricht ausgeholfen und war mit einem Polizisten verheiratet. Er nannte dem amerikanischen Offizier ihre Adresse, und dieser war bereit, mit ihm dort hinzufahren.

Alexander wollte das Haus nicht als erster betreten, weil die Frau und auch Helena ihn sofort erkannt hätten. Er beschrieb daher dem Amerikaner das Mädchen, und der ging erst einmal allein hin. Nach ein paar Minuten kam er zurück. »Es gibt da ein Mädchen, das deiner Beschreibung entspricht«, erzählte er Alexander, »aber die Mutter behauptet, sie sei ein deutsches Waisenkind, und ihre Papiere scheinen das zu bestätigen.«

Alexander erklärte ihm, daß die Papiere der Kinder üblicherweise gefälscht worden waren, und schlug vor, noch einmal gemeinsam ins Haus zu gehen. »Sie wird mich erkennen«, versicherte er dem Offizier, »Sie werden sehen, was passiert.«

Sobald Helena Alexander erblickte, kam sie lächelnd auf ihn zu, während ihre Adoptivmutter blaß wurde und kein Wort mehr sagte. Helena bestätigte, daß sie tatsächlich Polin sei, und der Offizier sagte ihr, sie solle ihre Sachen packen und mitkommen. Alexander warnte ihn, daß der Ehemann der Frau Ärger machen könnte und es besser sei, mit dem Mädchen abzufahren, bevor der Polizist nach Hause kam.

Während sie auf Helena warteten, kamen Alexander plötzlich Zweifel. Taten sie wirklich das Richtige? Was war, wenn sie Helenas Eltern in Polen nicht fanden – möglicherweise waren sie wie so viele andere spurlos verschwunden.

Schon wenige Tage nach Kriegsende war klar, daß Polen– wie alle von den Russen befreiten östlichen Nationen – einer ungewissen Zukunft entgegenging. Vielleicht war es für Helena besser, wenn sie in dieser landschaftlich schönen Gegend Österreichs und bei Eltern blieb, die offensichtlich an ihr hingen und gut für sie zu sorgen schienen. Aber für solche Überlegungen war es nun zu spät.

Helena kam mit ihrem kleinen Koffer zurück und wandte sich an ihre Adoptivmutter, um sich zu verabschieden. Die Frau sagte noch immer kein Wort, aber aus ihren Augen sprühten Gehässigkeit und Wut. Begleitet von Alexander, führte der Offizier das Mädchen zum Wagen und startete den Motor. Plötzlich stürzte ihre Adoptivmutter bitterlich schluchzend aus dem Haus, warf sich auf die Motorhaube und bearbeitete die Windschutzscheibe mit den Fäusten. In diesem Augenblick kam ihr Mann auf seinem Motorrad. Als er Helena zusammen mit zwei Amerikanern im Auto sitzen sah, wußte er Bescheid. Er holte seine Frau vom Auto herunter und nahm sie tröstend in die Arme. Er akzeptierte, daß er Helena nicht halten konnte. Im November 1945 war Helena wieder bei ihren Eltern in der Nähe von Lodz.

Für Alexander selbst verliefen die Dinge nicht ganz so einfach. Seit er aus Polen verschleppt worden war, hatte er von seinen Eltern und Geschwistern nichts mehr gehört. Er nahm Kontakt zu seinem Großvater und einem Onkel auf, die ihm die furchtbare Wahrheit mitteilten, daß es kurz nach seiner Abfahrt ein Massaker gegeben habe und man davon ausgehen müsse, daß seine gesamte Familie dabei umgekommen sei. Ihr tragisches Schicksal war kein Einzelfall. Der Verbleib von vielen Millionen Polen ist nach dem Blutbad und Chaos jener furchtbaren Zeit ungeklärt geblieben.

Trotzdem hätte Alexander nach Polen zurückkehren können, und in vieler Hinsicht wäre dies das Nächstliegende gewesen. Er hätte mit Sicherheit irgendwo eine Bleibe gefunden. Die Eltern eines seiner vier polnischen Freunde aus dem Lager der HJ hatten ihm angeboten, auch ihn zu sich zu nehmen, als sie nach Österreich kamen, um ihren Sohn nach Hause zu holen. Aber schon damals verspürte er eine starke Berufung zum Priestertum und glaubte, die Vorsehung habe ihn dazu bestimmt, das Wort Gottes außerhalb seines Vaterlandes zu verkünden. So wurde in gewissem Sinn sein Glaube zu seiner neuen Heimat. Und die Amerikaner hinderten zwar niemanden daran, nach Polen zurückzukehren, rieten aber andererseits auch nicht zu, wenn keine engen familiären Beziehungen mehr bestanden.

Diejenigen, die nicht zurückgehen wollten, wurden in Gruppen eingeteilt und in andere Länder geschickt. Alexander lebte zunächst in einem von der polnischen Armee geführten Lager in Arco nahe Verona. Als die Soldaten 1946 nach England gingen, schloß er sich ihnen an.

»In Dover wurden wir von einer riesigen Menschenmenge und einer Blaskapelle begrüßt«, erinnert er sich. »Man schenkte uns Pakete mit Lebensmitteln. Es war ein entsetzlich kalter Winter. Zunächst kamen wir nach Conway in Wales, wo der Sturm die ganze Nacht heulte und wir nicht genug Decken hatten. Dann brachte man uns nach Norfolk, wo es auch nicht besser war. Es gab kein Wasser, weil die Leitungen eingefroren waren – ich erinnere mich, daß ich mich mit aufgetautem Eis waschen mußte.«

Er besuchte zunächst ein humanistisches College und trat danach in die Polish Navy School in Wolverhampton ein, mit der er später nach Oundle in Northhamptonshire umzog. Anschließend ging er nach Frankreich, wo er in einen Missionsorden für Exilpolen eintrat, um seine religiöse Ausbildung zu beginnen. Nach dreijährigem Aufenthalt in einem französischen Seminar studierte er sechs Jahre an der Internationalen Universität. 1961 wurde er ordiniert und ging nach England zurück, wo er seitdem die meiste Zeit verbracht hat. Er begann seine Laufbahn bei der polnischen Gemeinde in Balham im Süden Londons und war danach Priester für die Exilpolen in Dunstable, Blackburn, Lincoln, Southampton und seit kurzem in Newcastle.

In den 70er Jahren fuhr er zum ersten Mal nach dem Krieg wieder nach Polen. Es war eine außergewöhnliche emotionale und in mancher Hinsicht verwirrende Erfahrung. Er war bei seinem Abtransport alt genug gewesen, um sehr lebendige Erinnerungen an seine dortige Kindheit mitzunehmen. Aber nach dem vernichtenden Krieg und dreißig Jahren kommunistischer Herrschaft fand er nur noch wenig Vertrautes – kaum noch etwas, woran er die Erinnerungen aus seiner Kindheit festmachen konnte.

Aber eines wollte er unbedingt herausfinden: Er mußte die Zweifel zerstreuen, die ihn seit mehr als einem Vierteljahrhundert plagten, wenn er an Helena dachte, die mit seiner Hilfe ihren Adoptiveltern weggenommen worden war. Hatte er damals das Richtige getan? Er fand heraus, daß sie in Lodz wohnte, und rief eines Nachmittags dort an. Es meldete sich ein junges Mädchen, das nur ein oder zwei Jahre jünger war als Helena bei ihrer letzten Begegnung. Sie erzählte ihm, daß ihre Mutter im Gericht sei, wo sie als Richterin arbeite.

»Ruf sie an und erzähl ihr, daß Alexander zu Besuch kommt«, sagte er. »Sag ihr, ich sei ein alter Freund aus dem Lager in Österreich.«

So schnell sie konnte, verließ Helena das Gericht und eilte nach Hause. Und als nach einem tränenreichen Wiedersehen und dem Austausch von Erinnerungen die Rede darauf kam, wie es seit ihrer letzten Begegnung weitergegangen war, faßte Alexander schließlich Mut und stellte die entscheidende Frage: »Etwas würde ich gern wissen. Habe ich richtig gehandelt, als ich dich gewaltsam jener österreichischen Familie wegnahm?«

Helena lächelte. »Es war das Beste, was du tun konntest«, entgegnete sie. »Ich weiß, daß ich vielleicht ein bequemeres Leben gehabt hätte, wenn ich in Österreich geblieben wäre, aber hier konnte ich zu Hause bei meiner Familie leben und aufwachsen. Ich wollte schon immer Anwältin werden, und heute bin ich nicht nur Anwältin, sondern Richterin. Meine österreichische Familie hätte mir nicht die gleiche Ausbildung ermöglicht.«

Die Gesamtzahl der polnischen Kinder, die ihren Familien von den Nazis weggenommen wurden, läßt sich unmöglich feststellen, aber zweifellos ist nur ein kleiner Teil zurückgekehrt. In Deutschland leben noch heute Tausende, von denen viele nichts über ihre Herkunft wissen. Im Juni 1948 behauptete die polnische Zeitung *Zycie Warszawy*, daß trotz der Bemühungen der Warschauer Regierung 200 000 polnische Kinder von den Westdeutschen und den westlichen Besatzungsmächten an der Rückkehr nach Polen gehindert würden. Neben den für eine Germanisierung ausgesuchten Kindern sind in dieser Zahl auch jene enthalten, die in Deutschland von polnischen Müttern geboren wurden, die man als billige Arbeitskräfte dorthin verschleppt hatte. Der Artikel klagte besonders die Engländer an, denen man unterstellte, sie hielten die Polen fest, um sie in ihre überseeischen Kolonien zu schicken.

Der Artikel war nicht frei von Polemik, aber es ist sicher richtig, daß die polnische Botschaft in Deutschland, die für die Repatriierung der Kinder zuständig war, von den Besatzungsmächten immer weniger Unterstützung erhielt. Der zuständige Sachbearbeiter war Dr. Roman Hrabar, der von Anfang an mit der UNO und anderen Flüchtlingsorganisationen zusammenarbeitete. Er erinnert sich, wie schwer es war zu beweisen, daß ein Kind Pole war, da die Deutschen die Erinnerung an die ersten Lebensjahre, die Muttersprache und die Verwandten systematisch ausgelöscht hatten.

Selbst wenn die Identität eines Kindes zweifelsfrei nachgewiesen war, stritt sich Dr. Hrabar häufig mit den Besatzungsmächten über dessen Repatriierung. Oft beriefen sie sich auf humanitäre Gründe, um das Kind in Deutschland festzuhalten, aber Dr. Hrabar vermutete politische Gründe hinter ihrer Entscheidung:

> Ich erinnere mich, daß mir ein Kollege in der britischen Zone sagte, es sei ein weiteres Verbrechen, das Kind einer Familie wegzunehmen, in der es bereits seit langer Zeit lebte, und es zu zwingen, sich wieder an einen neuen Vater und eine neue Mutter zu gewöhnen. Ich hielt dagegen, daß das Kind eines Tages erwachsen sein und erfahren werde, daß seine wahren Eltern in einem anderen Land lebten, und das werde zu psychologischen Problemen führen. Aber manchmal waren die Pflegeeltern auch bereit, das Kind zurückzugeben, sofern wir ihnen nachwiesen, daß die wirklichen Eltern lebten und sich verzweifelt wünschten, ihr Kind wiederzubekommen. Und in manchen Fällen hat das Kind davon profitiert, daß es mit beiden Elternpaaren in Kontakt blieb. Es hängt viel von der inneren Einstellung des Kindes und beider Elternpaare ab.

Gewöhnlich, und sehr verständlicherweise, gab es auf seiten der deutschen Adoptiveltern heftigen Widerstand, wenn man ihnen – wie im Fall Alojzy Twardecki – nahelegte, auf das Kind zu verzichten. Manchmal brachte man die Kinder weg und versteckte sie in einer anderen Stadt, so daß die Behörden sie nicht finden konnten. Aber selbst wenn die Kinder zurückgegeben wurden, war das erste Wiedersehen mit ihren wahren Eltern oft für beide Seiten ein Schock und eine Enttäuschung. Manche Kinder erkannten ihre Mütter nicht wieder, so sehr hatten sie sich durch die verheerende Wirkung des Krieges verändert. Manchmal konnten sie sich nicht einmal miteinander unterhalten, es sei denn, die Mutter sprach Deutsch. Und das war genau das, was die Nazis hatten erreichen wollen.

Obwohl sich Hitler und seine Komplizen diese planmäßige Zerstörung der Familienbande ausgedacht hatten, sorgten nun ironischerweise oftmals die siegreichen Alliierten dafür, daß dieses Ziel wenigstens teilweise erreicht wurde. So wie die Deutschen ihre nationalen Ziele ohne Rücksicht auf menschliches Leid verfolgt hatten, war den Amerikanern, Engländern und Franzosen die Fortsetzung des Kalten Krieges wichtiger als die Interessen der beraubten polnischen Familien. Unwissentlich übernahmen sie Himmlers Rezept, einem potentiellen Feind keine zukünftigen Führungskräfte zu schenken, und stellten die Rückführung der polnischen Kinder in den Osten hintan. Wie schon so häufig in der Vergangenheit waren die Polen wieder einmal die Opfer.

Wegen der vielen Hindernisse auf dem Weg der Repatriierung kehrten nach dem Krieg weniger als 40 000 polnische Kinder aus Deutschland in ihre Heimat zurück – nur etwa ein Fünftel der schätzungsweise 200 000 geraubten Kinder. Dr. Hrabar befürchtet, daß viele Menschen ihre Lektion noch immer nicht gelernt haben, trotz der Schrecken und persönlichen Tragödien, die aus dem unmenschlichen Versuch rassischer Züchtung entstanden sind. »Wir sehen heute in Deutschland bereits wieder nationalsozialistische Bewegungen«, sagte er. »*Mein Kampf* ist für viele Gruppen zu einer neuen Art von Evangelium geworden. Wenn wir einen Völkermord für die Zukunft ausschließen wollen, müssen wir begreifen, was in der Vergangenheit geschah.«

8
Norwegische Mädchen

Dies ist ein germanisches Volk, und deshalb ist es unsere Pflicht, seine Kinder und Heranwachsenden zu erziehen, um aus den Norwegern wieder ein nordisches Volk zu machen, so wie wir den Begriff verstehen. Es ist höchst wünschenswert, daß deutsche Soldaten möglichst viele Kinder von norwegischen Frauen bekommen, legal oder illegal.

SS-Obergruppenführer Rediess, höherer SS- und Polizeiführer beim Reichskommissar für die besetzten norwegischen Gebiete (HSSPF), 1943

Die staatlichen Ufa-Filmstudios in Potsdam waren zwar Teil des Nazipropaganda-Imperiums von Dr. Josef Goebbels, aber nicht alle dort gedrehten Filme waren dazu bestimmt, politische K.-o.-Schläge auszuteilen. Einige waren reine Unterhaltung, und zu ihnen gehört sicherlich auch das in den ersten Kriegswochen, im November 1939, fertiggestellte Musical *Stern von Rio*. Ein kitschiger Schwarzweißfilm über einen Juwelendieb, der nur zwei Hinweise auf das kulturelle Klima der damaligen Zeit enthält: die idealisierte arische Hauptdarstellerin La Jana und die eindeutig tirolerischen Obertöne, die sich zu den lateinamerikanischen Rhythmen hinzugesellen.

Es ist überraschend, daß es für Videokopien eines so banalen Films überhaupt einen Markt gibt, aber der Norweger Werner Thiermann ist froh, daß er eine Kopie erwerben konnte. Seit er aus gesundheitlichen Gründen vorzeitig seinen Beruf als Lastwagenfahrer aufgeben mußte, hat er unzählige Male in seinem Heim in Farstad an der zerklüfteten Küste Norwegens vor dem Fernseher gesessen und den Film von Anfang bis Ende angesehen. Nicht, daß er ein besonderer Liebhaber von deutschen Musicals der 30er Jahre oder überhaupt ein Filmfan wäre. Er sieht ihn sich immer wieder an, weil er hofft, eines Tages doch noch auf irgend etwas zu stoßen, das ihm einen schlüssigen Beweis für die Identität seines Vaters liefert.

Thiermann gehört zu den vielen tausend norwegischen Kindern, die zwischen 1941 und 1945 geboren wurden und eine norwegische Mutter und einen deutschen Besatzungssoldaten zum Vater haben. Die Suche nach seinem Vater hat einen Großteil seines Lebens in Anspruch genommen, und heute betreibt er diese Art von Familienforschung auch für andere, die sich in der gleichen Situation befinden. Er ist überzeugt davon, daß sein Vater vor dem Krieg als Kleindarsteller in den Filmstudios der Ufa gearbeitet und im *Stern von Rio* mitgewirkt hat. Die Familie des Schauspielers hat ihm erzählt, daß er ihrer Erinnerung nach in dem Film einen Polizisten spielte; aber in der betreffenden Szene treten mehrere Polizisten auf. Werner Thiermann hält das Video jedesmal an dieser Stelle an und mustert eingehend ihre Gesichter, um vielleicht bei einem von ihnen eine Familienähnlichkeit festzustellen, ein charakteristisches Merkmal oder einen bestimmten Gesichtsausdruck.

Am 2. April 1940 überfiel Hitler ohne Vorwarnung Norwegen, das die Deutschen sehr bald unter ihre Kontrolle brachten. Militärisch waren die Norweger für sie keine Gegner, und der Versuch einer britischen Gegeninvasion wurde ein katastrophaler Fehlschlag. Obwohl der norwegische Faschistenführer Vidkun Quisling formal zum Ministerpräsidenten ernannt wurde, lag die eigentliche Macht in den Händen des deutschen Reichskommissars Josef Terboven, der unmittelbar Hitler unterstand. Himmler war als Reichskommissar für die Festigung des deutschen Volkstums und als Chef des Lebensborns von der Aussicht auf eine Massentransfusion hochwertigen norwegischen Blutes für die deutsche Rasse begeistert. Ebner schlug ihm in einem Brief vor, rassisch und politisch wertvolle norwegische Frauen zu Züchtungszwecken nach Deutschland zu bringen, und Himmler stimmte enthusiastisch zu:

> Die zwangsweise Umsiedlung norwegischer Frauen nach Deutschland, die Kinder von deutschen Besatzungssoldaten erwarten, ist eine einmalige Gelegenheit. Dies würde dem Ziel entsprechen, eine große Zahl rein nordischer Frauen ins Reichsgebiet zu verpflanzen. Ein besonderer Bedarf an »Aufnordung« besteht in Süddeutschland.

Von allen europäischen Völkern verkörpern die Norweger den Prototyp der nordischen Rasse: mit ihren blonden Haaren, ihrer statuenhaften Erscheinung und ihrer körperlichen Robustheit, die sich in ihrer Geschicklichkeit als Seefahrer und in ihrer Fähigkeit manifestiert, den extremen Bedingungen des skandinavischen Winters standzuhalten. Mit der Reinheit ihrer Stammbäume konnte sich nicht einmal das arische Deutschland messen; eine Infusion ihres Erbgutes mußte die rassische Gesundheit des Reiches zwangsläufig verbessern. Himmler besuchte Norwegen im Herbst nach der Invasion und besprach mit Rediess, wie man diese genetische Goldmine am besten nutzen könne. Im Dezember hatte

Rediess eine weitere gute Nachricht für ihn: Geheime Berichte besagten, daß sich ein norwegischer Babyboom abzeichne.

> Obwohl nach der kurzen Zeit der Besetzung noch kein statistisches Material vorliegt, gibt es zunehmend Anzeichen dafür, daß die freundschaftlichen Beziehungen zwischen den deutschen Besatzungssoldaten und den einheimischen Frauen wesentlich zu der Zahl der zu erwartenden Geburten beigetragen haben.

Aber der vorsichtige Rediess wies auch auf mögliche Probleme hin: Viele der zukünftigen Mütter baten bereits die deutschen Behörden um Hilfe, da sie von ihren überwiegend anti-deutsch eingestellten Landsleuten »verachtet und boykottiert« wurden, eben weil sie sich mit deutschen Besatzungssoldaten eingelassen hatten. Falls die Kinder nicht nach Deutschland gebracht würden oder man sich in Norwegen nicht angemessen um sie kümmere, könne das zwei unerwünschte Konsequenzen haben: Sie könnten von ihren Müttern vernachlässigt oder im Stich gelassen werden, oder aber – noch schlimmer – sie würden von der norwegischen Gesellschaft als potentielle Feinde des Deutschen Reiches absorbiert. Auf diese Weise würden all das gute deutsche Blut und die Bemühungen der einsatzfreudigen Soldaten vergeudet sein. Rediess räumte ein, daß man selbst von ledigen Vätern nicht erwarten könne, das höchste Opfer zu bringen.

> Nur ein kleiner Teil der unverheirateten Väter zieht aus der Tatsache seiner Vaterschaft den Schluß, daß sie die Mutter des Kindes heiraten sollten, um so Mutter und Kind in den Einflußbereich des Deutschen Reiches zu bringen. Wenn wir uns also nicht um diese norwegischen Mütter kümmern, werden wir die Zahl

derer erhöhen, die sich einer deutschen Durchdringung Norwegens widersetzen.

So mußte die SS wie in Deutschland die Verantwortung für die in ihren Heimen geborenen Kinder übernehmen und sie unter ihren Schutz stellen. War die deutsche Verwaltung von der Reinheit ihres rassischen Erbes überzeugt, dann zahlte sie an ihre Mütter oder an die Adoptiveltern einen Unterhaltszuschuß. Einige Mütter brachte man zur Entbindung nach Deutschland, wo die Kinder mit der Geburt die deutsche Staatsangehörigkeit erwarben.

In den ersten Wochen des Jahres 1941 schritten die Vorbereitungen schnell voran. Himmler entsandte SS-Sturmbannführer Tietgen, einen Spezialisten für Rassenfragen, um die Operation zu überwachen. Tietgen verfügte, daß die Kinder aller deutschen Soldaten, nicht nur die der SS, in die norwegischen Lebensborn-Heime aufgenommen werden sollten, vorausgesetzt, ihre Mütter hatten einen makellosen Stammbaum und waren nicht durch eine anti-nazistische Haltung aufgefallen. Um zugelassen zu werden, müßten die Mütter eine Erklärung unterschreiben, daß in ihren Adern kein fremdes Blut floß.

Im Juli 1942 erließ Hitler ein Dekret, um das von Himmler und Ebner bereits in Gang gesetzte Germanisierungsprogramm zu legalisieren. Die Verfügung nannte als Ziel »die Erhaltung und Förderung des rassisch wertvollen deutschen Erbes« durch »spezielle Unterstützung und Fürsorge für die von norwegischen und niederländischen Frauen geborenen Kinder der bewaffneten deutschen Streitkräfte«. Sie sah die Einbeziehung weiterer Länder in dieses Schema vor. Aufgrund dieses Dekrets kamen die deutschen Behörden für die Kosten der Entbindung auf, zahlten den Müttern vor und nach der Geburt eine Unterstützung und brachten sie mit ihrem Einverständnis in speziellen Heimen unter. Darüber hinaus vermittelte man den Müttern nach der Geburt ihrer Babys eine angemessene Arbeitsstelle.

Norwegische Kinder mit deutschen Vätern wurden in mehrere Kategorien eingeteilt. Auf der untersten Stufe rangierten für die Deutschen jene, deren Mütter ein gutes Verhältnis zu ihren Familien hatten und gewillt waren, sich selbst um ihr Kind zu kümmern. Viele dieser Kinder wurden von den deutschen Behörden gar nicht erst erfaßt – woraus folgt, daß die offiziellen Zahlen der während des Krieges in Norwegen geborenen Kinder deutscher Väter, die zwischen 6000 und 12 000 schwanken, wahrscheinlich zu niedrig sind. Die Behörden unterstellten in diesen Fällen, daß die Eltern der Frau zumindest nicht offen gegen die Besatzungsmacht opponierten, wenn sie bereit waren, ein deutsches Enkelkind zu akzeptieren. Die Mütter dieser Kinder wurden keinem Rassentest unterzogen und erhielten auch keine finanzielle Unterstützung. Wenn sich herausstellte, daß sie vor rassischer Gesundheit geradezu strotzten – was häufig genug der Fall war –, wurde das als Bonus betrachtet, als lohnender Zins für eine minimale Investition.

Die nächste Gruppe bildeten die in den norwegischen Lebensborn-Heimen geborenen Kinder. Wie in Deutschland war für sie die SS zuständig, die bestrebt war, die Kinder gleich nach der Geburt deutschfreundlichen norwegischen Familien in Pflege oder zur Adoption zu geben. Das erste der norwegischen Lebensborn-Heime wurde im April 1942 eröffnet. Zu diesem Zweck beschlagnahmte man Luxusvillen, Hotels und Wohnheime. Obwohl die norwegische Organisation formell vom deutschen Lebensborn unabhängig war, wurden einige deutsche Mitarbeiter zur Unterstützung nach Norwegen geschickt. Ebner war an der Arbeit dieser Heime persönlich sehr interessiert und kam im September 1943 zu Besuch nach Norwegen. Er war von dem Ergebnis nicht sehr beeindruckt und wies darauf hin, daß nur eines der Heime einen eigenen Arzt hatte. Seine Reise hatte zur Folge, daß SS-Ärzte, Hebammen und Rassenspezialisten aus Deutschland entsandt wurden und man die zentrale Kontrolle verstärkte.

Einige in Norwegen geborene Kinder wurden bald nach der Geburt ohne ihre Mütter nach Deutschland gebracht. Da sie häufig rassisch »wertvoller« waren als die Kinder rein deutscher Abstammung, war es in der Regel leicht, sie bei deutschen Adoptiveltern unterzubringen. Nach dem Krieg wurde gelegentlich die Vermutung geäußert, daß dies in einigen Fällen ohne die Einwilligung der Mütter erfolgt sei. Aber hierfür gibt es keine schlüssigen Beweise, und bei den Nürnberger Prozessen ist das von den Verantwortlichen stets bestritten worden. Die Vertreter des Lebensborns achteten sehr sorgfältig darauf, bei diesen Transaktionen zumindest den Schein der Legalität zu wahren. In den meisten Fällen erklärten sich die Mütter schriftlich mit der Adoption ihres Kindes durch ein deutsches Ehepaar einverstanden, und die kollaborierende Regierung Quisling erhob keine Einwände.

Für die Deutschen waren die Kinder am wertvollsten, deren Mütter zur Entbindung nach Deutschland gingen, wie Ebner es empfohlen hatte. Am ehesten waren sie hierzu bereit, wenn der Kindesvater versprochen hatte, sie zu heiraten. Nachdem diese Mütter an einem Sprachkurs und einer ideologischen Schulung im Heim »Kurmark« bei Berlin teilgenommen hatten, lebten sie häufig bei den Verwandten des Kindesvaters, während dieser an der Front war. Man hielt es für das Beste, wenn sie sich Arbeit auf Bauernhöfen suchten statt in den Städten mit all ihren Versuchungen und ihrem möglicherweise verderblichen Einfluß, vor dem es Himmler so sehr graute. Auf dem Land zu leben war jedoch nicht obligatorisch, und 1941 wurde in Berlin ein kleines Wohnheim für Norwegerinnen eröffnet, die beabsichtigten, Deutsche zu heiraten.

Man betrachtete diese Mütter als wertvollen Besitz, der gepflegt und gehätschelt werden mußte. Ihre Reisekosten wurden von den Behörden übernommen – die hierfür das bei der Bank von Norwegen konfiszierte Geld verwendeten –, und man nahm sie kostenlos in die Krankenversicherung auf. Daher läßt sich heute anhand der Akten einer Berliner Versicherungsgesellschaft mit einiger Genauigkeit die Zahl der Norwegerinnen feststellen, die gegen Ende des Krieges nach Deutschland kamen: 1943 waren es mehr als 1000, 1944 über 2000.

Das diesem Kapitel vorangestellte Zitat stammt aus einem Büchlein von Rediess mit dem Titel *Die SS für ein größeres Deutschland – mit Schwert und Wiege*. Darin setzt er sich dafür ein, den Vätern zu garantieren, daß sie keine finanziellen Verpflichtungen für ihre Kinder zu übernehmen brauchten. Um diesen Teil müsse sich die SS kümmern, um »den kämpfenden Soldaten von Sorgen zu befreien, die seine Moral beeinträchtigen könnten«. Ob der Erzeuger die Absicht hatte, die Frau zu heiraten, durfte für seine Vaterschaft keine Rolle spielen. Eine Heirat wurde ohnehin nur gutgeheißen, wenn die politische Einstellung der Frau ebenso einwandfrei war wie ihre rassische Reinheit. Falls der Vater bereits verheiratet war, sollte die Möglichkeit bestehen, daß »der Soldat das Kind adoptiert und in seine eigene Familie aufnimmt, zumal deutsche Ehefrauen großes Verständnis für diese Situation haben und dies auch den Interessen des Kindes am besten gerecht wird«.

Besatzungstruppen hinterlassen immer eine Schar von Nachkommen, aber der Grund für die außergewöhnlich hohe Zahl norwegischer Babys mit deutschen Vätern lag darin, daß die Männer gezielt ermuntert wurden, sich keinen Zwang anzutun. Auf Anweisung von Rediess und aus Berlin forderten ihre Kompaniechefs sie geradezu auf, gesunde junge Frauen zu den kostenlosen Kinovorstellungen der

Truppe einzuladen und mit ihnen in den besten Restaurants der Stadt zu speisen. Die Männer konnten ihr Glück kaum fassen. Hier saßen sie nun, genossen das uralte Vorrecht der kämpfenden Truppe, und statt ernster Warnungen vor irgendwelchen Ansteckungsgefahren und moralischer Standpauken ihrer Vorgesetzten gab man ihnen grünes Licht. Das Leben war schön.

Und das wäre es zweifellos auch geblieben – selbst für die Frauen und ihre Kinder –, wenn die Deutschen ihre Erfolge auf dem Schlachtfeld ebenso prompt und leicht errungen hätten wie in den Schlafzimmern. Denn Himmlers Rassenpläne basierten auf der Annahme, daß Deutschland den Krieg gewann. Ohne diese entscheidende Voraussetzung wurden die Tausende von Kindern der Herrenrasse, die in einer Orgie patriotischer Promiskuität gezeugt worden waren, zu einem verlorenen Häuflein irgendwo zwischen den Nationen. Verlassen von ihren Vätern und für ihre jungen Mütter häufig eine Belastung, waren die meisten dieser genetischen Musterbeispiele jetzt für die geschlagene wie auch für die befreite Nation ein Störfaktor. Für die Deutschen waren sie eine ständige Erinnerung an eine nationale Rassenhysterie, die sich als katastrophal falsch erwiesen hatte, für die Norweger der lebende Beweis, wie leicht man zum Komplizen einer tyrannischen und amoralischen Besatzungsmacht werden kann.

Nur wenige der nach Deutschland verbrachten Kinder kehrten nach dem Krieg nach Norwegen zurück – zum einen, weil sie nur schwer aufzufinden waren, zum anderen aber auch, weil die anti-deutschen Gefühle der Norweger so ausgeprägt waren, daß sie diese Kinder nicht haben wollten. Nach einem Bericht der Internationalen Flüchtlingsorganisation von 1947 befürchtete die norwegische Regierung, daß die Kinder deutscher Väter »den Samen für eine neue Fünfte Kolonne in sich tragen könnten«. Es muß heute in Deutschland Hunderte von etwa fünfzigjährigen Frauen und Männern geben, die nicht wissen, daß ihre Mütter Norwegerinnen waren. (Immerhin versuchten wenigstens ein paar Mütter, ihre Kinder zurückzubekommen. 1947 erschien in einer Berliner Zeitung eine Anzeige, in der um Informationen über 17 norwegische Kinder gebeten wurde, von denen man annahm, daß sie bei deutschen Pflegeeltern lebten. Wie viele gefunden wurden, ist nicht bekannt.)

Eines der Kinder, die zurückkehrten, war Turid. Sie wurde 1942 in einem norwegischen Lebensborn-Heim geboren und 1944 von einem Münchener Ehepaar adoptiert. Ihre norwegische Mutter wollte sie nicht zurücknehmen, als die Flüchtlingsorganisation sie 1948 fand. Gleichwohl wurde sie nach Norwegen gebracht und bekam dort neue Adoptiveltern. Wie viele dieser Kinder entdeckte sie ihre wahre Herkunft erst, als sie heiraten wollte und eine Geburtsurkunde benötigte. Sie machte ihre deutschen Adoptiveltern ausfindig und besuchte sie 1986 – aber ihre wirkliche Mutter oder ihren Vater kennt sie bis heute nicht.

Bis vor kurzem stießen die Betroffenen auf Schweigen, Ausflüchte und scheinbar unüberwindliche Hindernisse, wenn sie als nunmehr Erwachsene versuchten, ihre wahre Identität herauszufinden. Das ist der Grund, warum Werner Thiermann, der ebenfalls dazu gehört, einen Großteil seines Lebens darauf verwandt hat, die Barrieren niederzureißen, die ihn und Tausende von Leidensgenossen daran hindern, mit ihrem Erbe fertig zu werden.

Nach dem Krieg mußten erst vierzig Jahre vergehen, bevor gemeinsame Anstrengungen unternommen wurden, den Opfern das Recht zu erstreiten, soviel wie möglich über die jeweiligen Umstände ihrer Geburt in Erfahrung zu bringen. Die Kampagne begann 1985, als Pier Meek, frustriert von dem vergeblichen Versuch, seinen Vater zu identifizieren, in einer Fernsehsendung die dringende Bitte vorbrachte, die

Geburtsakten aus der Kriegszeit zugänglich zu machen. Das Echo von seiten der Mitbetroffenen war überwältigend. Innerhalb eines Jahres wurde eine zweihundert Mitglieder umfassende Organisation gegründet, der sich auch Werner Thiermann anschloß. Sie erreichte schließlich, daß ihnen die norwegische Regierung 1986 zumindest einen begrenzten Einblick in ihre Archive gestattete und diese zwei Jahre später völlig freigab. Thiermann entwickelte bei der Suche nach seiner Vergangenheit bald soviel detektivischen Spürsinn und soviel Gefallen an derartigen Nachforschungen, daß er auch anderen seine Hilfe anbot. Heute betreibt er von seinem Heim in Farstad aus eine Ein-Mann-Agentur und hat bereits mehr als hundert Fälle aufklären können.

»Die Betroffenen entscheiden sich für eine Suche nach ihren Vätern, wenn sie irgend etwas über die Kinder deutscher Soldaten im Fernsehen gesehen haben oder wenn ihnen jemand von meiner Arbeit erzählt«, sagt er. »Ich habe inzwischen einen solchen Ruf, daß mich sogar das Rote Kreuz um Hilfe bittet, wenn es irgendwo gegen eine Wand läuft.

Gewöhnlich verfügen die Leute über sehr wenig Informationen, wenn sie zu mir kommen. Sie wissen, wo ihr Vater im Krieg stationiert war, und sie meinen, sein Name sei Soundso, aber sicher sind sie sich da nicht. Manchmal steht der Name auf ihrer norwegischen Geburtsurkunde. Ich muß sie bitten, so genau wie möglich zu sein, denn die Bundeswehr antwortet nicht auf allgemeine Anfragen.«

Zu Thiermanns Forschungsunterlagen gehören ein vollständiger Satz deutscher Telefonbücher, ein Buch mit Details über alle 88 000 Einheiten des deutschen Heeres und Abbildungen der Kennzeichen der einzelnen Truppenteile. Manchmal kommt jemand mit einem alten Foto, das er zwischen den Sachen seiner Mutter gefunden hat und von dem er annimmt, daß es seinen Vater darstellt. Thiermann kann ihm dann anhand des Abzeichens an seiner Mütze oder Schulter meistens sagen, zu welcher Einheit er gehörte.

In vielen Fällen ergibt sich, daß die Väter entweder im Krieg gefallen oder inzwischen verstorben sind, denn mittlerweile müssen sie alle über siebzig sein. Diejenigen, die noch leben, reagieren sehr unterschiedlich auf seine Anfragen. Nicht selten verweigern sie jede Auskunft. Der Krieg war für die Deutschen traumatisch, und es mag sein, daß sich mancher am Ende seines Lebens nicht noch einmal an Dinge erinnern will, die er erfolgreich verdrängt zu haben glaubte. Manchmal geschieht jedoch genau das Gegenteil. Ein Münchner schrieb Thiermann und bedankte sich bei ihm, daß er seine Tochter gefunden hatte. Als ehemaliger Militär war er im Auftrag der NATO nach dem Krieg noch mehrfach in Oslo gewesen und hatte bei diesen Gelegenheiten nach seiner Tochter gesucht, aber die norwegischen Behörden hatten ihm jede Hilfe verweigert.

Einige Anfragen kommen auch von »privilegierten« Kindern, deren Mütter in deutschen Lebensborn-Heimen gelebt haben, darunter eine Frau, die sofort nach der Geburt adoptiert wurde, inzwischen die Wahrheit erfahren hatte und Thiermann bat, ihr bei der Suche nach ihren richtigen Eltern zu helfen. Er fand heraus, daß ihr Vater, ein inzwischen verstorbener ehemaliger deutscher Offizier, beim Lebensborn darum ersucht hatte, sein Kind möge in Deutschland geboren und im Sinne der Nazis erzogen werden. Ihre Mutter war daraufhin von Südnorwegen nach Deutschland geschickt worden. Nach der Geburt wollte ihr Vater ihre Mutter heiraten, aber sie lehnte ab, weil er ihr angeblich zu alt war. Das Mädchen wurde adoptiert, und ihre neuen Eltern sorgten gut für sie. Heute bekleidet sie einen guten Posten bei einer Bank. Thiermann konnte zwar ihre Mutter nicht finden, da diese nach Australien emigriert war und ihren Namen gewechselt hatte, aber er konnte sie mit ihren drei Halbgeschwistern zusammenbringen. Wie viele der Kriegsbabys, die endlich über ihre wahre Herkunft Gewißheit erhalten, fand auch diese Frau nach vielen Jahren ihr seelisches Gleichgewicht wieder.

Thiermanns Nachforschungen brachten gelegentlich verblüffende Dinge ans Tageslicht. So hatte sich ein Soldat dem Himmlerschen Rassekreuzzug so sehr verpflichtet gefühlt, daß er innerhalb weniger Monate drei Kinder zeugte: Bevor er an die Front ging, schwängerte er seine deutsche Ehefrau und anschließend – in der festen Überzeugung, eine patriotische Pflicht zu erfüllen – auch gleich noch zwei Norwegerinnen, kaum daß er in ihrem Land angekommen war. Thiermann erfuhr von dieser heldenhaften Odyssee, als ihn eines Tages ein junger Mann bat, seinen Vater zu suchen. Nachdem er den Namen ausfindig gemacht hatte, fragte er wie üblich beim Reichsarchiv in Oslo an, wo man ihm erklärte: »Das ist wirklich komisch, denn vor ein paar Jahren hat sich schon einmal eine Frau nach diesem Namen erkundigt.«

Es stellte sich heraus, daß sie die Tochter desselben deutschen Soldaten war. Zufällig lebte sie nur zwanzig Kilometer von dem jungen Mann entfernt, und beide waren in dieselbe Schulklasse gegangen, ohne zu ahnen, daß sie Halbgeschwister waren. Die Mutter des Mannes lebte noch, und die junge Frau besuchte sie. Als sie ihr die Tür öffnete, rief sie: »Du mußt Leos Tochter sein. Du siehst genauso aus wie dein Vater.«

Als die Deutschen im April 1940 in Lillehammer einmarschierten, hatten die Einwohner natürlich Angst. Die Deutschen standen in dem Ruf, grausam und unbarmherzig zu sein, und obwohl einige Norweger die faschistische Ideologie der Nazis unterstützten, waren die meisten zutiefst mißtrauisch gegenüber jeder Art von Extremismus. Astrid Moe dagegen, eine 28jährige geschiedene Frau mit dreijährigen

Zwillingen, konnte sich über die deutsche Invasion so oder so nicht besonders aufregen. Was immer ihr unter den Deutschen passierte, es würde kaum schlimmer sein als das, was sie bereits ohne sie erlitten hatte.

Als Tochter eines Uhrmachers war sie als eines von acht Geschwistern in einem großen Haus nahe Lillehammer aufgewachsen. Die Familie war geachtet und fromm. Sie wurde ordentlich erzogen und war in der Schule immer gut gewesen, vor allem in Musik: Sie spielte Gitarre und hatte eine schöne Stimme. Außerdem tanzte sie gern, und beim Tanzen lernte sie auch ihren zukünftigen Mann kennen. Nach einer kurzen Verlobungszeit heirateten sie, und schon bald war sie Mutter von Zwillingen.

Kurz nach der Geburt begann es in ihrer Ehe zu kriseln. Ihr Mann behandelte sie und die Kinder schlecht und hatte bald eine Freundin. Am erniedrigendsten war, daß er diese Frau mit nach Hause brachte und mit ihr in dem einen Ehebett schlief, während Astrid und die Kinder sich das andere teilten. Es fiel Astrid nicht schwer, die Scheidung einzureichen. Als die Deutschen kamen, war sie ziemlich am Ende. Ihr Mann zahlte keinen Unterhalt für die Kinder, und sie mußte dringend Geld verdienen, um sie zu ernähren. Es war daher kein Wunder, daß ihr erster Gedanke war, die Invasion der Nazis könnte ihr möglicherweise die Gelegenheit bieten, einen Arbeitsplatz zu finden.

Da sie keinen Beruf erlernt hatte, dachte sie an eine Stelle im Haushalt. Als eine der ersten norwegischen Frauen, die sich bei den Deutschen bewarben, erhielt sie einen Job in der Küche des Stalag 303 im nahe gelegenen Joerstadmoen. Es war ein ehemaliges Armeelager, das die Deutschen in ein Internierungszentrum für norwegische Lehrer umgewandelt hatten, die ideologische Gegner der Nazis waren. (Im Lauf des Krieges wurde es zum Gefangenenlager für russische Soldaten. Heute ist es ein militärisches Kommunikationszentrum.)

Astrid verdiente nicht viel, aber die Arbeit gab ihr ein wenig Sicherheit, und sie stellte fest, daß sie mit den deutschen Soldaten, die das Lager leiteten, gut auskam. Wie viele junge und ledige Norwegerinnen war sie auch nach Dienstschluß gern mit ihnen zusammen. Die meisten in Norwegen stationierten deutschen Soldaten waren eher mittleren Alters als stürmische Zwanzigjährige. Die Oberste Heeresleitung hatte sozusagen ihre zweite Besetzung auf diesen relativ unwichtigen Außenposten kommandiert, während die Elite an den kritischeren Fronten in Frankreich und im Osten kämpfte. Daß sie von einer relativ zweitklassigen Armee überrannt wurden, haben die Norweger später nur schwer verwunden. Die jungen Frauen jedoch – und insbesondere Astrid nach dem Desaster mit ihrem Ehemann – schätzten an ihnen gerade ihre Erfahrung und ihre Höflichkeit.

Kurz vor Weihnachten 1940 traf Astrid bei einer Tanzveranstaltung in Lillehammer einen deutschen Soldaten, der ihr anscheinend erzählte, er sei 33 Jahre alt und heiße Hermann. In späteren Jahren sprach sie nur widerwillig von ihm, und häufig widersprach sie sich dabei in den Einzelheiten. Es scheint, als habe er sich zehn Jahre jünger gemacht und sie auch bezüglich seines Namens angelogen. Er hatte ihr ferner erzählt, daß er in Berlin lebe und vor dem Krieg in den Ufa-Filmstudios in Potsdam gearbeitet habe.

Er beeindruckte Astrid. Für sie, die ihr ganzes Leben in einer norwegischen Kleinstadt mit kaum 5000 Einwohnern verbracht hatte, war Berlin eine Stadt von unvorstellbarer Kultiviertheit. Ihre Generation war in den faszinierenden ersten Jahren der Filmindustrie aufgewachsen, und ins Kino zu gehen gehörte zu den wenigen Vergnügen, die Lillehammer zu bieten hatte. Und nun tanzte sie hier mit jemandem, der in jenen glamourösen Filmen mitgewirkt hatte und die großen Stars kannte; mit einem Mann, den sie vielleicht schon flüchtig in einem der deutschen Filme gesehen hatte. Er war freundlich und sanft, ein willkommener Kontrast zu ihrem Ehemann, und sie verliebte sich bis über beide Ohren in ihn. Im Frühling 1941 stellte sie fest, daß sie schwanger war.

Wenn sie sich darüber freute, ein Kind von dem geliebten Mann zu bekommen, so dauerte ihr Glück jedenfalls nicht lange. In den ersten Apriltagen, als der Schnee schließlich zu schmelzen begann, ging sie zur Kaserne, um ihm die gute Neuigkeit zu erzählen. Dort jedoch wurden alle ihre Hoffnungen zerstört: Hermann war verschwunden – am Tag zuvor war er nach Nordnorwegen verlegt worden. Aus Sicherheitsgründen durfte man ihr seine Adresse nicht geben, und sie hörte nie wieder von ihm.

Wieder einmal war sie allein – mit ihren Zwillingen und dem Baby, das sie im Herbst erwartete. Ihre Vorgesetzten im Stalag 303, die Astrid sympathischer und kooperativer fanden als viele andere norwegische Arbeiterinnen, unterstützten sie ein wenig. Lebensborn-Heime waren damals in Norwegen noch nicht eingerichtet, aber der Kommandeur sorgte dafür, daß sie ihr Baby im Lazarett bekommen konnte und die Deutschen alle Kosten übernahmen. Ihr Sohn wurde am 9. Oktober 1941 geboren. Aus seiner Geburtsurkunde geht hervor, daß er in der vierzigsten Schwangerschaftswoche zur Welt kam und rassisch zur 1. – der allerbesten – Kategorie gehörte. Dort, wo der Name des Vaters einzutragen war, steht »unbekannt«. Er wurde auf den Namen Hans Werner getauft – zwei Vornamen ohne Nachname.

Als der Junge fünf Wochen alt war, nahm man ihn Astrid fort und gab ihn in ein Kinderheim, das in einer ehemaligen Schule in Lillehammer untergebracht war. Obwohl es kein offizielles Lebensborn-Heim war, scheinen die dortigen Bedingungen ähnlich gewesen zu sein; das Erdgeschoß war von SS-Offizieren bewohnt, während die Kinder im ersten Stock lebten. Wegen der strengen Rassegesetze des Lebensborns war Astrid jedoch nicht von der finanziellen Verantwortung für ihn befreit. Hermanns Verschwinden hatte ihre Lage kompliziert. Denn obwohl die Geburtsurkunde des Babys bestätigte, daß der Junge von tadelloser Herkunft war, konnte sie nur dann Unterstützung für ihr Kind beanspruchen, wenn auch die Makellosigkeit des väterlichen Stammbaums zweifelsfrei nachgewiesen war. Da sie aber nicht wußte, wo der Vater war – und die Verwaltung nicht mit Sicherheit wußte, *wer* er war –, konnte diese Bedingung nicht erfüllt werden. So mußte sie länger als ein Jahr von dem mageren Gehalt, das sie im Internierungslager verdiente, den Unterhalt für das Baby im SS-Heim und für die Zwillinge bestreiten, die weiterhin bei ihr lebten.

Dann kamen ihr die guten Beziehungen zu der deutschen Besatzung zustatten. Anfang 1943 sorgten die Führungsoffiziere im Lager dafür, daß sie ihren Fall keinem Geringeren als SS-Sturmbannführer Tietgen persönlich vortragen konnte, dem Leiter des Lebensborns in Oslo. Sie bekam eine Eisenbahnfahrkarte – an sich schon ein seltenes Privileg im Kriegsnorwegen –, und bei ihrer Ankunft auf dem Osloer Bahnhof wartete bereits ein Wagen auf sie, um sie zum Lebensborn-Hauptquartier zu bringen. Obwohl sie den Vater ihres Kindes noch immer nicht eindeutig identifizieren konnte, gelang es ihr, Tietgen davon zu überzeugen, daß er die richtigen Voraussetzungen mitgebracht habe, um einen reinen Arier zu zeugen. Er gewährte ihr nicht nur eine Beihilfe, sondern darüber hinaus aufgrund einer von ihm persönlich unterzeichneten Anweisung 1409 Kronen, die man ihr im ersten Lebensjahr des Kindes vorenthalten hatte – ein beträchtlicher Zuschuß, wenn man bedenkt, daß sie nie mehr als sechzig Kronen pro Woche verdient hatte.

Nachdem dieses brennende Problem geregelt war, entschloß sich Astrid, Lillehammer zu verlassen, wo Frauen mit Babys deutscher Abstammung von der Mehrheit der Bevölkerung gemieden wurden. Sie bat um Versetzung, und dank ihrer guten Beziehungen zum deutschen Militär machte man sie zur Leiterin eines Soldatenpflegeheims im Wintersportort Nordseter. Sie war noch dort, als die Deutschen kapitulierten – kurz vorher war sie abermals von einem Soldaten schwanger geworden. Seine Tochter wurde im Januar 1946 geboren. Der Mann bat sie, nach Deutschland zu kommen und ihn zu heiraten. Sie hätte das gern getan, aber die norwegischen Behörden verweigerten ihr die Ausreisegenehmigung.

Aus Astrids Sicht wäre das Leben für sie leichter und ihre Chancen besser gewesen, wenn die Deutschen den Krieg gewonnen hätten, denn nach deren Abzug war ihr Leben praktisch zerstört. Die Ortsbewohner schnitten ihr langes Haar ab – die übliche Strafe für Kollaborateure. Aus demselben Grund steckte man sie für drei Wochen ins Gefängnis. »Sie nahmen ihr alles weg«, erzählt ihr Sohn Werner, »ihre Kleidung, alles. Ich glaube, man hat sogar davon gesprochen, ihr die Zwillinge wegzunehmen. Sie mußte eine Buße zahlen – aber vor allem nahmen sie ihr ihren Stolz. Von da an war sie stets auf der Suche nach Orten, wo sie sich verbergen konnte, und nach Jobs, bei denen sie nichts mit anderen Menschen zu tun hatte. Sie arbeitete auf Bauernhöfen in abgelegenen Gegenden.«

Über die Kriegszeit sprach sie mit ihren Kindern nur ungern. Wenn diese sie nach ihren Vätern und ihrer Kindheit fragten, war sie manchmal tagelang schlechter Laune. Wenn die Kinder sie aber doch einmal überreden konnten, etwas zu erzählen, dann fehlten oft wichtige Einzelheiten, oder sie widersprach sich. 1984 starb ein Zwilling an Krebs, und zwei Jahre später starb auch Astrid verbittert und demoralisiert im Alter von 74 Jahren – ein Opfer des Krieges wie jene, die darin umkamen.

Wie in Deutschland kümmerte sich die SS auch in Norwegen sehr sorgfältig um die Zukunft der in ihrer Obhut befindlichen genetisch idealen Kinder. Alle in Frage kommenden Adoptiv- und Pflegeeltern wurden gründlich durchleuchtet, ihre Wohnungen besichtigt, die hygienischen Verhältnisse inspiziert und ihre politischen Ansichten wie ihr Leumund überprüft. Was die Sache in Norwegen kompliziert machte, war das Geld. Während der Besatzungszeit litten die Norweger weit mehr unter Armut als die Bevölkerung in Deutschland, und für viele war die vom Lebensborn für ein Pflegekind gezahlte Unterhaltssumme eine verlockende Finanzquelle. Es war daher schwer festzustellen, ob Ehepaare, die sich um ein Kind bewarben, das in erster Linie taten, um ihre Familie zu vergrößern und die Kriegsanstrengungen zu unterstützen, oder ob sie schlicht ihr Familienbudget aufbessern wollten.

Astrids Sohn, der nun nur noch Werner genannt wurde, kam 1942 zusammen mit einem weiteren Baby aus dem Heim in Lillehammer zu einer Pflegefamilie am Stadtrand. Die Nachbarn zeigten das Ehepaar jedoch an, weil sie die Kinder vernachlässigten und sie gelegentlich allein ließen, während sie abends ausging. Die Kontrolleure des Lebensborns überprüften die Beschuldigungen und stellten fest, daß die Kinder ärmlich gekleidet und schlecht ernährt waren und die Eltern die Unterhaltssumme überwiegend für sich selbst verbraucht hatten. So kam Werner für einige Zeit ins Heim zurück. Am Wochenende nahm Astrid ihn gelegentlich zu sich. 1944 wurde er bei einer überzeugten Nazifamilie in Pflege gegeben, aber diese Beziehung endete, als die Deutschen abzogen. Danach wurde er ständig herumgereicht. Ein paar Monate lang lebte er bei Astrids Eltern, dann bei ihrer Tante, danach bei jedem, der bereit war, ihn für kurze Zeit aufzunehmen, bis er schließlich wieder in einem Kinderheim landete. Er war zu klein, um das alles zu begreifen. Wie Tausende anderer war er das Opfer eines politischen Nachkriegsgerangels. Die Norweger, nun feindselig gegenüber allem, was irgendwie mit den Deutschen zu tun hatte, wollten die Kinder zunächst aus ihrem Land ausweisen. »Ich glaube, sie betrachteten uns als Untermenschen«, sagt Werner. Nach einer Intervention der Engländer kam schließlich eine Vereinbarung zustande, in der sich die Deutschen verpflichteten, im Rahmen der Kriegsreparationen für den Unterhalt der Kinder in Norwegen zu zahlen. Damals wurde eine ziemlich große Summe überwiesen, aber noch heute besteht Streit darüber, wieviel davon tatsächlich für den vorgesehenen Zweck verwendet wurde.

Erst ein oder zwei Jahre nach dem Krieg wurde Werner in einem Kinderheim bewußt, daß er sich durch seine Herkunft von den anderen Kindern unterschied und für viele deswegen zur Zielscheibe ihres Hohns wurde. Seine Kindheit war überschattet von Häme, Spott und gelegentlichen tätlichen Angriffen. Zum ersten Mal, erinnert er sich, geschah das in einem Heim, wo er zusammen mit einem Mädchen, das auch einen deutschen Vater hatte, von einer der Mitarbeiterinnen in einen Schweinestall eingesperrt wurde.

»Sie trieben die Schweine aus dem Stall, weil die angeblich unseren Gestank nicht aushielten«, erinnert er sich. »Als sie uns dann wieder herausholten, schrubbten sie uns so grob ab, daß unsere Haut ganz rosig war und wir, wie sie feststellten, nun selbst wie kleine Ferkel aussahen. Damals sagte man mir zum ersten Mal ins Gesicht, daß mein Vater Deutscher sei.«

Weitere Zwischenfälle folgten. Kinder warfen mit Steinen nach ihm, und einmal wurde er sogar angepinkelt. Sie lauerten ihm auf dem Heimweg von der Schule auf, und um ihnen zu entkommen, machte er lange Umwege – um dann zu Hause geschlagen zu werden, weil er zu spät kam. Wenn er sich bei der Heimleitung oder später bei einem Lehrer oder auch bei Verwandten seiner Mutter darüber beschwerte, bekam er zumeist die Antwort, er müsse lernen, damit fertig zu werden, denn das sei nun einmal das Los der Kinder von

»Tyskertoes« – eine beleidigende Bezeichnung für Frauen wie Astrid, grob übersetzt: von »Deutschenhuren«. Daß er für sein Alter ziemlich klein war, half ihm auch nicht gerade, und so hörten die Verfolgungen während seiner ganzen Kindheit nicht auf. Als er 15 war, wurde er eines Tages von älteren Mitschülern festgehalten und verprügelt. Er meldete den Vorfall einem Lehrer, der aber nichts unternahm.

Werner empfand die Art, wie man ihn behandelte, als äußerst ungerecht und hat bis heute ein zwiespältiges Verhältnis zu seinem Heimatland. »In gewisser Weise war ich stolz, Deutscher zu sein, weil ich nichts anderes hatte, worauf ich stolz sein konnte«, erklärt er. »Ich glaube, die Norweger waren damals so anti-deutsch, weil sie selbst Dreck am Stekken hatten. Die Leute im Osten Norwegens, von Trondheim bis Oslo, waren die schlimmsten. Hier waren während des Krieges sehr viele Deutsche stationiert. Dagegen standen die Leute im Norden zumeist auf seiten der Alliierten.« Vielleicht ist es gar nicht so überraschend, daß derartige Gefühle in einem Land aufkamen, das der englischen Sprache das Wort »Quisling« (für »Kollaborateur«) gab.

»Ich habe nie echte Sympathie für die Norweger empfunden; dazu hatte ich absolut keinen Grund«, bekennt Werner. »In den Köpfen so mancher geht der Krieg immer noch weiter. Ich finde das völlig verrückt. Aber sie werden ihn nie beenden.«

Nachdem sich die norwegische Regierung damit abgefunden hatte, daß man die Soldatenkinder behalten mußte, warb sie 1947 in Zeitungsanzeigen um ein Zuhause für sie. »Blonder Junge zu adoptieren«, las man nicht selten als Überschrift solcher Anzeigen. Man versuchte die Kinder in »gute norwegische Familien« zu vermitteln, solche, die auf seiten der Engländer und Schweden gestanden und versucht hatten, die Nazis zu sabotieren. Werner kam zu einem Ehepaar Ende Vierzig in Tynset, dem kältesten Teil Norwegens. Sie wollten ihn zunächst adoptieren, überlegten es sich aber später anders. »Als Eltern waren sie schon ein wenig zu alt«, sagt er, »und vielleicht war ich ihnen etwas zu wild. Ich war kein ganz einfaches Kind.«

Trotzdem blieb er fünf Jahre bei ihnen, die längste Zeit, die er je an einem Ort war. Als er zwölf war, nahmen ihn Astrids Eltern für einen Winter zu sich, aber im Frühjahr ging er zurück nach Tynset. Diesmal blieb er nur kurz, denn das Ehepaar bekam nicht genug Geld für seinen Unterhalt. Sie forderten Astrid zur Zahlung eines Zuschusses auf, aber dazu war sie nicht in der Lage. So kam er wieder zu jener Nazifamilie, wo er bei Kriegsende gelebt hatte. Zu diesem Zeitpunkt – neun Jahre später – hatten sie ihre Vergangenheit abgelegt und galten wieder als politisch akzeptable Pflegeeltern.

Aber er wurde ihnen bald wieder weggenommen: Das Paar hatte das für ihn gezahlte Kindergeld für sich selbst verbraucht. Als nächstes wurde er bei einem Kirchenvorsteher untergebracht, wo er blieb, bis er im April 1956 mit etwas über 15 Jahren zur Handelsmarine ging. Nach seiner Ausbildung arbeitete er auf norwegischen Schiffen, welche die amerikanische Küste auf und ab fuhren. Er blieb zwei Jahre dabei und verdiente sich anschließend seinen Unterhalt mit verschiedenen Kurzzeitjobs. Eine Zeitlang arbeitete er als Lastwagenfahrer in Deutschland, wo er seine Frau Mary kennenlernte, eine Engländerin aus Kippax in Yorkshire. Nach ihrer Hochzeit lebten sie fünf Jahre in England. Dann kehrte er nach Norwegen zurück, um seinen Wehrdienst abzuleisten – einen Teil davon als Seemann auf der königlichen Jacht. Er wäre gern als Berufssoldat bei der Marine geblieben, aber ein Offizier erklärte ihm, seine Herkunft lasse das nicht zu. »Wir waren sechs Jahre von deinen Leuten besetzt«, sagte er.

Werner und Mary hatten zwei Kinder, aber die Familie kam nie richtig zur Ruhe. Ständig zogen sie von einem Teil Norwegens zum anderen. Sie versuchten es eine Weile in

Lillehammer, doch der Ort barg zu viele schmerzliche Erinnerungen. Danach wohnten sie zehn Jahre in Tynset. 1986 wurde Werner bei einem Autounfall am Rücken verletzt und mußte seine Arbeit als Lastwagenfahrer aufgeben.

»Ich bin nie irgendwo heimisch geworden«, erzählt er, »und ich bin sicher, daß das mit meinen Kindheitserfahrungen zu tun hat. Ich mache meiner Mutter keinen Vorwurf. Ich habe nie wirklich schlecht von ihr gedacht – nur, daß sie eine Person war, die mit mir nichts zu tun haben wollte. Aber nach ihrem Tod habe ich einige Briefe von ihr an meine Tante gelesen, und darin betont sie, wie sehr ich immer ihr Baby bleiben würde. Ich habe das nicht begriffen. Wir hatten einfach nicht dieselbe Wellenlänge. Es stand immer eine Mauer zwischen uns.«

Werners lange Suche nach seinem Vater begann 1958, als er 17 war. Da er sich von seiner Mutter im Stich gelassen glaubte, klammerte er sich an die Hoffnung, daß ihm wenigstens sein Vater den Rückhalt geben würde, den er so dringend brauchte. Jahrelang hatte sich Astrid hartnäckig geweigert, ihm irgendwelche Informationen zu geben, die ihm bei seiner Suche helfen konnten. Er kannte lediglich seinen Vornahmen: Hermann, und den Namen seiner Einheit: 163. Infanteriedivision oder Division Engelbrecht, die 1940 Südnorwegen erobert hatte. Er schrieb an die Heilsarmee und das Rote Kreuz in Norwegen und Deutschland sowie an das deutsche Heeresarchiv, aber niemand konnte ihm weiterhelfen.

Fast dreißig Jahre lang kam er mit seinen Nachforschungen nicht weiter. Die Dokumente, die er gebraucht hätte, lagen unter Verschluß und waren der Öffentlichkeit nicht zugänglich. Dann wurde 1986 das Gesetz geändert, und er bekam die Erlaubnis, die Akten der deutschen Kriegsverwaltung im Stadtarchiv von Lillehammer einzusehen.

Der Nachname seines Vaters war nicht in seiner Geburtsurkunde verzeichnet, doch er entdeckte in den SS-Akten, daß Astrid ihnen erzählt hatte, er heiße Thiermann, Hermann Thiermann. Daraufhin schrieb er an das Heeresarchiv in Berlin, aber nach den dortigen Unterlagen hatte zur fraglichen Zeit niemand mit diesem Nachnamen in Norwegen gedient. Trotzdem ließ er seinen Namen offiziell in »Werner Thiermann« ändern, erleichtert, daß er zumindest dieses eine »Faktum« hatte, an das er sich klammern konnte. Dann besorgte er sich die komplette Ausgabe aller deutschen Telefonbücher, schrieb an alle darin enthaltenen Thiermanns und fragte an, ob sie einen Verwandten namens Hermann hätten. Obwohl bemerkenswert viele – etwa sechzig Prozent – seine Anfrage beantworteten, hatte er kein Glück.

Dann fiel Werner ein, daß der Eintrag in den SS-Unterlagen möglicherweise auf einem Hörfehler oder einem Mißverständnis beruhte. Wenn Astrid sehr aufgeregt war, fing sie an, undeutlich zu sprechen, und es war möglich, daß der Beamte, als sie »Hermann« sagte, »Thiermann« verstanden hatte. Vielleicht war der Name seines Vaters überhaupt Hermann Werner. Daher vielleicht auch sein eigener Taufname Hans Werner.

In ihrem letzten Lebensjahr war Astrid für Werners Fragen nach seinem Vater ein wenig zugänglicher gewesen. Er hatte von ihr noch zwei Dinge erfahren: Sein Vater sei früher Filmschauspieler gewesen – da war sie sich ganz sicher –, und außerdem glaubte sie sich zu erinnern, daß er während seiner Stationierung in Lillehammer eine Zeitlang Offiziersbursche bei einem Leutnant Wagner gewesen war. Als die SS seinerzeit versucht hatte, den Vater ihres Kindes zu finden, hatte man sich bei Wagner nach den Namen seiner Burschen erkundigt. Er erklärte, er habe zwei gehabt, fügte dann aber hinzu, es gebe da in der Einheit noch einen anderen Mann namens Hermann Heitmann. Alle drei hatten damals bestritten, Astrid zu kennen.

Über das Heeresarchiv erfuhr Werner, daß Wagner inzwischen verstorben war, aber der Kommandeur seiner Einheit, ein Mann namens Simmerling, möglicherweise noch lebe. Werner fand Simmerling mit Hilfe seiner Telefonbücher und fragte ihn, ob er sich an irgend jemanden aus seiner Einheit erinnern könne, der in einem Filmstudio gearbeitet hatte. Simmerling nannte ihm drei Namen. Einer der Männer war in Finnland gefallen, als seine Einheit von Norwegen dorthin verlegt wurde. Der zweite war Beleuchter, aber der dritte, Ebbers, war Schauspieler gewesen. An seinen Vornamen erinnerte sich Simmerling jedoch nicht mehr.

In Bezug auf die ersten beiden Namen konnte ihm das Heeresarchiv nicht weiterhelfen, aber sie hatten etwas über einen Hugo Ebbers, der zur fraglichen Zeit in Norwegen gewesen war. Er war in Gelsenkirchen bei Essen geboren, 1939 eingezogen und nach Lillehammer abkommandiert, im April 1941 aber zu einer anderen Einheit nach Nordnorwegen versetzt worden. Dieses Datum deckte sich mit Astrids Erzählung vom Verschwinden seines Vaters. 1943 wurde Ebbers nach Potsdam geschickt – vielleicht, um in einem Propagandafilm mitzuwirken. Dort wurde er 1945 von den Russen gefangengenommen und im August desselben Jahres erschossen. Von der Deutschen Kriegsgräberfürsorge erfuhr Werner, daß Ebbers in Nardt bei Dresden beigesetzt sei.

Werner war überzeugt davon, nun endlich auf der richtigen Spur zu sein. Die Tatsachen, daß Ebbers Filmschauspieler gewesen war und der Zeitpunkt seiner Versetzung aus Lillehammer sich exakt mit der Erinnerung seiner Mutter deckte, waren für ihn schlüssige Beweise. Nach dreißig Jahren voller Enttäuschungen ließ er sich in seinem Glauben durch keinerlei Zweifel oder Widersprüche in der Geschichte irritieren. Sobald er konnte, fuhr er nach Dresden und legte Blumen auf Ebbers' Grab.

Außerdem schrieb er an die Ufa-Filmstudios in Potsdam –

die noch immer existieren – und wurde auch dort fündig. Sie sandten ihm eine Kopie von Ebbers' Lohnstreifen aus dem Jahr 1939. Diesem entnahm er, daß Erwin Hugo Ebbers 1897 geboren, also 43 Jahre alt war, als er Astrid traf, und nicht 33. Der Streifen verzeichnete außerdem vier Filme, in denen er in jenem Jahr mitgewirkt hatte.

Mit Hilfe des Telefonbuches fand Werner einen Ebbers in Gelsenkirchen, der ihm erzählte, er sei Hugos Neffe. Den Krieg hatte er als Kind erlebt, aber er erinnerte sich an seinen Onkel als einen großen Mann in einer Uniform mit Ärmelstreifen. Er wußte noch, wie stolz er war, daß er einen Onkel hatte, der in Filmen mitspielte. In der Familie war bekannt, daß er den Künstlernamen Erwin Hugo angenommen hatte, als er Schauspieler wurde. Er war groß, hatte dunkles Haar und buschige Augenbrauen – eine Beschreibung, die zwar nicht auf Werner, aber in etwa auf dessen erwachsenen Sohn zutrifft.

Als nächstes versuchte er, an die vier Filme heranzukommen, um zu sehen, ob er Ebbers entdecken konnte. Selbst wenn sein Name nicht auf der Besetzungsliste stand, gab es vielleicht ein Gesicht, das in allen vier Filmen auftauchte. Das Filmmuseum in Frankfurt teilte ihm mit, daß einer der Filme, nämlich *Stern von Rio,* als Video zu haben sei. Die anderen drei könne er gern im Museum ansehen. Und eines Tages wird er das auch tun. Bis dahin aber sieht er sich in jeder freien Minute den *Stern von Rio* an.

Es ist eine ungewöhnliche Therapie. Stundenlang auf ein Video zu starren und Blumen auf das Grab eines Kleindarstellers zu legen, der möglicherweise deine Mutter gekannt hat oder auch nicht, ist ein armseliger Ersatz für eine wirkliche Vater-Sohn-Beziehung. Aber Werner Thiermann weiß, daß er mehr nicht erreichen kann. Seinen Namen will er übrigens nicht noch einmal ändern.

In Norwegen gab es zwar weit mehr Lebensborn-Heime als in jedem anderen Land, aber Himmlers »Wohlfahrtsverein« war in fast allen europäischen Ländern aktiv, die von den Deutschen besetzt wurden. Hitler hatte in einem Erlaß vom 28. Juli 1942 persönlich angeordnet, daß alle geeigneten Kinder außerhalb Deutschlands für eine Germanisierung in Betracht zu ziehen seien – besonders wenn sie einen deutschen Vater hatten. Norwegen und die Niederlande, deren Bevölkerung schon durch ihre helle Hautfarbe und ihr äußeres Erscheinungsbild als »gesunde Rasse« zu erkennen sei, hob er besonders hervor, aber er sorgte dafür, daß auch alle anderen besetzten Länder einbezogen wurden. Nach dem üblichen bürokratischen Machtgerangel erreichten Himmler und seine SS-Offiziere schließlich, daß ihnen die Hauptverantwortung für die Durchführung dieses Erlasses übertragen wurde – außer in den Niederlanden, wo die NSV (Nationalsozialistische Volkswohlfahrt) bereits fest im Sattel saß.

Zu Beginn des Jahres 1943 wurden die offiziellen Lebensborn-Repräsentanten für Posen und Krakau (Polen), Oslo (Norwegen), Den Haag (Niederlande) und Brüssel (Belgien) ernannt. Obwohl in Hitlers Erlaß die Rolle der Mutter besonders betont wurde, ging es in der Praxis weit eher darum, die »besten« Kinder – also die mit deutschen Vätern – eben jenen Müttern mit oder ohne ihr Einverständnis gleich nach der Geburt wegzunehmen. Und je stärker die Verluste an der Front zunahmen, um so größere Anstrengungen wurden unternommen, die gefallenen Soldaten durch rassisch wertvolle Kinder zu ersetzen – wo immer man sie fand.

In den Niederlanden und in Dänemark – beides potentielle Hochburgen zur Züchtung von Ariern – war der Deutschenhaß weit ausgeprägter als in Norwegen, so daß der Lebensborn hier nicht recht Fuß fassen konnte. Es gab Pläne, in Nijmwegen nahe der deutschen Grenze ein Heim für hundert Kinder und sechzig Mütter einzurichten. Inge Viermetz, die für die Einrichtung von Lebensborn-Heimen im Ausland zuständig war, reiste Ende 1942 nach Den Haag, um die Angelegenheit zu besprechen. Aber die Sache zerschlug sich. Dennoch wurden bis Mitte 1943 tausend Kinder geboren, die niederländische Mütter und deutsche Väter hatten. Um ihre Germanisierung und Adoption kümmerte sich die NSV. Dänemark, wo die Situation die gleiche war, bekam zwar ein Lebensborn-Heim in Kopenhagen, das aber erst in den letzten Kriegstagen, im Mai 1945, eröffnet wurde. Nach der Kapitulation diente es als Krankenhaus für Flüchtlingsfrauen aus dem Osten Deutschlands.

Frau Viermetz reiste auch nach Belgien, um in Wegimont, auf halbem Weg zwischen Brüssel und der deutschen Grenze, ein kleines Heim für 20 Mütter und 34 Kinder einzurichten. Das Heim »Ardennen« sollte Mütter aus Belgien und Nordfrankreich aufnehmen, und für kurze Zeit übernahm Frau Viermetz selbst die Leitung. Die Deutschen zogen zwar den Kindern der französischsprachigen Wallonen die der Flamen vor, aber man betonte das nicht zu sehr, um sie nicht unnötig zu verärgern.

Das Heim »Ardennen« war eine Quelle ständigen Ärgers, vor allem deshalb, weil die Belgier die Ideologie des Lebensborns ablehnten und daher nie genug qualifiziertes einheimisches Personal zur Verfügung stand. Aus Angst vor antinazistischen Angriffen ließ man das Heim sogar von einer SS-Gruppe bewachen. Und da die Deutschen glaubten, daß die örtlichen Krankenhäuser – insbesondere ein von Nonnen geleitetes Hospital in Lüttich – kranke Lebensborn-Kinder nicht ordnungsgemäß versorgten, wurden sie in ein Militärlazarett gebracht. Als ein Kind im Heim starb, verdächtigte man sofort das belgische Personal, es erstickt zu haben. Später wurde festgestellt, daß es an einem Gehirntumor gestorben war.

Als Frau Viermetz nach Deutschland zurückging, übernahm eine belgische ehemalige Lebensborn-Mutter die Leitung des Heimes »Ardennen«. Sie wurde nach kurzer Zeit von SS-Sturmbannführer Lang abgelöst, doch auch er konnte nur wenig gegen die chaotischen Zustände und Personalprobleme ausrichten. Er berichtete Ebner von der »feindlichen politischen Haltung« des belgischen Personals, das die Kinder nachlässig und mit Verachtung behandle. Im November 1943 besuchte Ebner das Heim und beschwerte sich über den »Schmutz, die Schlampigkeit und das unqualifizierte Personal, von dem nicht einmal alle Deutsch sprechen«. Nach einem Besuch bei Sollmann schrieb Ebner Ende November einen Brief an Lang, in dem er dagegen protestierte, daß man einige Mütter auf einem Geburtsstuhl und nicht auf einem Bett liegend entbunden habe. »Die Frauen im Heim sind auf einem Bett zu entbinden, wie dies auch in den anderen Lebensborn-Heimen geschieht«, befahl er.

Die Nazis hegten Frankreich gegenüber entschieden zwiespältige Gefühle. Auf der einen Seite waren die Franzosen ihre natürlichen und traditionellen Feinde – ein Volk, das sie mehrmals in die Knie gezwungen hatte, zuletzt nach dem Ersten Weltkrieg. Nach Hitlers Ansicht waren ihre Stammbäume durch mediterrane und nordafrikanische Elemente verdorben, so daß viele von ihnen nur noch zu Sklaven taugten. Andererseits hegte Himmler charakteristischerweise eine romantische Liebe für die einstigen Herzöge von Burgund, die Europa im 13. und 14. Jahrhundert beherrschten, als ihr Land ein leuchtendes Vorbild an Reichtum, Kunst, Ritterlichkeit und Kultur war.

Im März 1943 erzählte er Felix Kersten von seinem und Hitlers Plan, das alte Burgund als unabhängigen Staat zu rekonstituieren und nach den heroischen Prinzipien von Disziplin, Ordnung, Tradition – und natürlich Reinheit der Rasse – zu führen, die er in der SS pflegte. Das strahlende Burgund, das sich vom englischen Kanal bis zum Mittelmeer erstrecken sollte, würde einen großen Teil seines mittelalterlichen Reiches vereinigen, wie Artois, Hennegau, Luxemburg und Provence sowie Picardie und Champagne. Als Kersten fragte, was aus dem übrigen Frankreich werden solle, erwiderte Himmler, man werde den Rest unter dem Namen »Gaul« zu einem bedeutungslosen Kleinstaat zusammenfassen. Das wiedererstandene Burgund würde zwar Teil des Tausendjährigen Reiches sein, aber es sollte eine autonome Enklave bilden – ein Vorbild für andere Länder, die den hehren sozialen und rassischen Prinzipien der Nazis nachzueifern versuchten.

Doch das war Zukunftsmusik. Bevor dieses Ideal erreicht werden konnte, mußte man die immer drängendere praktische Aufgabe lösen, Deutschland bestes Blut zuzuführen, von dem immer mehr auf den Schlachtfeldern vergossen wurde. Obwohl Himmler von Frankreich als Nation keine hohe Meinung hatte, räumte er doch ein, daß man einige rassisch wertvolle Bevölkerungsteile nutzen konnte – die »germanischen Franzosen«, wie er sie dem Führer gegenüber bei einem Tischgespräch im April 1942 nannte. Himmler schlug vor, alljährlich einmal unter der germanischen Bevölkerung Frankreichs einen blutsmäßigen Fischzug durchzuführen »und die Kinder von ihrer zufälligen französischen Nationalität abzulenken und sie auf ihr germanisches Blut und damit auf ihre Zugehörigkeit zum großen germanischen Volk hinzuweisen«. Hitler gefiel die Doppelwirkung dieser Aktion. »Es wäre ein schwerer Schlag für Frankreich«, sagte er, »wenn seiner Führungsschicht der germanische Nachwuchs entzogen würde.«

Aber mit Frankreich war nie leicht fertig zu werden, und man scheint letztlich keine systematischen Anstrengungen unternommen zu haben, um gutaussehende französische Kinder zu entführen, wie das in Polen geschah. Selbst das

Schicksal der Kinder, die einen deutschen Vater und eine französische Mutter hatten, blieb lange ungelöst. Bis Mitte 1942 war noch kein Versuch unternommen worden, in Frankreich ein Lebensborn-Heim einzurichten, obwohl man die Zahl der Besatzungskinder inzwischen auf 50 000 schätzte. Erst jetzt befahl Himmler, sich nach einem geeigneten Gebäude umzusehen. Im März 1943 fand man ein Schloß in Lamorlaye bei Chantilly. Es bekam den Namen »Heim Westwald«, aber es dauerte noch fast ein Jahr, bis es eröffnet werden konnte. Die offizielle Einweihung fand im Februar 1944 statt, wenngleich einige Mütter und Kinder schon vorher aufgenommen wurden. Ein paar Kinder scheint man zur Adoption nach Deutschland gebracht zu haben. Die meisten aber blieben bei ihren französischen Müttern und erfuhren von ihrer deutschen Abstammung erst sehr viel später – in manchen Fällen wahrscheinlich nie.

Ebner besuchte »Westwald« kurz nach dessen Eröffnung und war sehr beeindruckt von den dortigen Gegebenheiten, wenn auch nicht von dem verantwortlichen SS-Arzt Dr. Fritz, der darauf bestand, im 48 Kilometer entfernten Paris zu wohnen, um den »Fleischtöpfen« näher zu sein. Außerdem gab es Schwierigkeiten bei der Versorgung. Im Mai 1944 schrieb Ebner an das Hauptquartier der SS in Paris und bat um eine umfassende Belieferung des Heimes mit Streichhölzern, Grieß, Reis, Haferflocken, Kakao und Buntstiften. Da die Alliierten nur wenige Wochen später in der Normandie landeten, ist nicht anzunehmen, daß die Sendung noch ankam. Im November wurden die Heime »Westwald« und »Ardennen« evakuiert und die Kinder nach Steinhöring gebracht.

Englisches Territorium besetzten die Deutschen nur auf den Kanalinseln. Da Himmler große Hochachtung vor dem englischen Erbgut hatte, schienen sie ihm ein möglicherweise erfolgversprechendes Jagdrevier zu sein, aber da sie nur sehr dünn besiedelt sind, blieben sie praktisch bis gegen Ende des Krieges unbehelligt. 1943 schrieb der deutsche Feldkommandant:

> Bei dem nordischen Einschlag der hiesigen Bevölkerung handelt es sich zum großen Teil um rassisch einwandfreie Kinder und Mütter. Im allgemeinen kann sogar angenommen werden, daß es sich gegenüber Frankreich um rassisch wertvolleres Material handelt. Diese Kinder und vielleicht auch ihre Mütter könnten zum gewünschten Wachstum der deutschen Bevölkerung beitragen, wenn man sie im Reich ansiedelt. Die Lage dieser unverheirateten Frauen ist sehr schlecht, weil sie einerseits den Anfeindungen der übrigen Zivilbevölkerung ausgesetzt sind und ihnen andererseits von der Militärkommandantur in Frankreich jede finanzielle Unterstützung für ihre Kinder verweigert wird.

Der Kommandant fügte hinzu, daß viele Mütter Deutsch gelernt hätten in der Hoffnung, man werde ihnen erlauben, nach Deutschland zu gehen. Aber die meisten Anträge seien abgelehnt worden.

Im Mai 1944 ordnete das RuSHA an, daß die Kinder der auf den Kanalinseln stationierten Soldaten rassisch untersucht und die besten nach Deutschland geschickt werden sollten. Trotz der katastrophalen Menschenverluste an der Ostfront wählte man also weiter sorgfältig aus und war nicht bereit, die Ansprüche herunterzuschrauben. Die Anordnung besagte weiter, daß Frauen, die ein Kind von einem Deutschen erwarteten, in ein Lebensborn-Heim nach Frankreich oder Deutschland gebracht werden sollten. Aber bevor dieses Programm richtig anlaufen konnte, hatte sich das Kriegsglück endgültig gegen die Deutschen gewendet, und die Errichtung des rassischen Paradieses war auf unbestimmte Zeit verschoben worden.

Eines der grausamsten Kriegsverbrechen begingen die Nazis im Juni 1942 in Lidice in der Tschechoslowakei. Als Vergeltung für die Ermordung Reinhard Heydrichs – seit dem Vorjahr Himmlers stellvertretender Reichsprotektor für das Protektorat Böhmen und Mähren – durch tschechische Patrioten, wurde der gesamte Ort dem Erdboden gleichgemacht. Alle 192 Männer des Dorfes und sieben Frauen wurden erschossen. Die restlichen 196 Frauen kamen in Konzentrationslager, die 105 Kinder wurden abtransportiert.

Selbst bei soviel Bestialität stellte Himmler sicher, daß keine Gelegenheit versäumt wurde, die arische Rasse zu verbessern. Auf seine Anweisung übernahm es der Lebensborn, die Kinder des Dorfes in rassische Kategorien einzuteilen. Am 21. Juni, elf Tage nach dem Massaker, schrieb er an Sollmann und wies ihn an, nach Prag zu fahren und mit SS-Obergruppenführer Karl Frank zu beraten, was mit den Kindern geschehen solle, »deren Väter oder Eltern als Mitglieder des Widerstandes erschossen werden mußten«. Die Entscheidung, schrieb er, müsse »vernünftig« sein. Die Kinder, die man als nicht besonders wertvoll ansah, sollten »in Lager kommen«. Man nimmt an, daß die meisten schließlich getötet wurden. Die Elite jedoch sollte aus guten Gründen verschont werden:

> Die gutrassigen Kinder, die selbstverständlich die gefährlichsten Rächer ihrer Eltern werden könnten, wenn sie nicht menschlich und richtig erzogen werden, sollten meiner Ansicht nach für eine Probezeit in ein Kinderheim des Lebensborn aufgenommen werden, um soviel wie möglich über ihren Charakter herauszubekommen, bevor man sie in deutsche Familien gibt.

Die 105 Kinder verbrachten zusammen mit ihren Müttern drei Tage in einer nahegelegenen Schule, bevor die Frauen ins Konzentrationslager Ravensbrück kamen. Nachdem man ihre Köpfe und andere Körperpartien sorgfältig vermessen und die Ergebnisse notiert hatte, wurden die Kinder nach Lodz in Polen gebracht, wo eine eingehendere Analyse stattfand. Die meisten Kinder wiesen zu viele slawische Merkmale auf, um akzeptiert zu werden. Nur 13 von 105 qualifizierten sich für eine Germanisierung. Diese wurden von Lodz in ein Lebensborn-Heim in Puschkau in der Nähe von Posen gebracht, wo sie Deutsch und die Grundzüge der nationalsozialistischen Ideologie lernten, bevor man sie zur Adoption freigab.

Nur eine Handvoll der Lidice-Kinder hat man nach dem Krieg gefunden. Einige arbeiteten später als Fremdenführer in ihrem ehemaligen Heimatdorf, dessen Trümmer die Tschechen als Mahnmal für die grausame Unmenschlichkeit der Nazis erhalten haben.

Die Lebensborn-Heime waren eine Schöpfung der Nazis und konnten deren Untergang nicht überdauern. Aber so lange wie möglich hielt man den Betrieb in den besetzten Gebieten und in Deutschland selbst aufrecht – bis der heranrückende Feind nur noch wenige Tage entfernt war. Die Heime im Westen kapitulierten zuerst. Ende 1944 waren die Heime in Frankreich, Belgien, den Niederlanden und Luxemburg geschlossen. In der Regel wurden die Babys ohne ihre Mütter in deutsche Heime evakuiert – gewöhnlich nach Wiesbaden. In einigen Fällen erlaubte man den schwangeren Frauen auch, ostwärts zu fliehen, aber häufig wurden sie zurückgelassen und mußten ihr Glück bei den Befreiern suchen.

Im Februar 1945 wurde Bad Polzin an der Ostfront überrannt. Die Kinder hatte man rechtzeitig nach Wiesbaden gebracht, aber schon im folgenden Monat mußte auch dieses

Heim nach Ansbach bei Nürnberg verlegt werden. Die wachsende Schar der Babyflüchtlinge kam auch dort nicht zur Ruhe. Nur vier Wochen später vertrieb der unaufhaltsame Vormarsch der amerikanischen Armee sie in ihr letztes Refugium nach Steinhöring. Dort fanden die Amerikaner bei ihrer Ankunft im Mai fast 300 Babys und eine kleine Gruppe von Müttern unterschiedlicher Nationalitäten.

So endete der Lebensborn dort, wo er begonnen hatte. Die Amerikaner, die von ihnen eingesetzten örtlichen Beamten und das Rote Kreuz mußten nun zusehen, wie sie mit diesem seltsamen Erbe eines mißlungenen Experimentes genetischer Manipulation fertig wurden. Die Kinder sowie Tausende von Leidensgenossen, die schon vor ihnen in den Heimen geboren oder aufgezogen worden waren, brauchten oft Jahrzehnte, um mit ihrer Vergangenheit zurechtzukommen. Himmler, der mit seiner abstrusen Weltsicht dieses irrsinnige Experiment in Gang gesetzt hatte, vergiftete sich am 23. Mai in englischer Gefangenschaft.

Heinrich Himmler, der in den Lebensborn-Heimen das Zentrum für die Verwirklichung seines Planes sah, eine Herrenrasse heranzuzüchten.

Name:	Vorname	Alter:	Formel:	I	II	III	IV

		Männer über 180 Frauen über 170	171—180 161—170	161—170 151—160	151—160 141—150	unter 150 unter 140
1	Körperhöhe	1 sehr groß	2 groß	3 mittelgroß	4 klein	5 sehr klein
2	Wuchsform	1 schlank	2 mächtig	3 mittel	4 untersetzt	5 dick
3	Haltung	1 straff	2 aufrecht	3 bequem	4 lässig	5 schlaff
4	Beinlänge rel.	1 sehr lang	2 lang	3 mittel	4 kurz	5 sehr kurz
5	Kopfform	1 sehr lang	2 lang	3 mittel	4 kurz	5 sehr kurz
6	Hinterhaupt	1 ausladend	2 gewölbt	3 mäßig gewölbt	4 flach	5 deformiert
7	Gesichtsform	1 schmaloval langrechteckig	2 oval	3 breitoval	4 rund	5 trapezförmig rhombisch
8	Nasenrücken	1 gerade	2 gewellt	3 schwach auswärtsgebogen	4 stark auswärtsgebogen	5 einwärtsgebogen
9	Nasenhöhe	1 sehr hoch	2 hoch	3 mittel	4 niedrig	5 sehr niedrig
10	Nasenbreite	1 sehr schmal	2 schmal	3 mittel	4 breit	5 sehr breit
11	Backenknochen	1 unbetont	2 schwach betont	3 betont	4 vorspringend	5 stark vorspring.
12	Augenlage	1 sehr tief	2 tief	3 mittel	4 flach	5 vorquellend
13	Lidspalte	1 spindelförmig	2 weitspindelig	3 mandelförmig	4 geschlitzt	5 enggeschlitzt
14	Augenfaltenbildung	1 leichte Deckfalte	2 schwere Deckfalte	3 deckfaltenlos	4 Epikanthus	5 Mongolenfalte
15	Lippen	1 dünn	2 mäßig voll	3 voll	4 dick	5 wulstig
16	Kinn	1 vorspringend	2 ausgeprägt	3 schwach	4 zurückliegend	5 fliehend
17	Haarform	1 schlicht — weitwellig	2 lockig	3 engwellig	4 kraus	5 straff
18	Körperbehaarung	1 schwach	2 mäßig	3 stark	4 sehr stark	5 fehlend
19	Haarfarbe	1 hellblond	2 rotbld. bis dklbl.	3 hellbraun	4 braun	5 schwarz
20	Augenfarbe	1 blau 1a—2b	2 blaugrau 3—5	3 graugrün 6—7	4 hellbraun 8—13	5 dunkelbraun 14—16
21	Hautfarbe	1 rosig — weiß	2 fahlweiß grauweiß	3 gelblich	4 bräunlich	5 braun

Körperhöhe:

Sitzhöhe:

Gewicht:

Lichtbild

Vorderansicht

Seitenansicht

Bemerkungen:

N	F	D	W	O	Ob	Va	Or	Aa	M	Ng	unbestimmbar +	unbestimmbar −	von:
													Unterschrift

Oben: Ein unausgefüllter Fragebogen, wonach 21 körperliche Merkmale zu überprüfen und nach jeweils fünf Untergruppen zu klassifizieren waren. Allein drei Spalten waren der Nase gewidmet: Nasenrücken, -höhe und -breite. Links unten die elf rassischen Kategorien: N für »nordisch« galt als beste Qualifikation, Ng für »negroid« als die schlechteste.

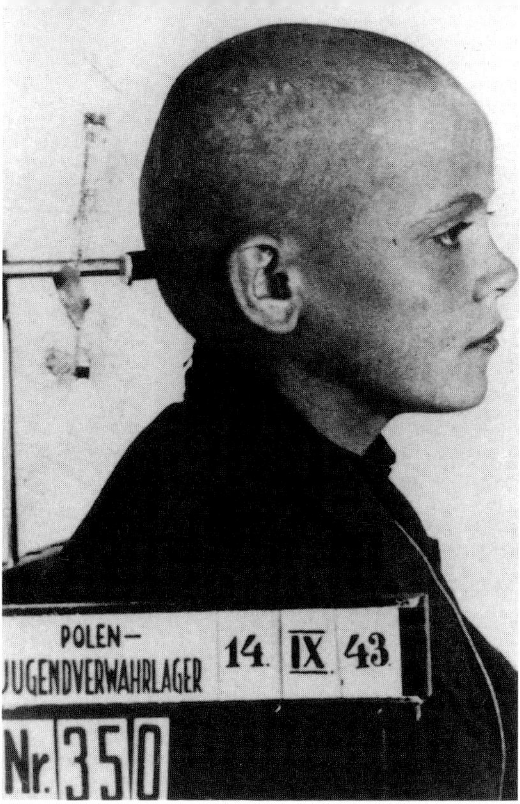

Links: Ein Kind, dessen Kopf vermessen wird, um seine rassischen Merkmale zu bestimmen. Das Schild besagt, daß es am 14. September 1943 aus Polen gekommen ist.

Unten: Geeignete potentielle »Eltern« begutachten eine Anzahl von Kindern, die für eine Adoption bzw. eine Pflegestelle ausgewählt wurden.

Oben und rechts: Zur Inspektion angetretene Kinder im Kinderlager von Lodz, Polen, wo viele der geraubten Kinder einem Rassetest unterworfen wurden.

Links: Alodia Witaszek und ihre Schwester Darya, bevor sie von der SS gewaltsam aus ihrem Elternhaus in Poznan entführt wurden.

Unten: Nachdem Aloida zu ihrer leiblichen Mutter (im Bild rechts) zurückgekehrt war, besuchte ihre deutsche »Mutter« sie in Polen. Die beiden Frauen wurden gute Freundinnen.

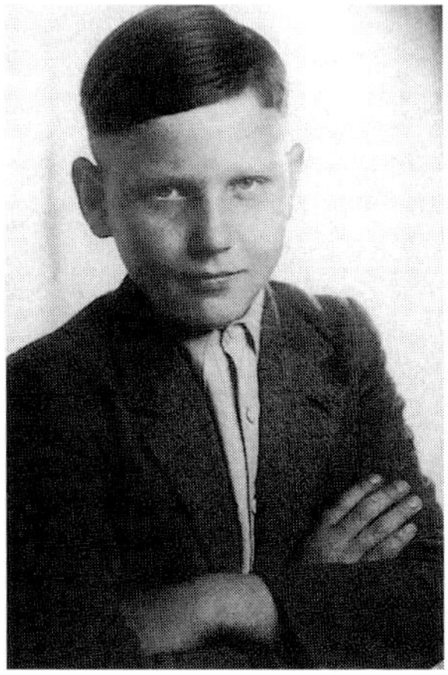

Links: Die Vettern Leon (links) und Alojzy Twardecki, bevor sie gemeinsam aus ihrem polnischen Heimatdorf entführt wurden. Leon war damals zehn, Alojzy vier Jahre alt.

Oben: Alojzy im Alter von zehn Jahren. Bei seinen deutschen Adoptiveltern lebte er unter dem Namen Alfred Binderberger.

Unten: Leon heute

Oben: Malgorzata Ratajczak auf dem Bahnhof, wo sie 50 Jahre zuvor hilflos zusehen mußte, wie ihr Sohn Alojzy und ihr Neffe Leon mit dem Zug abtransportiert wurden, ohne zu wissen, ob sie die beiden jemals wiedersehen würde.
Unten: Alojzy und Malgorzata heute in Polen.

Berittene deutsche Soldaten auf der Suche nach geeigneten polnischen Kindern.

9
Eine Art Abrechnung

> Um das Tausendjährige Reich zu schaffen, gingen die Deutschen daran, rassische und nationale europäische Gruppen auszurotten oder dauerhaft zu schwächen, vor allem jene Bevölkerungsschichten, wie z. B. die Intellektuellen, von denen das Überleben dieser Gruppen weitgehend abhängt. Und während sie alles daransetzten, die Geburtenrate in den besetzten Gebieten zu reduzieren, bemühten sie sich umgekehrt, die Geburtenrate der Deutschen künstlich in die Höhe zu treiben.
>
> *Sir Hartley Shawcross, Britischer Kronanwalt beim Nürnberger Kriegsverbrecherprozeß, Juli 1946*

Kriegsgerichtsprozesse haben nichts mit Gerechtigkeit zu tun, anderenfalls hätten in Nürnberg weit mehr als zwölf Nazis zum Tode verurteilt werden müssen wegen Führung eines Angriffskrieges, in dem Millionen Menschen infolge von Kampfhandlungen oder als Opfer einer gezielten Vernichtungspolitik starben. Die meisten Akte moderner Kriegführung sind zwangsläufig als Verstöße gegen die Menschlichkeit zu definieren. Ohne Frage waren die schlimmsten Greueltaten der Deutschen weit furchtbarer als alles, was die

Alliierten getan haben, aber einige Taten der Russen (das Massaker von Katyn), der Engländer (die Bombardierung Dresdens) und der Amerikaner (Hiroshima) wären zu Recht als Kriegsverbrechen angeprangert worden, wenn die andere Seite gewonnen hätte.

Wenn der Krieg die Fortsetzung der Politik mit anderen Mitteln ist, dann gilt das für Kriegsgerichtsverfahren ebenso. Die Prozesse gegen hohe deutsche Militärs und Funktionäre nach Kriegsende dienten einerseits dazu, Rechnungen zu begleichen und den Deutschen das Ausmaß ihrer nationalen Schande vor Augen zu führen. Auf der anderen Seite fühlten sich die westlichen Nationen damals bereits selbst von ihren ehemaligen Verbündeten, den sowjetischen Kommunisten, bedroht. Ein wichtiges Anliegen der USA, Frankreichs und Englands war daher die Schaffung eines starken Westdeutschlands als Bollwerk gegen den Kommunismus. Aber die Mitschuld an den Exzessen der Nazis war in der deutschen Führungsschicht so weit verbreitet, daß der Wiederaufbau unendlich viel länger gedauert hätte, wenn man jeden hätte ausschließen müssen, der nur im geringsten belastet war.

Eingedenk der Folgen jener harten Maßnahmen, die man den Deutschen nach dem Ersten Weltkrieg auferlegt hatte und die Hitler den Weg geebnet hatten, waren die siegreichen westlichen Nationen dieses Mal bestrebt, nicht zu scharf durchzugreifen. Aus diesem Grund lehnten sie das wesentlich rigorosere Vorgehen der Russen in den von der Roten Armee befreiten Gebieten ab, wo zahlreiche führende SS-Männer – vielfach öffentlich und nach Schnellverfahren – exekutiert wurden. Von den 35 000 Urteilen gegen deutsche Kriegsverbrecher wurde die weitaus größere Zahl im Osten gefällt.

Durch den Selbstmord einiger der bedeutendsten Naziführer am Ende des Krieges haben die Nürnberger Kriegsverbrecherprozesse als Instrument der Vergeltung viel an Gewicht verloren. Indem sich Hitler, Himmler und Goebbels dem Urteil der Welt entzogen, nahmen sie die Entscheidung des Gerichtshofs vorweg. Göring entging, nachdem er zum Tode verurteilt worden war, durch Selbstmord seiner Hinrichtung.

Die Nürnberger Prozesse waren zwar in mancherlei Hinsicht eine Farce, aber die Urteile waren keine ausgemachte Sache. Obwohl alle Angeklagten auf höchster Ebene in das Kriegsgeschehen verstrickt gewesen waren, machten die Alliierten durchaus einen Unterschied hinsichtlich ihrer Verantwortlichkeit. Das führte dazu, daß die Urteile gegen diejenigen, die in der Lebensborn-Bewegung mitgewirkt hatten, von vielen ehemaligen Gegnern der Nazis – und mit Sicherheit von allen Opfern – kritisiert wurden, weil die Angeklagten zu gut weggekommen, ja praktisch straffrei geblieben seien.

Die Alliierten waren bereits 1943 bei einem Außenministertreffen in Moskau übereingekommen, im Falle eines Sieges die deutsche Führung in einem Schauprozeß vor Gericht zu stellen. Im August 1945 entschied man sich, die Verfahren in der historischen Stadt Nürnberg durchzuführen. Man wollte mit den 24 noch lebenden »Hauptkriegsverbrechern« beginnen, darunter Göring, Hess, von Ribbentrop, Speer und der untergetauchte Martin Bormann. Man strebte ein möglichst zügiges Verfahren an, weil man befürchtete, daß das öffentliche Interesse bei einem zu langen Prozeß erlahmen und damit der Hauptzweck verfehlt würde. Tatsächlich dauerte das Ganze fast ein Jahr, von November 1945 bis zum 1. Oktober 1946. Zwölf der Angeklagten wurden zum Tode verurteilt, drei freigesprochen, und der Rest erhielt Gefängnisstrafen.

Die Prozesse gegen die weniger bedeutenden Funktionäre zogen sich noch jahrelang hin, bis Ende 1949. Das Verfahren

Nr. 8 vor dem amerikanischen Militärtribunal Nr. 1, das sogenannte »RuSHA-Verfahren«, befaßte sich mit den Aktivitäten des Rasse- und Siedlungshauptamtes und des Lebensborn-Vereins. Es dauerte fast acht Monate. Die Anklageschrift wurde im Juli 1947 bei Gericht eingereicht, die Verhandlung begann im Oktober, und die Urteile ergingen im März 1948. Die Anklage begann wie folgt:

> Die Vereinigten Staaten von Amerika beschuldigen durch den unterzeichneten Telford Taylor, Hauptankläger für Kriegsverbrechen und ordnungsgemäß bevollmächtigt, besagte Regierung bei der Verfolgung von Kriegsverbrechen zu vertreten, die hierin genannten Angeklagten der Verbrechen gegen die Menschlichkeit und der Kriegsverbrechen ... Ihre Verbrechen umfassen: Morde, Brutalität, Grausamkeiten, Folterungen, Greueltaten, Deportationen, Versklavungen, Raub, Verfolgungen und weitere unmenschliche Taten, wie sie in Punkt 1 und 2 dieser Anklage aufgeführt sind. Bis auf einen werden alle hierin genannten Angeklagten ferner der Zugehörigkeit zu einer kriminellen Vereinigung beschuldigt.

Vor Gericht standen 14 Angeklagte, darunter Sollmann, Ebner und Inge Viermetz, die einzige Frau auf der Anklagebank und als einzige nicht wegen Zugehörigkeit zur SS angeklagt. Die Angeklagten hatten vier verschiedenen Organisationen angehört, die allesamt Unterabteilungen der SS waren: Lebensborn e. V., RuSHA (Rasse- und Siedlungshauptamt), RKFDV (Reichskommissar für die Festigung deutschen Volkstums) und VOMI (Volksdeutsche Mittelstelle), die bei der Entführung von Kindern aus den besetzten Gebieten mitgewirkt hatte. Die Staatsanwaltschaft trug vor, daß sie die Verbrechen gegen die Menschlichkeit sowie die Kriegsverbrechen im Rahmen »eines systematisch geplanten Völkermords« begangen hätten, dessen Ziel »die Zerstörung fremder Nationen und ethnischer Gruppen teils durch physische Vernichtung, teils durch Ausmerzung und Unterdrückung nationaler Eigenschaften« gewesen sei. Die Anklage fuhr fort:

> Ziel dieses Programms war es, die deutsche Nation und die sogenannte arische Rasse auf Kosten anderer Nationen und Gruppen zu stärken, indem man einerseits geeignete Personen auswählte und sie zu »Deutschen« machte (sogenannte Germanisierung) und andererseits »unerwünschte« rassische Elemente ausmerzte.

Das Wort »Genozid«, am Ende des Krieges von Professor Raphael Lemkin vom Kriegsministerium in Washington geprägt, bedeutet im Kern den Versuch, ein Volk in seiner Gesamtheit zu vernichten oder zu unterwerfen. Dieser Tatbestand wurde 1946 von den Vereinten Nationen als Verbrechen anerkannt. 1948 nahm auch die Vollversammlung der UNO die Konvention über die Verhütung und Bestrafung des Völkermordes an.

Die Anklageschrift in Sachen RuSHA listete die Methoden auf, die von den Angeklagten zur Erreichung dieses Ziels angewandt wurden:

- Raub ausländischer Kinder und Selektion jener, die als rassisch wertvoll für eine Germanisierung in Betracht kamen;
- zwangsweise vorgenommene Abtreibungen bei Arbeiterinnen aus dem Osten, um ihre Arbeitskraft zu erhalten und zugleich die betreffende Nation zu schwächen;

- Wegnahme der Kinder von Ostarbeiterinnen, um sie entweder umzubringen oder zu germanisieren;
- Exekution oder Inhaftierung von Ostarbeitern wegen Geschlechtsverkehrs mit einer Deutschen und deren Inhaftierung;
- Behinderung der Fortpflanzung feindlicher Staatsangehöriger;
- Evakuierung fremder Bevölkerungsteile aus ihrem Heimatland und Neubesiedlung mit ethnischen Deutschen;
- zwangsweise Einbürgerung von Ausländern und Rekrutierung für die deutsche Armee;
- Raub öffentlicher und privater Grundstücke sowie persönlichen Eigentums in Deutschland und den besetzten Gebieten;
- Teilnahme an der Verfolgung und Vernichtung der Juden.

Die Rolle, die jede der vier SS-Organisationen hierbei gespielt hatte, wurde in der Anklageschrift ausführlich beschrieben. Zum Lebensborn hieß es:

> Der Lebensborn war unter anderem für den Raub ausländischer Kinder zum Zweck der Germanisierung verantwortlich. Vorstand des Lebensborns war Max Sollmann, dem zugleich die Hauptabteilung A mit den für die Heimaufnahme, Vormundschaften, Pflegeeltern und Adoptionen sowie Statistiken und Registrierung zuständigen Unterabteilungen unterstand. Chef der Hauptabteilung Gesundheitswesen war Gregor Ebner; Günther Tesch war Leiter der Hauptabteilung Rechtswesen und Inge Viermetz stellvertretende Leiterin der Hauptabteilung A.

Es folgte eine knappe Beschreibung der wesentlichen Ziele der Operation: Proklamation und Schutz der vermeintlichen Überlegenheit des nordischen Blutes und Eliminierung alles dessen, was es verwässern oder verunreinigen könnte. Und letztlich »die Sicherung der Naziherrschaft in Deutschland und der deutschen Herrschaft über Europa für alle Zeiten«.

Die Anklage beschrieb die einzelnen Maßnahmen des Programms zum Raub ausländischer Kinder mit seinen vielfältigen Motiven: die feindlichen Nationen zu schwächen und zugleich die Bevölkerung Deutschlands zu vergrößern, aber auch Rache zu üben und die Bevölkerung der besetzten Gebiete in Angst und Schrecken zu versetzen. Die hauptsächlichen Opfer seien die tschechischen, polnischen, jugoslawischen und norwegischen Kinder gewesen.

> Das allgemeine Programm der Germanisierung verlangte spezielle Aktionen, um rassisch wertvolle Kinder in die Hand zu bekommen, die man zu Mitgliedern eines großdeutschen Reiches erziehen konnte. Man ging davon aus, daß man die Kinder sehr viel leichter als ihre Eltern zu Nazis umformen konnte. So übernahm es der Lebensborn, diese sogenannten »rassisch wertvollen« Kinder ihren Eltern wegzunehmen ... Das Programm erfaßte ferner die unehelichen Kinder ausländischer Mütter, deren Väter als Soldaten in den besetzten Gebieten stationiert waren. Kinder, die man als rassisch wertvoll ansah, wurden für eine Germanisierung ausgewählt und bei Pflegeeltern untergebracht. Im Verlauf dieses Verfahrens wurden zahlreiche Geburtsurkunden gefälscht, und die für eine Germanisierung vorgesehenen Kinder erhielten deutsche Namen.

Himmler war zwar tot, doch sein Schatten lag über dem gesamten Verfahren. Schon die Anklage enthielt mehrere Zitate aus seinen Reden. »Wir stehen oder fallen mit der Reinheit des deutschen Blutes«, hatte er im Februar 1940 gesagt, »und wenn wir dieses Blut nicht vermehren, werden wir nicht in der Lage sein, die Welt zu regieren.«

Auch Himmlers Aufruf an die Soldaten, vor ihrem Fronteinsatz noch ein Kind zu zeugen, und sei es unehelich, wurde zitiert. Es wurden Beweise vorgelegt, wonach er in den besetzten Gebieten dafür gesorgt hatte, daß Besatzungskinder nur dann ausgetragen werden durften, wenn eine hohe Wahrscheinlichkeit bestand, daß das Baby rassisch erwünscht war. 1943 erließ er eine Verordnung, daß an diesen Frauen eine Abtreibung durch SS- oder Polizeiärzte vorzunehmen sei, »es sei denn, die Frauen besitzen gute Erbanlagen, was im Einzelfall festzustellen ist«. Diese Verordnung diente zwei Zielen: die Rasse rein zu erhalten und die Arbeitskraft der Frauen für das Reich zu sichern. War die Frau dagegen von rassisch guter Qualität, sollte sie in ein Lebensborn-Heim geschickt werden. Das Kind sollte nach der Geburt für eine eventuelle Adoption im Heim bleiben, während die Mutter in ihre Heimat zurückgeschickt wurde, um dort ihre Arbeit wieder aufzunehmen. Falls sie später die deutsche Staatsangehörigkeit annahm und einen Deutschen heiratete, konnte sie ihr Kind zurückbekommen.

Die Ankläger gingen ausführlich auf die Verfolgung und Ausrottung der Juden und der osteuropäischen Völker ein und beschrieben sie im einzelnen. Die Barbarei von Auschwitz und das Massaker von Lidice in der Tschechoslowakei kamen ausführlich zur Sprache. Wiederum wurde Himmler zitiert, der die rücksichtslose Eliminierung der polnischen Intellektuellen wie folgt gerechtfertigt hatte: »Sie mußten vernichtet werden. Es gab keinen anderen Weg ... Die Polen haben nur den Schlag erhalten, den sie bekommen mußten.«

Dann kam seine Rede, die er im Oktober 1943 vor SS-Offizieren in Posen gehalten hatte und in der er auf die brutalen Methoden der Judenausrottung einging:

> Es hat jeden entsetzt, und trotzdem war sich jeder gewiß, daß er es wieder tun würde, wenn der Befehl gegeben würde und es notwendig wäre ... Dies durchgehalten zu haben und dabei – abgesehen von Ausnahmen menschlicher Schwäche – anständig geblieben zu sein, das hat uns hart gemacht ... Wir wissen, wie schwer wir es uns selbst gemacht hätten – mit Bombenangriffen, den Belastungen und Entbehrungen des Krieges – wenn wir noch heute in jeder Stadt Juden als heimliche Saboteure, Agitatoren und Unruhestifter hätten.

Ein Grund, warum der Staatsanwalt das Massaker in Lidice in seinem Eröffnungsplädoyer besonders hervorhob, war der, daß es in diesem Fall dokumentarische Beweise gab, die den Lebensborn mit dem Schicksal der Kinder verband, deren Eltern dort ermordet worden waren. Da die meisten Lebensborn-Akten 1945 zerstört wurden, war schriftliches Beweismaterial rar.

Himmler hatte am 21. Juni, ein paar Tage nach dem Massaker, an Sollmann geschrieben und ihm nahegelegt, nach Prag zu fahren, um mit SS-Obergruppenführer Karl Frank, dem Staatssekretär beim Reichsprotektor von Böhmen und Mähren, über das Schicksal der Kinder zu beraten, was dieser umgehend tat. Darüber hinaus lagen Briefe aus dem Jahr 1944 vor, die jene Lidice-Kinder betrafen, die zunächst nicht zu den 13 für eine Germanisierung ausgewählten gehört hatten. Man hatte sie in den tschechischen Auffanglagern einem weiteren Test unterzogen und noch einmal sieben von ihnen als rassisch gesund aussortiert und an Lebensborn-Heime überwiesen. Ihr weiteres Schicksal ist jedoch unbekannt. Die restlichen Kinder sollten zur Zwangsarbeit in andere Teile des Reiches gebracht werden. In dem Brief eines Standartenführers aus Franks Dienststelle heißt es jedoch, ihre Umsiedlung sei nicht möglich, ohne daß es zu Unruhen unter der Bevölkerung käme. Viele ihrer Verwandten hätten herausbekommen, wo man sie festhalte, und stünden mit ihnen in Verbindung. Wenn man die Kinder wegbringe, könne dies »die Einhaltung des industriellen Friedens gefährden, der für die uneingeschränkte Produktion von Kriegsmaterial notwendig ist.«

Die Anklage wies darauf hin, daß »es nicht nur ein, sondern viele Lidices im besetzten Europa gegeben hatte«. Das kleinere tschechische Dorf Lesaky hatte man nur 14 Tage nach Lidice ausgelöscht: Von den 13 Kindern wurden zwei für eine Germanisierung und Adoption ausgesucht. Unter ähnlichen Begleitumständen wurden auch Kinder aus der Ukraine, Polen, Jugoslawien und Rumänien geraubt. Im Juni 1942 wurden Strafaktionen gegen Dörfer in den Gebieten Oberkrain und Untersteiermark in Jugoslawien durchgeführt, die als Zentrum der Partisanenbewegung bekannt waren. Auch hier forderte Himmler Berichte über die »Anzahl und den rassischen Wert dieser Kinder« an. Spätere Dokumente besagen, daß die Kinder in ein Schutzlager gebracht wurden, wo sie unter anderem von Inge Viermetz getestet wurden. Wer in Kategorie 1 und 2 eingeordnet wurde, kam in ein Lebensborn-Heim.

Während des Verfahrens wurde ein Bericht von Ebner an Sollmann vorgelegt, in dem es um 25 rumänische Kinder ging. Er schrieb, man habe die Kinder in Verwahrung genommen, aber nur zwei von ihnen kämen für eine Germanisierung in Frage. Die übrigen seien bereits zu alt, und drei seien genetisch so minderwertig, daß er eine Sterilisation vorschlage – ein Mädchen, weil »die jungen Männer im Lager anfangen, sich für sie zu interessieren«; ein Junge, weil »sein Kopf mißgebildet aussieht, seine Ohren abstehen und seine Schultern herabhängen«.

Die Schrecken der Strafaktionen und der Konzentrationslager waren schon Gegenstand anderer Nürnberger Prozesse gewesen. Indem der Ankläger sie bereits in diesem frühen Stadium in das Verfahren einbezog, versuchte er die unmittelbare Verbindung zwischen den beiden Aspekten der Rassenpolitik der Nazis herzustellen – die Eliminierung des schlechten oder unreinen Blutes und seine Ersetzung durch gesundes nordisches Erbgut. »Erstens«, sagte der Ankläger, »wollten sie das deutsche Volk stärken, und zwar zahlenmäßig als auch qualitativ, zweitens die nationalen Gruppen in den besetzten Ländern schwächen und schließlich ausrotten.«

Diese Darstellung, welche die Maßnahmen zur Verbesserung der Rasse in den Kontext der weit darüber hinausgehenden Ziele der Nazis stellt, ist logisch nicht zu beanstanden. Taktisch wäre der Ankläger möglicherweise besser beraten gewesen, die grausigeren Verbrechen in diesem speziellen Verfahren herunterzuspielen. Obwohl das RuSHA und seine untergeordneten Dienststellen ganz klar in die Gesamtstrategie verwickelt waren, die hinter der Brutalität stand, war es nicht möglich, auch nur einen der Angeklagten persönlich für einen speziellen Mord zur Verantwortung zu ziehen. Der Ankläger wies ferner darauf hin, daß man einige Lebensborn-Heime mit gestohlenen jüdischen Möbeln eingerichtet hatte. Aber verglichen mit den Massenmorden, die man dem Gericht zuvor beschrieben hatte, schienen das geringfügige Vergehen zu sein, vergleichbar etwa mit Hehlerei.

Unstreitig sind Menschenraub und rassische Manipulation Verbrechen, aber ohne Frage sind sie weniger entsetzlich als das, was sich in den Konzentrationslagern abspielte, und man kann sie vergleichsweise harmlos aussehen lassen, wenn man diese beiden Verbrechenskategorien einander gegenübergestellt. Das mag letztlich dazu beigetragen haben, daß der Gerichtshof die Angeklagten im Lebensborn-Prozeß relativ milde behandelte.

Die ergreifendsten Zeugen in diesem Prozeß waren die geraubten Kinder. Inzwischen zu Jugendlichen herangewachsen, waren sie unwissentlich zu Opfern der absurden Versuche der Nazis geworden, ihre Vergangenheit auszulöschen und sie in gute Bürger des Deutschen Reichs zu verwandeln. Die meisten waren Zeugen der Anklage, aber ein paar traten auch als Entlastungszeugen für die Angeklagten auf.

Ein Zeuge der Anklage war Slavonmir Paszesny, ein fünfzehnjähriger Pole, der 1942 mit zehn Jahren von den »Braunen Schwestern« aus der elterlichen Wohnung in Lodz abgeholt worden war. Er wurde in ein Kinderheim der Stadt gebracht und aus den üblichen drei Blickwinkeln fotografiert. Sein Vater hatte versucht, ihn aus dem Heim herauszuholen, war aber weggejagt worden. Seine Mutter kam, um ihn zu besuchen, wurde jedoch nicht ins Haus gelassen, so daß sie sich nur durch den Drahtzaun unterhalten konnten. Später wurde er mit etwa dreißig anderen Kindern nach Kalisz gebracht. Hier ein Auszug aus seiner Aussage:

> »Lehrte man euch in Kalisz deutsch zu sprechen und zu lesen?«
> »Ja.«
> »Durften die polnischen Kinder untereinander polnisch reden?«
> »Es war verboten, aber wir taten es heimlich doch.«
> »Was passierte, wenn eins der Kinder Polnisch sprach? Wurde es bestraft?«
> »Ja.«
> »Wurdest du jemals bestraft?«

»Ja, das wurde ich.«
»Was hat man dir getan?«
»Ich wurde in ein Zimmer gesperrt und bekam weder Mittag- noch Abendessen.«
»Kam deine Mutter jemals zu Besuch, solange du in Kalisz warst?«
»Ja, meine Mutter kam.«
»Konntest du mit ihr in Kalisz sprechen?«
»Nein, das konnte ich nicht.«
»Woher wußtest du dann, daß sie da war?«
»Andere Kinder haben sie gesehen.«

Von Kalisz wurden die Kinder nach Salzburg gebracht, wo sie neue Namen bekamen und man ihnen sagte, sie sollten alles über Polen vergessen, da sie dorthin nicht zurückkehren würden. Sie durften weder schreiben noch Briefe von ihren Familien bekommen, aber gelegentlich gelang es ihnen, das Verbot zu umgehen. Slavonmir wurde in Karl Grohmann umbenannt und bald von einer Bauernfamilie adoptiert. Nach ein paar Monaten wurde er jedoch vom Hof weggeholt, weil er Kontakt zu in der Nähe stationierten polnisch sprechenden Serben aufgenommen hatte. Er kam auf einen zweiten Bauernhof, wo ihn polnische Truppen bei Kriegsende fanden und nach Hause brachten.

Eine weitere Zeugin der Anklage war Maria Hanfova aus Lidice, die in jener schicksalhaften Nacht, als die Deutschen kamen und das tschechische Dorf auslöschten, zwölf Jahre alt gewesen war. Sie erzählte, sie sei um drei Uhr früh geweckt und zusammen mit ihrer Mutter in eine nahegelegene Schule gebracht worden. Zwei Tage später habe sie zugesehen, wie ihre Mutter mit den anderen Frauen auf einen Lastwagen verladen wurde. Danach wurden Maria und die übrigen Kinder in den Zug nach Lodz gesetzt.

»Wie wurdest du auf der Fahrt nach Lodz behandelt?«
»Sehr schlecht.«
»Bitte beschreibe uns, was du unter schlechter Behandlung verstehst.«
»Wir bekamen wenig zu essen – nur schwarzen Kaffee und Brot –, und die Kinder waren hungrig. Sie weinten und riefen nach ihren Müttern.«
»Waren auch Schwestern im Zug, um sich um die kleinen Kinder zu kümmern?«
»Es waren Schwestern da, und sie sorgten auch für die kleinen Kinder, aber sehr schlecht.«

In Lodz gehörte Maria zu den sieben Kindern aus Lidice, die als hinreichend reinrassig für eine Adoption durch deutsche Eltern ausgesucht wurden. Wie sie sagte, wurden sie auch im Lager schlecht behandelt. Es wurde ihnen verboten, Fragen nach dem Schicksal ihrer Eltern oder ihrer Freunde zu stellen, die den Test nicht bestanden hatten. Dann wurden sie in das Heim in Puschkau gebracht, wo sie Deutsch lernten und bestraft wurden, wenn man sie dabei erwischte, daß sie tschechisch sprachen. Man sagte ihnen nicht, was aus ihren Eltern geworden war, und sie durften, wie die polnischen Kinder, keine Briefe schreiben.

»Wie reagierten sie, wenn ihr ihnen sagtet – falls ihr es jemals getan habt –, daß ihr nach Hause wolltet?«
»Mir hat man immer gesagt, daß wir nicht zurückkämen, sondern in Deutschland bleiben würden.«

In Puschkau erhielt sie den Namen Maria Hanff. Nach einem Jahr kam sie zu Familie Richter nach Dessau, und ihr Name wurde wieder geändert, diesmal in Marga Richter. Auch von dieser Familie, sagte sie, sei sie schlecht behandelt worden:

»Haben sie jemals etwas darüber gesagt, daß du Tschechin seist?«
»Ja, das haben sie.«
»Was haben sie gesagt?«
»Daß ich aus der Tschechoslowakei komme und mich nun nach den Deutschen zu richten hätte, damit ich eine Deutsche werde; daß ich gegen die Tschechen sein müsse ... Ich bekam auch eine BDM-Uniform.«

Mit der Befragung der Kinder über die Einzelheiten ihrer Behandlung wollte der Ankläger die Behauptung der Angeklagten widerlegen, daß man stets gut für die Kinder gesorgt habe, was diese als mildernde Umstände geltend machten. Auf dieses Argument der Verteidigung und auf ihre Behauptung, der Lebensborn sei im wesentlichen eine Wohlfahrtsorganisation und ein Hort für die betreuten Kinder gewesen, war der Ankläger bereits in seiner Eröffnungsrede eingegangen, als er sagte:

> Wir werden im Verlauf dieses Prozesses von den Angeklagten häufig zu hören bekommen, wie gut die Kinder behandelt wurden und wie herrlich man für sie gesorgt habe. Im Vergleich mit der Behandlung jener Kinder, denen die Angeklagten eine Germanisierung verweigerten, mag dieses durchaus zutreffen. Aber ein Kidnapper kann sich nicht damit verteidigen, daß er sein Opfer anständig behandelt hat. Im Gegenteil, wir müssen uns fragen, warum sie so behandelt wurden. Die Antwort ist einfach – diese unschuldigen Kinder wurden gewaltsam entführt, um mit der Nazi-Ideologie indoktriniert und zu »guten« Deutschen erzogen zu werden. Das verschärft die Sache, statt sie zu mildern.

Die Logik dieser Argumentation ist unwiderlegbar. Aber indem man auf diese Strategie einging und die Kinder darüber vernahm, wie sie später behandelt worden waren, trat ihre anfängliche »schlechte Behandlung« in den Hintergrund: daß man sie gewaltsam ihren Eltern weggenommen hatte, die ermordet oder in Konzentrationslager geschickt wurden, und daß man sie selbst später gezwungen hatte, ihre nationale Identität zu wechseln. *Das* waren die wirklichen Verbrechen – und die wurden auch nicht geleugnet. Was die Angeklagten und ihre Verteidiger bestritten, waren lediglich die Zahl der betroffenen Kinder und der Umfang der Mittäterschaft des Lebensborns.

Eine Zeugin der Verteidigung war Lucie Bergner, zur Zeit ihrer Vernehmung 16 Jahre alt. Sie wurde in den Zeugenstand gerufen, um die Behauptung der Angeklagten zu untermauern, daß die meisten polnischen Kinder aus sozialen Gründen und zu ihrem eigenen Besten aus ihren Familien herausgeholt wurden. Lucie konnte sich nicht mehr an ihre Eltern erinnern; sie hatte mit ihrer kranken und schon älteren Großmutter in der Nähe von Posen gelebt, bevor die Deutschen sie in ein Kinderheim brachten. Ihre Großmutter, die sowohl Deutsch als auch Polnisch sprach, hatte ihr immer erzählt, daß ihre Eltern gewollt hätten, daß sie zu Pflegeeltern kam. Da sie immer gebrechlicher wurde, wollte sie das Mädchen gern für einige Zeit loswerden und war deshalb ganz froh, als die Deutschen kamen und Lucie abholten.

Sie kam zunächst nach Kalisz, aber ihre Aussage über die dortigen Bedingungen unterschied sich sehr von der anderer Kinder:

> »Welche Sprache haben die Kinder untereinander gesprochen?«
> »Sie sprachen polnisch.«

»Gefiel das den Erzieherinnen oder nicht?«
»O ja, sie mochten das.«
»Haben sie eingegriffen oder es verboten?«
»Aber nein, niemals.«
»Bitte versuchen Sie sich genau zu erinnern, ob es einen Fall gegeben hat, wo jemand aus diesem Grund bestraft wurde.«
»Ich kann mich an keinen einzigen erinnern.«

Von Kalisz kam sie ins Heim »Alpenland« in Oberweis in Österreich. Wieder steht ihr Bericht in Widerspruch zu den Schilderungen vieler ehemaliger Mitinsassen:

»Und wie hat man Sie in Oberweis behandelt?«
»Ich hatte es sehr gut.«
»Sagen Sie uns, warum es Ihnen dort gefiel. Sie scheinen sich gern daran zu erinnern.«
»Wir haben alles bekommen und konnten tun, was wir wollten. Wir bekamen gutes Essen.«
»Wurden Sie in Oberweis auf irgendeine Weise bestraft?«
»Nein ... man hat uns überhaupt nie bestraft.«
»Ist Ihnen irgend etwas darüber bekannt, daß man angeblich Kinder in einen dunklen, unterirdischen Keller eingeschlossen hat?«
»O nein, Oberweis hatte gar keinen Keller.«

Von Oberweis kam Lucie zu Pflegeeltern, den Eheleuten Treiber, wo es ihr wieder sehr gut ging und sie »wie ihre eigene Tochter behandelt wurde«. Der Verteidiger fuhr fort:

»Würden Sie mir jetzt bitte ganz offen sagen, wie es Ihnen bei ihren Pflegeeltern gefällt?«
»Ich bin ausgesprochen gern dort ...«

»Möchten Sie sie je wieder verlassen?«
»Nein, das möchte ich nicht.«

Es wäre in der Tat überraschend, wenn es nicht auch Kinder gegeben hätte, die froh waren, aus Polen herauszukommen, denn während des Krieges waren die dortigen Lebensbedingungen sehr hart. Und sicher gab es auch einige Erwachsene, die erleichtert waren, als ihnen die Sorge für die Kinder abgenommen wurde, um die sie sich in Abwesenheit der Eltern gekümmert hatten. Dennoch widerspricht Lucie Bergners Aussage den Schilderungen von weinenden Müttern, die zusehen mußten, wie ihre Kinder per Bahn abtransportiert wurden und die verzweifelt versuchten, sie in den Auffanglagern zu besuchen. Aber die Verteidigung leistete gute Arbeit, indem sie eine Handvoll Kinder aufspürte, die sich – ähnlich wie Lucie – völlig in ihre deutsche Familie eingelebt hatten und dort auch nicht wieder wegwollten. Sie stärkten die Position der Angeklagten gegenüber dem Vorwurf gewaltsamer Kindesentführungen. Sollmanns Verteidiger meinte, vielleicht ein wenig ironisch:

> Natürlich betont der Kronanwalt in seiner Anklage, daß Kindesraub in vieler Hinsicht schlimmer ist als jedes andere Verbrechen, wie z. B. der Massenmord an den Juden, die Greueltaten in den Konzentrationslagern, die unmenschlichen medizinischen Versuche usw. Aber der Ankläger hat nicht gesagt, was er unter dem Tatbestand des Kindesraubes versteht, welches die Charakteristika dieses Verbrechens sind.

Die Verteidigung führte weiter aus, daß es in der Tat verwerflich sei, Kinder ihren Eltern wegzunehmen und sie gewaltsam in ein fremdes Land zu bringen, und räumte auch ein, daß das die ethnische Volksgruppe des Kindes schwächen könne. Der Ankläger habe jedoch nicht beweisen können, daß einer der Angeklagten irgendeines dieser Verbrechen begangen habe:

> Es geht hier nicht um die moralische Bewertung abstrakter Begriffe, sondern um das, was Max Sollmann und seine Mitarbeiter getan haben. Ihre Taten haben ebensowenig mit einem Verbrechen oder irgendeiner anderen strafbaren Handlung zu tun wie die fachgerechte Behandlung durch einen Arzt mit einer Körperverletzung oder ähnlichem.

Mit anderen Worten: Selbst wenn jene Verbrechen begangen wurden, trugen dafür nicht die Angeklagten die Verantwortung, die im Gegenteil alles getan hätten, um Leiden zu lindern und nicht etwa, sie zu verursachen. Die Verteidigung behauptete ferner, daß die Polen vor der Okkupation systematisch ethnisch deutsche Kinder in Waisenhäuser gesteckt und alle Beweise ihrer Herkunft vernichtet hätten, so daß eine rassische Durchleuchtung dieser Kinder in ihrem eigenen Interesse notwendig gewesen sei. Nur so habe man ihre Herkunft feststellen und entscheiden können, ob man sie zu deutschen Pflege- oder Adoptiveltern geben solle.

Ein wesentliches Argument der Verteidigung war, daß die weitaus meisten der aus Polen herausgeholten Kinder ethnisch deutsche Waisen waren. Zum Beweis hierfür bezog sie sich auf einen Erlaß aus dem Jahr 1941 von SS-Gruppenführer Ulrich Greifelt, dem damaligen Chef des Stabshauptamts des Reichskommsissars für die Festigung deutschen Volkstums und nun ranghöchsten Angeklagten in diesem Verfahren. Dieser Erlaß besagte aber, wie der Ankläger ausführte, daß nicht nur Kinder genommen werden sollten, deren »rassisches Erscheinungsbild auf nordische Eltern schließen läßt«, sondern auch jene, »bei denen offensichtlich ist, daß sie gutes, für Deutschland wertvolles Blut in ihren Adern haben«. Greifelt verfügte, daß geeignete Kinder in die Obhut kinderloser SS-Familien gegeben werden sollten.

Die Verteidigung führte dagegen an, daß – was immer die Motive für die Auswahl der Kinder gewesen seien – der Lebensborn mit den Kindern erst befaßt worden sei, nachdem andere Dienststellen sie ihren Familien weggenommen hätten. Sie betonte immer wieder, daß die Rassetests nicht dem Zweck gedient hätten, »die Spreu vom Weizen zu trennen«, sondern dazu, Beweismaterial zu finden, ob es sich wirklich um ethnisch Deutsche handelte, da es keinerlei Unterlagen über ihre Abstammung gab.

> Wer behauptet, die Führung des Dritten Reiches habe sich nach der Besetzung Polens nicht als erstes um die ethnisch deutschen Waisenkinder in den polnischen Waisenhäusern gekümmert, sondern gewaltsam und wahllos irgendwelche Kinder entführt, Kinder, die polnischer Abstammung waren, aber deutsch aussahen . . ., der hat die Absichten der Führung des Dritten Reiches völlig mißverstanden und würde sie beschuldigen, ihre eigene Ideologie von Blut und Rasse verraten zu haben.

Um zu erläutern, was er damit meinte, führte der Verteidiger aus, daß nicht nur die Nazis überzeugt gewesen seien, ein großes und starkes Land müsse versuchen, »die Zahl derer« auf ein Minimum zu beschränken, »die an der Ehre und den Vorteilen partizipieren wollen, die einer solchen starken Nation erwachsen«. Fast alle Länder übten eine gewisse Kontrolle darüber aus, wer ihre Staatsbürgerschaft erwerben könne und wer nicht. Es sei daher abwegig anzunehmen, die Deutschen hätten ausländische Kinder entführen und zu Nazis machen wollen.

Da die Angeklagten daran festhielten, daß die meisten Kinder ursprünglich Deutsche waren, benutzte der Verteidiger die Bezeichnung »Re-Germanisierung«, um den Prozeß zu beschreiben, in dessen Verlauf die Kinder Sprache und Kultur ihres neuen/alten Heimatlandes lernten. Er behauptete, daß die Mitarbeiter des Lebensborns hieran keinen Anteil gehabt und nicht mehr darüber gewußt hätten als jeder Durchschnittsbürger – trotz der Aussage einiger Kinder, daß auch in den Lebensborn-Heimen rassische Untersuchungen und andere Tests stattgefunden hatten:

> Die Tatsache, daß die Mitarbeiter des Lebensborn Bezeichnungen wie »geeignet für eine Germanisierung« usw. gebraucht haben, beweist höchstens die undeutliche Vorstellung, die in bezug auf diese Ideen im Lebensborn herrschten ... Hinzu kommt, daß der Lebensborn bei der Auswahl und Belehrung der Pflegeeltern einen völligen Mangel an politischem Interesse gezeigt hat. Es ist absolut unwahr, daß die Kinder überwiegend zu SS-Familien gegeben wurden ... Was allein zählte, war, daß liebevoll für die Kinder gesorgt wurde und sie unter den bestmöglichen Bedingungen aufwuchsen ... Der Angeklagte Max Sollmann und die übrigen Mitarbeiter des Lebensborn empfanden es als eine persönliche Verpflichtung, daß dieses wertvolle Gut, für das sie zu sorgen hatten, keinen Schaden erlitt.

Die Verteidigung hielt an ihrer Taktik fest: Die Kinder in Obhut zu nehmen war nicht kriminell, da es sich um Deutsche handelte, die von Rechts wegen nach Deutschland gehörten. Aber selbst wenn es ein Verbrechen gewesen wäre, seien die Mitarbeiter des Lebensborns nicht daran beteiligt gewesen, da sie lediglich für das Wohlergehen dieser ihnen anvertrauten wertvollen menschlichen Fracht verantwortlich gewesen seien. Der Verteidiger fuhr fort:

> Wenn man mit diesen angeblich geraubten Kindern wirklich das vorgehabt hätte, was die Anklage behauptet, dann hätte man sie wohl kaum zu wohlhabenden Familien gegeben, sondern sie in Heime ähnlich den preußischen Militärwaisenhäusern gesteckt. Die Pflegeeltern liebten diese Kinder und sorgten für sie wie für ihre eigenen. Wenn der Lebensborn Berichte über ihre Erziehung anforderte, so deshalb, weil er daran interessiert war, daß es den Kindern körperlich und seelisch gut ging und nicht etwa, ob sie erwartungsgemäß »germanisiert« und gute Nationalsozialisten geworden waren.

Der Kronanwalt bestritt diese Behauptungen und führte aus, selbst wenn man sich verantwortungsvoll um die entführten Kinder gekümmert habe – zumindest verglichen mit denen, die diese rassische Überprüfung nicht bestanden hatten –, so sei das kein Grund, das Verbrechen der Kindesentführung milder zu bestrafen. Im übrigen sei die Behauptung, daß die meisten Kinder ohnehin ethnisch Deutsche gewesen seien, unglaubwürdig. Himmler selbst habe Anweisung gegeben, daß »rassisch gutes Material« ohne Rücksicht auf die Abstammung zu germanisieren sei. Er fuhr fort:

> Die Dokumente lassen keinen Zweifel daran, daß die Angeklagten als leitende Mitglieder des RuSHA wußten, daß sie es bei der Durchführung von Greifelts Anordnung mit Kindern zu tun hatten, die nicht nur eine ausländische Staatsangehörigkeit besaßen, sondern darüber hinaus einer nichtgermanischen ethnischen Volksgruppe angehörten. In mehreren Doku-

menten aus dem RuSHA ist die Rede von »Germanisierung von Waisenkindern fremden Blutes«, »Germanisierung der Namen ausländischer Waisenkinder« sowie von »Waisenkindern von Ausländern«. Es ist bezeichnend, daß in den Erklärungen des RuSHA zur rassischen Qualität der Kinder nie davon die Rede ist, daß ihre Untersuchung bestätigt habe, daß sie deutscher Abstammung seien ... [sondern] immer nur davon, daß sie einen »wünschenswerten Zuwachs der Bevölkerung« darstellten.

Im Hinblick auf jene Kinder, die dem Gericht erzählt hatten, sie wollten in Deutschland bleiben, sagte der Kronanwalt:

> Ihre Aussage hat ergeben, daß sie in einem so frühen Alter entführt wurden, daß sich nur noch wenige an ihre Eltern oder Verwandten erinnern. Den weitaus größeren Teil ihres Lebens haben diese jungen Zeugen bei deutschen Pflegeeltern verbracht, denen sie vom Lebensborn anvertraut wurden. So ist es nur natürlich, daß sie in diesen ersten Lebensjahren ein falsches Gefühl der Sicherheit entwickelt haben ... Daß ihr Wunsch, in Deutschland zu bleiben, ausschlaggebend sein soll, ist absurd.

Greifelt selbst verteidigte seine Taten in seinem Schlußwort:

> Ich habe mich immer als Diener dieser Menschen gefühlt, die aus ihrer früheren Umgebung herausgerissen worden waren. Ich habe mich dafür eingesetzt, ihnen ein neues Leben aufzubauen, ihre Existenz zu sichern und damit ihr Deutschtum. Das war meine Aufgabe. Niemals ist es mir auch nur im entferntesten in den Sinn gekommen, anderen Menschen Böses

> anzutun, sie zu quälen oder zu vernichten ... Ich fühle mich nicht schuldig.

Auch Ebner fühlte sich nicht schuldig:

> Als ich zum Lebensborn ging, habe ich mich von meiner Liebe zum Arztberuf und meinem Mitleid für die Mütter und Kinder leiten lassen, die infolge falscher Moralvorstellungen nicht von ihren eigenen Familien versorgt wurden oder versorgt werden konnten und von der Gesellschaft geächtet wurden ... Ich habe ein reines Gewissen.

Sollmann begrüßte die ihm gebotene Chance, »die mir unbegreiflichen Behauptungen der Anklage« zu widerlegen, »Behauptungen, die mir immer unverständlich bleiben werden«. Sein Verteidiger ergänzte seine Ausführungen dahingehend, daß der Angeklagte »einem Werk der Barmherzigkeit« verpflichtet gewesen sei.

> Es steht fest, daß der Lebensborn nie an irgendeinem verbrecherischen Programm mitgewirkt hat. Er begann seine Arbeit geleitet von der zutiefst menschlichen und natürlichen Idee, die man sich vorstellen kann, und blieb dieser Idee treu, die sein höchstes Gesetz und Programm war, solange er existierte: der Idee des ritterlichen Schutzes für die werdende Mutter und der liebevollen Sorge für ihr Kind.

Das Gericht ließ gegenüber den Verantwortlichen des Lebensborns Milde walten, allerdings nicht gegenüber Angeklagten, die dem RuSHA und – wie Greifelt – dem SS-Kommandobereich angehört hatten: Sie wurden zu Gefängnisstrafen von zehn Jahren bis zu lebenslänglich verurteilt. Obwohl alle Lebensborn-Angeklagten mit Ausnahme von Inge Viermetz schuldig befunden wurden, einer kriminellen Vereinigung (der SS) angehört zu haben, wurden sie in den wesentlichen Punkten der Anklage freigesprochen und am Schluß des Verfahrens, am 10. März 1948, freigelassen, wobei das Gericht berücksichtigte, daß sie fast drei Jahre in Untersuchungshaft gesessen hatten. Lee Wyatt, der Vorsitzende Richter, begründete seine Entscheidung wie folgt:

> Die Beweisführung hat ergeben, daß der Verein Lebensborn, der bereits lange vor dem Krieg bestand, eine Wohlfahrtsinstitution und in erster Linie ein Wöchnerinnenheim war. Von Anbeginn an sorgte er für verheiratete wie ledige Mütter und eheliche wie uneheliche Kinder. Die Anklage hat nicht mit hinreichender Sicherheit bewiesen, daß der Lebensborn und die mit seiner Leitung betrauten Angeklagten am Menschenraub-Programm der Nazis beteiligt waren. Die Beweisaufnahme hat zwar eindeutig ergeben, daß Tausende und Abertausende von Kindern von anderen NS-Dienststellen und Organisationen geraubt und nach Deutschland gebracht wurden; zugleich hat sie aber auch ergeben, daß nur ein geringer Prozentsatz von ihnen in die Lebensborn-Heime gekommen ist und nur vereinzelt Kinder aufgenommen wurden, deren Eltern noch lebten. Die weitaus meisten Kinder, die auf irgendeine Weise in die Obhut des Lebensborn gelangten, waren Waisenkinder ethnisch deutscher Eltern … Stellte sich indessen heraus, daß noch ein Elternteil lebte, so gab der Lebensborn dieses Kind nicht für eine Adoption frei wie die Waisenkinder, sondern erlaubte lediglich, daß es zu einer deutschen Pflegefamilie kam, die zuvor ihre Qualifikation nachweisen mußte.

Der Richter kam zu einer etwas überraschenden Schlußfolgerung:

> Die Beweisaufnahme hat eindeutig ergeben, daß von den zahlreichen deutschen Organisationen, die mit den nach Deutschland verschleppten ausländischen Kindern zu tun hatten, der Lebensborn die einzige Institution war, die alles in ihrer Macht Stehende getan hat, um angemessen für die Kinder zu sorgen und die rechtlichen Interessen der in seiner Obhut befindlichen Kinder zu schützen.

Einer der drei Richter, Daniel O'Connell, äußerte eine abweichende Meinung, erklärte aber nicht, daß das Tribunal zu milde gewesen sei, wie es sich manche Opfer gewünscht haben mögen, sondern im Gegenteil, daß einige Urteile gegen die SS-Angeklagten – unter ihnen Greifelt – zu hart ausgefallen seien. »Viele sehen in einer harten Bestrafung irrtümlich ein Mittel der Abschreckung für zukünftige Verbrecher. Ich bin anderer Ansicht«, erklärte er.

Richter O'Connell gab zu bedenken, daß die Männer trotz ihres militärischen Rangs hauptsächlich mit zivilen Aufgaben betraut gewesen seien:

> Alle kriegführenden Regierungen sind notwendigerweise auf die Hilfe ziviler Dienststellen angewiesen, die ihren Weisungen unterliegen und eng mit den Streitkräften zusammenarbeiten. Es ist schwierig, hier eine Grenze zu ziehen, die festlegt, inwieweit auch jene bestraft werden können, die mit diesen zivilen Dienststellen zusammengearbeitet haben ... Genauso, wie es sehr schwierig zu entscheiden ist, ob der Mitarbeiter einer zivilen Dienststelle eine Aktion gutheißt oder sie ohne deutlichen Protest innerlich ab-

> lehnt, die dazu dient, die Verübung von Verbrechen zu begünstigen.

In einer Welt, die drei Jahre nach dem Krieg eher nach vorn als zurückschaute, erregte das Ergebnis des Prozesses kaum Aufmerksamkeit. Die Londoner *Times* brachte einen einzigen Absatz, in dem sie lediglich auf die Gefängnisstrafen der SS-Führer einging. Unter der Überschrift »Himmlers Mitarbeiter verurteilt« war dort zu lesen:

> Ein amerikanisches Militärtribunal in Nürnberg hat acht Mitarbeiter von Himmlers Rasse- und Siedlungshauptamt, gegen die seit mehreren Monaten wegen des Verbrechens des »Genozids« verhandelt wurde, zu hohen Gefängnisstrafen verurteilt. Der Hauptangeklagte Ulrich Greifelt erhielt lebenslänglich. Die sieben weiteren Gefängnisstrafen liegen zwischen 25 und 10 Jahren. Inge Viermetz, die einzige Frau in diesem Verfahren, wurde freigesprochen.

Nicht erwähnt wurde in diesem Artikel, daß die Leiter des Lebensborns am besten weggekommen waren. Das allgemeine Interesse an diesem Verein war gering, aber diejenigen, die besser Bescheid wußten, waren von den milden Urteilen gegen die Lebensborn-Führung ziemlich betroffen. Zu ihnen gehörte auch Dr. Roman Hrabar, der sich nach wie vor bemühte, Kinder polnischer Herkunft und anderer Nationalitäten aufzuspüren, die in die deutsche Bevölkerung integriert worden waren. Ihm war längst klar, daß er von den westlichen Regierungen angesichts des inzwischen ausgebrochenen Kalten Krieges kaum Hilfe bei der Rückführung der geraubten Kinder in den Osten erwarten konnte. Aber er hätte es gern gesehen, wenn die begangenen Verbrechen zumindest als solche beim Namen genannt worden wären.

Im Februar 1950 eröffneten die Deutschen selbst ein Entnazifizierungsverfahren gegen Ebner, Sollmann und mehrere ihrer hochrangigen Mitarbeiter – einerseits wegen des auf sie ausgeübten Drucks, andererseits in dem von manchen als halbherzig bezeichneten Bemühen, die Naziverganggenheit aufzuarbeiten. Das Verfahren fand in München statt und dauerte sechs Tage. Ziel der Anklage war es, Sollmanns Behauptung zu widerlegen – die ihm in Nürnberg von Richter Wyatt abgenommen worden war –, daß der Lebensborn eine reine Wohlfahrtseinrichtung und nicht an dem Versuch beteiligt gewesen sei, die polnische oder irgendeine andere Nation zu vernichten. Die Anklageschrift begann mit einem Zitat aus der 1943 von Himmler gehaltenen Rede über »Rauben und Stehlen« guten Blutes und fuhr dann fort:

> Als Leiter des Lebensborn hatte Max Sollmann Kenntnis vom Germanisierungsprogramm ... Als Mitglied des persönlichen Stabes des Reichsführers SS hatte er ohne Zweifel auch Kenntnis von den inneren Angelegenheiten der SS.

Er mußte sich daher über die volle Bedeutung des Greifeltschen Erlasses vom Februar 1942 über die Germanisierung polnischer Kinder im klaren gewesen sein. Der Ankläger legte Erklärungen polnischer und anderer Kinder vor, welche die Behauptungen des Lebensborn-Personals widerlegten, daß sie in gutem Glauben gehandelt und die Kinder gut behandelt hätten. Eine Frau, die als Stenotypistin im Münchener Hauptquartier gearbeitet hatte, sagte aus, daß die »Mehrheit der aus Polen gekommenen Kinder ihre Germanisierung nicht als positiv angesehen haben«, was sich schon daran gezeigt habe, daß sie untereinander stets polnisch gesprochen und immer wieder versucht hätten, Briefe nach

Polen zu schreiben, obwohl das verboten war. Der Ankläger folgerte daraus:

> Somit ist erwiesen, daß die Führung des Lebensborns vollständig über alle Vorgänge unterrichtet war und nicht gutgläubig handelte; man hatte es mit ausländischen Kindern zu tun, die gezwungen wurden, ihre nationale Identität zu wechseln … Es ist nicht allzu schwer, sich vorzustellen, wie die Kinder von ihren Müttern getrennt wurden.

Die Anklageschrift beschrieb dann im Detail, wie die Geburtsurkunden der Kinder im Widerspruch zu den deutschen Gesetzen gefälscht wurden, um ihre wahre Herkunft zu verschleiern. Als Geburtsort wurde normalerweise Posen (Poznan) eingetragen, ihr Alter von Ebner geschätzt und ihre Namen denen ihrer neuen Familie angeglichen. Sollmann, Ebner und ihre hochrangigen Kollegen »haben sämtlich gegen das Gesetz verstoßen. Es war ihnen bekannt, auf welche Weise die Kinder ihren Eltern weggenommen wurden, und sie wirkten bei diesem Kindesraub mit.«

Gegen Inge Viermetz, die in Nürnberg freigesprochen worden war, wurde nun in München Anklage wegen ihrer speziellen Verantwortung bei der Auswahl der ausländischen Kinder für die Lebensborn-Heime sowie der Errichtung neuer Heime in den besetzten Ländern erhoben. Ebner war als Leitender Arzt vor allem für die rassischen Untersuchungen zuständig gewesen. Außerdem hatte er zusammen mit Sollmann eine Rolle bei der Enteignung jüdischen Eigentums zugunsten der Heime sowie beim Arbeitseinsatz von KZ-Lagerhäftlingen gespielt, deren tägliche Arbeitszeit um sechs Uhr morgens begann und um 19 Uhr endete.

Sollmann und Ebner verteidigten sich wie schon in Nürnberg damit, daß die Lebensborn-Heime in erster Linie Wohlfahrtseinrichtungen gewesen seien und die Rassenselektion bei ihrer Arbeit nur von untergeordneter Bedeutung gewesen sei. Sie behaupteten, niemals direkte Anweisungen von der SS erhalten zu haben. Sollmann erklärte, nach 1940 sei nur noch die Hälfte der Geburten in den Heimen unehelich gewesen, während die Zahl zuvor bei achtzig Prozent gelegen habe. Die durchschnittliche Geburtenrate habe in den neun Jahren ihres Bestehens bei etwa hundert Babys im Monat gelegen. Sollmann fügte hinzu, daß er persönlich dagegen opponiert habe, Lebensborn-Heime außerhalb Deutschlands zu errichten, und ausländische Kinder nur widerstrebend aufgenommen habe. Er gab aber zu, an der Unterbringung der ausgewählten Kinder aus dem zerstörten tschechischen Dorf Lidice beteiligt gewesen zu sein – da hierüber ein Dokument erhalten geblieben war, wäre es ohnehin sinnlos gewesen zu leugnen.

Mehrere Zeugen sagten zugunsten von Sollmann aus, darunter Mitarbeiter aus der Lebensborn-Zentrale. Sie berichteten, daß er die offiziellen Rassenkriterien für die Mütter weniger streng angewandt habe als sein Vorgänger Pflaum, polnischen Kindern auf Wunsch den Kontakt zu ihren Verwandten erlaubt sowie die Zwangsarbeiter aus den KZs anständig behandelt habe. So habe er ihre Unterkunft nicht mit einem Stacheldrahtzaun umgeben, wie man es erwartete, und sogar Filmvorführungen für sie organisiert. Ein ehemaliger Häftling sagte aus, daß es als Privileg angesehen worden sei, in einem Lebensborn-Heim arbeiten zu dürfen. Auch wurde bestätigt, daß Sollmann einen Angestellten bestraft hatte, weil dieser einen niederländischen Gefangenen geschlagen hatte.

Indessen wurde der Eindruck, daß es in den Heimen nur nett und fröhlich zugegangen sei, leicht getrübt durch die Aussage des Luftwaffenarztes Dr. Brandenburg, der im Frühjahr 1944 zum Lebensborn versetzt und kurz darauf dem

Heim in Wernigerode zugeteilt wurde. Dort, so behauptete er, habe ihm eine Schwester, Luise Wimmer, Avancen gemacht; als er sie abgewiesen habe, habe sie ihn wütend bei Ebner denunziert mit der Behauptung, er verbreite unter den Insassen Angst und Mutlosigkeit. (Frau Wimmer gab zu, ihn gemeldet zu haben, behauptete aber vor Gericht, er habe ihr Avancen gemacht.) Als Gegner der Naziphilosophie hatte der Arzt den Müttern offenbar erzählt, daß die Russen bereits im Anmarsch seien und der deutsche Luftraum von englischen und amerikanischen Bombern beherrscht werde – was sich später als richtig erwies.

Ebner bestätigte, daß er Sollmann in dieser Angelegenheit unterrichtet und verlangt habe, Brandenburg aus dem Heim zu entfernen. Brandenburg erklärte dagegen, Ebner habe ihm gesagt, er werde die Sache Himmler persönlich melden und dafür sorgen, daß er nie wieder als Arzt praktizieren dürfe. Er verließ das Heim und mußte sich noch im selben Jahr vor einem SS-Tribunal in Berlin wegen der Verbreitung von Feindpropaganda verantworten. Der SS-Richter erklärte spöttisch, er wäre besser beraten gewesen, wenn er erst einmal auf die Avancen der Schwester eingegangen wäre, degradierte ihn und schickte ihn ins Gefängnis, wo er bis Kriegsende einsaß.

Am Ende des Münchener Verfahrens beantragte der Ankläger für Sollmann und Ebner zwei beziehungsweise vier Jahre Arbeitslager und die Abgabe der Hälfte ihrer zukünftigen Einnahmen. Die Spruchkammer blieb weit unter diesem Antrag. Sollmann wurde zu dreißig Tagen Zwangsarbeit und dem Verlust von dreißig Prozent seiner Einnahmen verurteilt, er verlor das Recht, einen eigenen Wagen zu besitzen, zu wählen oder in irgendeiner Form politisch tätig zu werden. Ferner wurde gegen ihn ein fünfjähriges Berufsverbot als Lehrer, Prediger oder Rundfunksprecher verhängt. Gegen Ebner wurde auf sechzig Tage Zwangsarbeit und den Verlust der Hälfte seiner Einnahmen erkannt, und ihm wurden die gleichen Beschränkungen wie Sollmann auferlegt. Die übrigen sechs Angeklagten wurden freigesprochen.

Das härtere Urteil gegen Ebner begründete die Spruchkammer folgendermaßen: Vor und während des Krieges habe er sich als aktiver Nazipropagandist betätigt und Vorlesungen über rassische und andere Themen gehalten. »Der Angeklagte blieb bis 1945 ein überzeugter Nationalsozialist.« Das Gericht kreidete ihm ferner seine Mitwirkung bei der Denunziation des glücklosen Dr. Brandenburg bei der SS an. »Aus dem gesamten Verhalten des Angeklagten muß das Gericht schließen, daß er in seinen Aussagen nicht aufrichtig gewesen ist und versucht hat, bestimmte Fakten zu verschleiern.«

Sollmann hatte dagegen einen besseren Eindruck gemacht. Er schien einige Leute geschützt zu haben, die mit dem Regime in Konflikt geraten waren. Ferner sah es das Gericht als erwiesen an, daß er die im Heim arbeitenden Gefangenen gut behandelt hatte. »Man darf ihn als jemanden bezeichnen, der die brutalen Maßnahmen des Regimes ablehnte und sich wenigstens insoweit als Regimegegner gab.«

Das Verfahren in München war der letzte offizielle Versuch Nachkriegsdeutschlands, die Lebensborn-Idee zu brandmarken. Obwohl Ebner und Sollmann kaum härter bestraft wurden als vom amerikanischen Tribunal in Nürnberg, hat die Münchner Kammer zumindest klargestellt, daß in den Heimen schwere Verbrechen begangen worden waren und die Leitung hierfür verantwortlich war. Danach fiel offiziell der Vorhang vor diesem auf die absurdeste Weise mißdeuteten Rassenexperiment der Geschichte.

10

Die Wiedergeburt der Eugenik

> Die Idee der Rassereinheit mag gestorben sein; die Idee, ein Geschlecht von Übermenschen zu schaffen, mag gestorben sein; aber der Gedanke, daß es besser ist, wenn bestimmte Menschen keine Kinder bekommen, und daß eine Unmenge menschlicher Probleme gelöst werden können, wenn wir gelernt haben, unsere Gene zu manipulieren, ist in uns sehr lebendig geblieben.
>
> *Ruth Hubbard und Elijah Wald*
> *in »Exploding the Gene Myth«, 1993*

Es war zu erwarten, daß die Wissenschaft von der Eugenik Glaubwürdigkeit und Anerkennung verlieren würde, nachdem sie von Hitler, Himmler und ihren Glaubensgenossen derart mißbraucht und verfälscht worden war. Das Wort selbst hatte eine anrüchige Bedeutung bekommen, nachdem man Schindluder mit ihm getrieben hatte. In *The Nazi Connection* hatte Stefan Kühl 1994 geschrieben:

> Der Stolz, mit dem sich Wissenschaftler in den 1910er, 1920er und 1930er Jahren selbst als Eugeniker bezeichneten, war völlig verflogen. In dem Bemühen, die eugenische Terminologie zu umgehen, nannten sich

> die Eugeniker nach dem 2. Weltkrieg »Bevölkerungswissenschaftler«, »Humangenetiker«, »Psychiater«, »Soziologen«, »Anthropologen« und »Familienpolitiker«.

Bekannte Zeitschriften wurden umbenannt. Die *Annals of Eugenics* hießen jetzt *»Annals of Human Genetics«*, und *Eugenics Quarterly* wurde zum *Journal of Social Biology. Eugenics Review* stellte 1984 sein Erscheinen ein und ist im *Journal of Biosocial Science* aufgegangen. In Amerika änderte das Eugenics Records Office seinen Namen in Cold Spring Harbor Laboratory. London besaß gleichfalls ein 1904 von Sir Francis Galton gegründetes Eugenics Record Office. Schon bald nach seiner Gründung erhielt es den Namen Francis Galton Laboratory for National Eugenics; heute ist es schlicht als Galton Laboratory bekannt. Die Eugenics Society, gegründet 1907, heißt jetzt Galton Institute und tritt nicht mehr für ihr ursprüngliches Ziel ein, »jenes Erbgut auszurotten, das Arme, Schwachsinnige, Alkoholiker und bestimmte Verbrechertypen hervorbringt«.

Galton war zwar der Begründer der Eugenik, aber er wird von den modernen Wissenschaftlern nicht für den späteren Mißbrauch verantwortlich gemacht. Bis heute genießt er unter ihnen einen sehr guten Ruf, und sein Vermächtnis wird mit einem jährlichen Symposium am Galton Institute geehrt. Das Galton Laboratory ist ein Teil des Department of Human Genetics and Biometry am University College in London – dem ehemaligen Department of Eugenics, Biometry and Genetics. Seit 1980 werden das Laboratory und das Department von Professor Steve Jones geleitet. 1984 schrieb er in seinem Buch *The Language of the Genes:*

> Die Verfälschung der menschlichen Vererbungslehre erreichte ihren verheerenden Abschluß im Experi-

ment der Nazis, und viele Jahre lang wurde es im besten Fall als altmodisch angesehen, über die Natur ererbter Unterschiede zwischen den Menschen zu diskutieren.

Nach fünfzig Jahren schwindet diese Zurückhaltung allmählich. Das Thema ist wieder aktuell – wenngleich noch immer umstritten.

Sogar in Deutschland konnten einige Wissenschaftler und Institutionen, die seinerzeit an der wissenschaftlichen Rechtfertigung des Genozids beteiligt waren, nach dem Krieg ihre Arbeit wieder aufnehmen. Angesichts des veränderten internationalen Klimas waren nur die Akzente ein wenig verschoben worden. Kühl weist darauf hin, daß bereits 1948 einige Psychiater, deren Namen eng mit der Eliminierung behinderter Menschen durch die Nazis verbunden gewesen waren, wieder in die internationale wissenschaftliche Gemeinschaft aufgenommen wurden und an Kongressen teilnahmen – zum Teil dank der Unterstützung amerikanischer Kollegen.

Zu ihnen gehörte der Psychologe Dr. Robert Ritter, der 1936 zum Direktor der Rassenhygienischen und bevölkerungsbiologischen Forschungsstelle des Reichsgesundheitsamts berufen wurde. Er hatte die Aufmerksamkeit der Nazifunktionäre durch seine Forschungen an der Universität Tübingen über erbliche Kriminalität und Schwachsinn erregt, insbesondere bei Sinti und Roma, die in mehreren europäischen Staaten die etablierte Gesellschaft störten, weil sie sich nicht deren konventionellen Formen unterwarfen. Im Gesundheitsamt übernahm Ritter die Aufgabe, die 30 000 in Deutschland lebenden Sinti und Roma in rassische Kategorien einzuteilen. Danach wurden sie gewaltsam zusammengetrieben und in Sammellagern untergebracht. Im Dezember 1938 ordnete Himmler in einem Erlaß »die Trennung der Sinti und Roma von der deutschen Nation, die Verhinderung der Rassenvermischung und schließlich die Regelung der Lebensweise von Zigeunern und Zigeunermischlingen« an.

Wie Michael Burleigh und Wolfgang Wippermann in *The Racial State* berichten, wurden die Sinti und Roma auch nach dem Krieg in Deutschland von den Behörden verfolgt, wobei man Unterlagen benutzte, die aus dem von Ritter geleiteten Gesundheitsamt stammten. Sogar einige seiner ehemaligen Mitarbeiter waren wieder mit von der Partie. Auch in der Schweiz wandte man Ritters Theorien an, um gegen Sinti und Roma vorzugehen. Während des Krieges war Ritter Direktor des Kriminalbiologischen Instituts der Deutschen Sicherheitspolizei und befaßte sich dort mit der erbbiologischen Untersuchung jugendlicher Krimineller. Dennoch erhielt er nach dem Krieg eine Zulassung als Kinderpsychologe.

Das berüchtigte Kaiser-Wilhelm-Institut, Zentrum der eugenischen Forschung der Nazis, bestand nach dem Krieg unter Hans Nachstheim weiter. Er selbst hatte keine direkte Rolle bei irgendeinem Genozid gespielt, wohl aber sein Freund, Freiherr von Verschuer, der Josef Mengele bei der Analyse seiner Experimente an toten Auschwitz-Häftlingen geholfen hatte und bald wieder in der wissenschaftlichen Diskussion auftauchte. Bei der Entnazifizierung war er als Mitläufer eingestuft worden. 1951 wurde er als Professor für Humangenetik nach Münster berufen und war später Präsident der Deutschen Gesellschaft für Anthropologie. Kühl schreibt:

> Verschuers Fall ist nur allzu typisch. Auch andere Rassenhygieniker, die eine prominente Rolle in Nazideutschland gespielt hatten, saßen bald wieder in einflußreichen Positionen. Zwischen 1946 und 1955 wurden zum Beispiel Fritz Lenz, Günther Just und Heinrich Schade als Professoren für Humangenetik, Anthropologie und Psychiatrie an deutsche Universitäten berufen, allerdings nicht für Hygiene oder Eugenik.

Nach seiner Rehabilitierung wurde Verschuer Mitherausgeber der Zeitschrift *The Mankind Quarterly*, eines einflußreichen Sprachrohrs der modernen Befürworter von Eugenik und Rassentheorien; so fungiert er als wichtiges Verbindungsglied zwischen den derzeitigen Diskussionen über Pro und Kontra der Genetik und den Exzessen der Nazivergangenheit. Die Zeitschrift wurde im wesentlichen vom Pioneer Fund finanziert. Dieser wurde 1937 von dem Textilmagnaten Wiekliff Draper gegründet, um die »Forschung zur Verbesserung der Rasse unter besonderer Berücksichtigung des Volkes der USA« zu unterstützen, wobei insbesondere die Fortpflanzung von Abkömmlingen und Verwandten »jener Weißen« propagiert wurde, »die sich vor Annahme der Verfassung in den ursprünglichen 13 Kolonien niederließen«.

Draper ließ sich durch den Schiffbruch des NS-Rassenprogramms in Deutschland nicht beirren. Der Pioneer Fund unterstützte auch nach dem Krieg Forschungen auf diesem Gebiet. Kühl schreibt:

> Heute ist der Pioneer Fund der wichtigste Geldgeber für Forschungsarbeiten, die sich mit dem Zusammenhang von Rasse und Erbmasse in den USA beschäftigen. Er unterstützt außerdem Studien auf den Gebieten Eugenik, Humangenetik und Einwanderung.

1978 wurde Roger Pearson Herausgeber von *The Mankind Quarterly*. Pearson ist heute Leiter des Institute for the Study of Man in McLean in Virginia, das ebenfalls Geld aus dem Pioneer Fund erhalten hat. 1950 unterstützte das Institut die Gründung der Northern League, die sich den »Interessen und dem Zusammenhalt aller germanischen Nationen« widmet. Als Autor des 1991 erschienenen Buches *Race, Intelligence and Bias in Academe* ist Pearson einer der vielen umstrittenen Wissenschaftler auf der Liste derer, die jahrelang aus dem Pioneer Fund unterstützt wurden – einer Liste, die sich nach Kühls Ansicht »teilweise wie ein 'Who is Who' des wissenschaftlichen und politischen Rassismus in den USA, Kanada, Großbritannien und Irland« liest.

Zwei prominente Stipendiaten des Pioneer Fund waren William Shockley und Arthur Jensen, die in ihren Büchern die These vertreten, daß Intelligenz ererbt werde und wenig mit Umwelteinflüssen zu tun habe. Ihrer Ansicht nach sind beispielsweise Schwarze von ihrer Erbmasse her weniger intelligent als Weiße. Shockley, der 1956 für seine Erfindung des Transistors den Nobelpreis für Physik erhielt, schlug 1970 vor, man solle Männer und Frauen mit niedrigem IQ dafür bezahlen, daß sie sich freiwillig sterilisieren ließen, um so die Geburtenrate von Menschen mit eingeschränkter Intelligenz niedrig zu halten. Als Ausgleich hielt er die Summe von 1000 US-Dollar pro IQ-Punkt unter 100 für angemessen. So sollten einem Schwachsinnigen mit einem IQ-Wert von 70 – der unter Umständen zwanzig Kinder in die Welt setzen könne – 30 000 US-Dollar gezahlt werden. Shockley argumentierte, das bedeute für den Steuerzahler in jedem einzelnen Fall eine Einsparung von bis zu 250 000 US-Dollar, die man anderenfalls für den Unterhalt der geistig zurückgebliebenen Nachkommenschaft aufwenden müsse.

Die Verbindung zwischen Geburtenkontrolle und Eugenik ist immer sehr eng gewesen. Marie Stopes, Vorkämpferin für Geburtenkontrolle in England, war eine begeisterte Eugenikerin, deren Bekehrungseifer sich in erster Linie auf die Senkung der Geburtenzahlen in den Arbeiterfamilien im Londoner East End richtete. Kritiker international unterstützter Verhütungsprogramme wenden sich vor allem dagegen, daß das Ziel dieser Aktionen immer die Entwicklungsländer und die Ärmsten der Gesellschaft seien – ein Vorwurf, dem die Befürworter der Geburtenkontrolle entgegenhalten, daß die Ärmsten stets auch die meisten Kinder hätten. Worauf ihre Gegner wiederum vermuten, sie verfolgten insgeheim die rassischen Ziele der Nazis, nämlich jene gesellschaftlichen Gruppen zu unterdrücken, die der herrschenden Klasse nicht genehm seien.

Die Kontroverse über die Vererbbarkeit von Intelligenz, die »nature-or-nurture«-Debatte, ist in der gesamten zweiten Hälfte des 20. Jahrhundert mit Erbitterung geführt worden. Die Theorie, daß die mittels IQ-Tests meßbare Intelligenz durch Gene übertragen statt durch Umwelteinflüsse und Erziehung erworben wird, stärkt jenen den Rücken, die überzeugt davon sind, daß es nun einmal höhere und niedrigere Rassen gebe.

Es ist kaum zu bestreiten, daß bei der Intelligenz die Vererbung eine Rolle spielt. Inzwischen aber konzentriert sich der Streit darauf, wie groß diese Rolle ist und, vor allem, ob auch der Rasse irgendeine Bedeutung dabei zukommt. Die Tatsache, daß sowohl die Rasse als auch die geistigen Fähigkeiten in gewissem Umfang ererbt werden, läßt nicht unbedingt auf eine Wechselbeziehung schließen. Einige frühe Beweise für ererbte Intelligenz beruhen auf den Untersuchungen, die Sir Cyril Burt an eineiigen Zwillingen vornahm, welche bei den IQ-Tests annähernd gleiche Werte erzielten, obwohl sie in verschiedenen Umgebungen aufgewachsen waren. Kurz nach Burts Tod im Jahr 1971 tauchte allerdings der Verdacht auf, daß einige seiner Resultate gefälscht seien. Über Ausmaß und Bedeutung seines Abweichens von der streng wissenschaftlichen Methode wird noch immer gestritten. Schon als Junge machte Burt die Bekanntschaft Galtons: Er war der Sohn eines Arztes, und Galton war Patient seines Vaters. Er war einer der ersten Wissenschaftler, die vorschlugen, die Bedeutung der Vererbung an eineiigen Zwillingen zu untersuchen; desgleichen trat er schon früh für Intelligenztests ein. In späteren Jahren hat Burt nach Darstellung seines

Biographen L. S. Hearnshaw gesagt, Galton habe einen starken Einfluß auf ihn ausgeübt und ihn nachhaltig inspiriert.

Die These von der Vererbbarkeit der Intelligenz wurde – verbunden mit dem darin mitschwingenden rassischen Unterton – Ende der 60er, Anfang der 70er Jahre an amerikanischen und englischen Universitäten zum Gegenstand radikaler Studentenproteste. Gelehrten wie Jensen, Shockley, H. J. Eysenck und Richard Herrnstein, die in der »nature-or-nurture«-Debatte als Vertreter des Standpunktes »nature« galten, wurde ein feindseliger Empfang bereitet, wenn sie Universitäten besuchten, um dort Vorlesungen zu halten. Gelegentlich wurden sie sogar gezwungen, ihre Vorträge abzusagen. Sie wurden als »Rassisten« und »Faschisten« beschimpft, weil man aus ihren Arbeiten herauslas, daß ihrer Meinung nach einige rassische Gruppen minderwertiger als andere seien und das auch trotz aller Bemühungen bleiben würden, durch Erziehung oder Förderung einen Ausgleich zu schaffen.

Herrnstein schildert seine Verfolgung durch Studenten im Anhang zu seinem 1973 erschienenen Buch *IQ in the Meritocracy.* Das Buch war die erweiterte Fassung seines zwei Jahre zuvor im *Atlantic Monthly* erschienen Artikels, der bereits damals einen Sturm der Entrüstung ausgelöst hatte. Er hatte nämlich behauptet, daß sozialer Aufstieg und Beförderung nach Verdienst auf Dauer dazu führten, die biologische Kluft zwischen den sozialen Klassen zu vergrößern, da hierdurch die intellektuellen Fähigkeiten der höheren Klassen auf Kosten der unteren gefördert würden.

> Wenn Menschen ihren natürlichen Platz innerhalb der Gesellschaft frei bestimmen können, werden die oberen Klassen praktisch per definitionem größere Fähigkeiten haben als die unteren ... Es droht die biologische Schichtung der Gesellschaft.

Er befürwortete Intelligenz- und andere Tests als Hilfe bei der Suche nach einer »wirksamen, ausgleichenden Erziehung«, fügte aber hinzu:

> Unglücklicherweise stehen die Chancen für diese gute Sache schlecht, solange die den Gleichheitsgedanken verfechtende Orthodoxie die Suche nach Wissen als Abfall vom Glauben hinstellen kann ... Der falsche Glaube an die Gleichheit aller Menschen führt zu starren, inflexiblen Hoffnungen, die häufig Frustrationen bis hin zum Zorn bewirken. Immer schriller verlangen wir von unseren Schulen und sozialen Institutionen, alle gleichzumachen, statt zu versuchen, unsere Institutionen den gegebenen Grenzen und unterschiedlichen Formen menschlicher Fähigkeiten anzupassen.

Alle diese Überlegungen mögen von den fanatischen Exzessen der Nazis weit entfernt sein, aber in dem damaligen politischen Klima schienen sie auf dem gleichen Grundprinzip zu beruhen, und so wurden sie von der Linken heftig attackiert. »Nature or nurture« war immer ein Reizthema zwischen Rechten und Linken.

Zwanzig Jahre später wurde Herrnstein wiederum in einen ähnlichen Meinungsstreit verwickelt, allerdings posthum. Zusammen mit Professor Charles Murray, einem in konservativen Kreisen bekannten Soziologen, hatte er das Buch *The Bell Curve* geschrieben, starb aber, bevor es veröffentlicht wurde. Dieses Buch befaßt sich sehr viel direkter als *IQ in the Meritocracy* mit dem Thema Rasse. Das Hauptargument lautet, daß Schwarze per se weniger intelligent seien als Weiße; Herrnstein nannte Zahlen, wonach sechs Prozent der Schwarzen – gegenüber zwei Prozent der Weißen – einen IQ unter 70 hätten. Schwarze bekämen jedoch mehr Kinder, da weiße Frauen der Mittelklasse mit guten Jobs meistens sehr viel später heirateten. Daraus folgerten die Autoren, daß sich die durchschnittliche Intelligenz in den USA auf lange Sicht reduzieren werde. Das war eine sehr deutliche Rückkehr zu den Ansichten der Eugeniker des 19. Jahrhunderts, die Hitler so bewundert hatte, der jede Rassenvermischung ablehnte, weil sie die intellektuellen Qualitäten der arischen Rasse auf Dauer verwässere. (Der englische Begriff »miscegenation« war 1864 in den USA geprägt worden.)

The Bell Curve bezog sich auf die Arbeiten einiger Akademiker, die auf diesem Gebiet einen etwas zweifelhaften Ruf hatten, unter ihnen Richard Lynn, Professor für Psychologie an der Universität von Ulster, ehemaliger Mitherausgeber der Zeitschrift *The Mankind Quarterly* und ein weiterer Nutznießer des Pioneer Fund. In einem Interview mit Alasdair Palmer von *The Spectator* im Februar 1995 sagte Lynn:

> Ich bin kein Nazi. Die Annahme, daß die Rassen sich in ihrem Intelligenzpotential unterscheiden, hat absolut nichts mit Sozialpolitik zu tun und noch weniger mit irgend etwas, das den Verbrechen der Nazis auch nur nahekommt ... Man kann eine Theorie nicht dadurch widerlegen, daß man darauf verweist, daß unangenehme Zeitgenossen daran geglaubt haben.

Lynn wies Palmer darauf hin, daß er sich nicht so gründlich mit der Frage ererbter Intelligenz befaßt habe wie J. Philippe Rushton, Professor für Psychologie an der University of Western Ontario und Autor des Buches *Race, Evolution and Behaviour*. Rushton ist ein weiterer führender Kopf auf diesem überstrapazierten Feld, und auch seine Forschungen werden vom Pioneer Fund unterstützt. Seine Theorie von der Ungleichheit der Rassen weicht indessen in einem wichtigen Punkt von der Auffassung der Nazis ab. Er teilt die Menschheit in drei Rassen ein: Negriden, Kaukasiden, Mongoliden. Die Negriden oder Schwarzen haben das niedrigste Intelligenzpotential; aber nicht die Kaukasiden, die Weißen, sind die Intelligentesten: Diese Ehre gebührt den Mongoliden in Ostasien, deren Fähigkeiten nach Rushtons Forschungsergebnissen die der weißen Rasse übertreffen. Hitler und Himmler hätten das nicht gern gehört.

Rushtons Thesen weisen einige Absonderlichkeiten auf. So mißt er der unterschiedlichen Penisgröße bei den einzelnen Rassen große Bedeutung bei. »Es ist ein Entweder – Oder«, soll er gesagt haben, »entweder mehr Gehirn oder mehr Penis. Man kann nicht alles haben.« Seine etwas unorthodoxen Forschungen haben ihn davon überzeugt, daß Schwarze den längsten und Asiaten den kürzesten Penis haben. Diese Entdeckung läßt ihn befürchten – und insoweit stimmt er mit den Autoren des Buches *The Bell Curve* überein –, daß die mit weniger Hirn ausgestatteten Rassen mit der Zeit durch exzessive Vermehrung die weniger fruchtbaren, dafür aber intelligenteren Rassen überflügeln werden.

Obwohl über dieses Thema viel geschrieben und diskutiert worden ist (Lynn hat zum Beispiel einen Artikel darüber in *The Times* veröffentlicht), werden diese bizarren Ansichten nur von einer Minorität der Wissenschaftler vertreten. Die überwiegende Mehrheit hat derartige »Erkenntnisse« stets bekämpft. Auf dem Treffen der American Association for the Advancement of Science im Jahr 1995 sagte Solomon Katz, Professor für Anthropologie an der University of Pennsylvania:

> Die Rassenkategorien des 19. und frühen 20. Jahrhunderts, denen man heute nur noch geringen wissenschaftlichen Wert beimißt, sind häufig dazu benutzt worden, rassistische Lehren zu untermauern. Dennoch lebt das Konzept als gesellschaftliche Konven-

> tion weiter und begünstigt eine institutionalisierte Diskriminierung ... Es ist unverantwortlich, Urteile auf Forschungen und Erkenntnisse zu gründen, die eindeutig überholt sind. Es gibt keinen stichhaltigen Grund, die alten Rassenkategorien weiterhin zu verwenden. Das ist nicht politische, sondern wissenschaftliche Korrektheit.

Theorien wie die von Herrnstein und Rushton sind zählebig, weil sie den noch immer in weiten Teilen der USA und Europas bestehenden rassischen Vorurteilen einen schütteren Anschein von Ehrbarkeit verleihen. Aber auch andere genetische Kontroversen, bei denen die Rassenfrage kaum eine Rolle spielt, die aber oft politisch ebenso relevant sind, werden mit der gleichen Erbitterung geführt. Sie konzentrieren sich weniger auf die allgemeine Erforschung von niedrigerer Intelligenz und Minderleistung als auf die Suche nach genetischen Erklärungen für bestimmte menschliche Verhaltensweisen. Ihre Bedeutung ist nicht weniger weitreichend, denn auch durch sie erhebt sich die Frage, welche Konsequenzen aus diesen Erkenntnissen zu ziehen sind, falls sie sich als stichhaltig erweisen.

Auf die Entdeckung der DNS (Desoxyribonukleinsäure) als entscheidende Komponente der Gene – ein Wort, das erst 1909 geprägt wurde – und der 1953 von Crick und Watson identifizierten DNS-Doppelhelix folgte die Entwicklung von Techniken zur Isolierung bestimmter Gene; ein Verfahren, das eine generelle Abtreibung erbgeschädigter oder kranker Föten ermöglichen beziehungsweise dazu dienen könnte, genetische Defekte zu beheben. Genmanipulation wird bereits angewandt, um Fleisch und Feldfrüchte zu verbessern. Wäre es ethisch vertretbar, könnte man sie schon heute auch zur Steigerung spezifischer Qualitäten der menschlichen Rasse einsetzen.

Im Februar 1995 fand eine geschlossene Veranstaltung bei der Ciba Foundation in London statt, auf der darüber diskutiert wurde, ob kriminelles Verhalten auf genetische Faktoren zurückgeführt werden könne. Diese Diskussion wurde zum Teil durch den Fall Stephen Mobley ausgelöst, der 1991 im amerikanischen Bundesstaat Georgia zum Tode verurteilt worden war, weil er bei einem Raubüberfall den Manager einer Pizzeria ermordet hatte. Sein Verteidiger hatte das Gnadengesuch damit begründet, daß Mobley für den Mord nicht verantwortlich sei, da sein ausgeprägter Hang zu Gewalttaten genetisch bedingt sei. Mobleys Tante bestätigte als Zeugin, daß die Mobleys seit Generationen aggressiv und gewalttätig seien und er der Nachkomme einer langen Kette verurteilter Verbrecher sei. Die Verteidigung griff damit auf die Eugeniker des 19. Jahrhunderts zurück, die mit Vorliebe die Spuren von verbrecherischen und anderen atypischen Verhaltensweisen innerhalb weitverzweigter Familien zurückverfolgten, am besten bis zu einem besonders gewalttätigen gemeinsamen Vorfahren. Aber selbst das ist kein schlüssiger Beweis für die Dominanz der Erbmasse gegenüber Umwelt und Erziehung, da man unmöglich feststellen kann, ob jemand aufgrund seiner Erbmasse oder aber deshalb zu Gewalttätigkeiten neigt, weil er oder sie als Kind selbst Gewalttätigkeiten ausgesetzt war oder zumindest in einem entsprechenden Milieu aufgewachsen ist.

Mobleys Anwalt Daniel Summer räumte ein, daß ihm die Idee für seine neue Verteidigungsstrategie gekommen sei, als er von Versuchen eines niederländischen Wissenschaftlers gelesen habe. Dieser hatte bei der Untersuchung des genetischen Hintergrunds einer chronisch kriminellen Familie eine Genmutation entdeckt, die für das Ungleichgewicht von chemischen Substanzen im Gehirn einiger männlicher Familienmitglieder verantwortlich war. Han Brunner von der Abteilung für Humangenetik am Universitätskrankenhaus in

Nijmwegen hatte vier Generationen dieser Familie überprüft und herausgefunden, daß 14 der Männer geistig zurückgeblieben und ausgesprochen gewalttätig gewesen waren.

Auch auf diesem Gebiet hat die Zwillingsforschung eine wichtige Rolle gespielt. Einige Beispiele kamen auf der Londoner Konferenz zur Sprache. So hatte Professor Judy Silberg vom Department of Human Genetics an der Virginia Commonwealth University 1412 weiße Zwillinge im Alter von acht bis 16 Jahren untersucht und bei einigen Paaren eine deutliche, ihrer Meinung nach genetisch bedingte Tendenz zu Fehlverhalten und Kriminalität festgestellt. Dr. Michael Lyons von der Boston University entdeckte eine gemeinsame kriminelle Veranlagung bei 3200 männlichen Zwillingen, die in der US-Armee dienten. Seine Studien bezogen sich jedoch nur auf leichtere Vergehen. Die Konferenz war sich einig, daß es weit schwieriger sei, eine genetische »Ursache« für Gewalttaten zu finden.

Die Diskussion rief den heftigen Widerspruch vieler liberaler Wissenschaftler hervor, die gegen die Thesen von Shockley, Pearson, Rushton und Herrnstein opponierten. Für sie ist der Versuch, genetische Gründe für soziale Probleme zu finden, nur eine Entschuldigung für die Unfähigkeit, Umwelt und Erziehung in den Griff zu bekommen, die sie als die ausschlaggebenden Faktoren ansehen. Patrick Bateson, Vorsteher am King's College in Cambridge, faßte ihren Standpunkt in einem Artikel im *Londoner Independent* zusammen:

> Die Entwicklung der Menschen beruht auf einer Wechselwirkung zwischen ihnen und ihrer Umwelt. Sie wählen sich ihre Umwelt und wechseln sie und werden dann durch diese selbst verändert. Das Rezept, wonach wir nur die jeweilige genetische Ursache für kriminelles Verhalten zu lokalisieren brauchten,

> um das Problem loszuwerden, ist schlicht nicht plausibel.

Diese Ansicht vertrat auch Garland Allen, Professor der Biologie an der Washington University in St. Louis, der auf einem Treffen der AAAS (American Association for the Advancement of Science) kurz nach der Ciba-Konferenz ausführte:

> Die Geschichte zeigt, daß die genetische Antwort auf soziologische Probleme im wesentlichen immer gegen Menschen benutzt wurde. Das genetische Lager macht die Biologie des Menschen und nicht die gesellschaftlichen Verhältnisse für die immer wiederkehrenden sozialen und wirtschaftlichen Probleme verantwortlich.

Steven Rose, Professor für Biologie an der Britain's Open University, griff die Konferenz an, weil sie gewissen, in seinen Augen wissenschaftlich unhaltbaren Forschungsansätzen den Anstrich der Ehrbarkeit verliehen habe. Heute weiß man, daß in der Genforschung noch vieles im dunkeln liegt und es absolut keine Garantie dafür gibt, daß ein Kind irgendwelche Eigenschaften seiner Eltern erbt. Wenn die Nazis den Krieg gewonnen und ihr eugenisches Programm weiter verfolgt hätten, wäre ihr »Projekt Herrenrasse« immer wieder durch einen hohen Prozentsatz unvollkommener Exemplare beeinträchtigt worden. (Dr. Klein, der das Heim in Steinhöring nach Kriegsende betreute, zeigte sich betroffen von der Anzahl der in ihrer Entwicklung zurückgebliebenen Kinder. Aber das kann ebenso die Folge ihres langfristigen Heimaufenthaltes oder eines durch den ständigen Heimwechsel gegen Ende des Krieges ausgelösten Traumas gewesen sein.)

Dagegen wurde die Londoner Konferenz von ihrem Vorsitzenden, dem Kinderpsychiater Sir Michael Rutter, in einem Interview mit dem *Observer* vehement verteidigt. Er erklärte, niemand glaube, daß genetische Faktoren die alleinige Ursache für Verbrechen seien, aber es sei wichtig, ihre Bedeutung richtig einzuschätzen:

> Ein Gen für etwas wie gesellschaftlich bedingte Verbrechen ist biologisch nicht plausibel. Genausogut könnte man behaupten, es gebe ein Gen für den römischen Katholizismus ... Wir haben es vielmehr mit einer komplexen Wechselwirkung von Natur und Erziehung zu tun ... Der Anstieg der Kriminalität in den letzten Jahren ist mit Sicherheit nicht genetisch bedingt. Ebenso ist es höchst unwahrscheinlich, daß die Gene dafür verantwortlich sind, daß die Zahl der Mörder unter den jungen Leuten in den USA zwölfmal höher ist als bei uns. Es gibt gewisse ursächliche Fragen, auf die die Genforschung bisher keine brauchbaren Antworten hat.

Aber diese relativierende Erklärung stellt die Kritiker der Genforschung nicht zufrieden, die geltend machen, daß man zwangsläufig die Frage nach der praktischen Anwendung der Theorie aufwerfe, wenn man unsoziales Verhalten auch nur teilweise auf genetische Ursachen zurückführe. Auf einer Pressekonferenz vor dem Londoner Treffen räumte einer der Teilnehmer, Dr. Gregory Carey von der University of Colorado, die Möglichkeit ein, daß man in absehbarer Zeit das Vorhandensein eines »Verbrechergens« bei einer pränatalen Untersuchung werde feststellen können, was den Eltern die Möglichkeit eröffne, das Kind abtreiben zu lassen.

Diese Einstellung kommt der Idee der Nazis von »rassischer Gesundheit« und der Eliminierung »unwerten Lebens«

gefährlich nahe. Wie die Londoner *Times* in einem Leitartikel 18 Monate zuvor ausgeführt hatte:

> Falls die Wissenschaft eine Erbanlage für Charakterzüge wie Kriminalität und gewalttätige Aggression nachweisen kann, werden politische und ethische Entscheidungen zu treffen sein, wie mit diesem Wissen umzugehen ist.

Dieser Kommentar bezog sich eigentlich auf ein anderes, aber verwandtes und sogar noch brisanteres Thema: 1993 erklärte Dr. Dean Harries, ein Molekulargenetiker am US National Institute of Health, daß seine Forschungen auf die Existenz eines »Schwulengens« hindeuteten, das bei vielen Homosexuellen auftrete. Die Entdeckung wurde nicht nur von Homosexuellen mit gemischten Gefühlen aufgenommen. Auf der einen Seite stützt die Untersuchung die Behauptung der meisten Homosexuellen, daß ihr »Anderssein« angeboren sei und sie sich nicht aus freien Stücken und gegen ihre Natur dafür entschieden hätten – ebenso wie Mobleys Verteidiger darauf bestand, daß die Kriminalität in seinem Mandanten angelegt gewesen sei. Sie bedeutet aber auch, daß Eltern möglicherweise eines Tages die künftige sexuelle Neigung ihres Kindes vor dessen Geburt feststellen und den Fötus abtreiben lassen könnten, falls ihnen das Ergebnis nicht gefällt. Soll man ihnen das Recht zu einer solchen Entscheidung einräumen? Wie weit dürfen wir bei der Manipulation menschlicher Eigenschaften gehen, bevor wir zu dem Schluß kommen, daß Hitlers Rassenpolitik doch nicht so schlecht war und ihr Hauptfehler vielleicht nur in der Form ihrer Anwendung und Darstellung bestand?

Galtons ursprüngliche Idee war verführerisch einfach: Man könne die Menschheit »verbessern«, indem man nur solche

Menschen in die Zucht einbeziehe, deren Qualitäten es nach allgemeinem Konsens wert seien, erhalten zu werden, und die Fortpflanzung »weniger wertvoller« Exemplare erschwere oder verhindere – die Quintessenz von Shockleys Vorschlag, Prämien für eine freiwillige Sterilisation zu zahlen. In *Hereditary Genius* schrieb Galton:

> Lassen Sie uns alles tun, was in unserer Macht steht, um die Vermehrung jener Rassen zu unterstützen, die am besten befähigt sind, eine hochstehende und edle Zivilisation zu entwickeln und sich ihr einzuordnen, und vermeiden wir es, aus falsch verstandenem Mitleid den Schwachen zu helfen und dadurch die Lebensbedingungen der starken und tatkräftigen Menschen zu erschweren.

Ihm scheint nicht bewußt gewesen zu sein, daß seine Einteilung der Menschen in »schwach« beziehungsweise »stark und tatkräftig« nicht objektiv ist und daß es niemals Einstimmigkeit darüber geben wird, nach welchen Kriterien eine solche Klassifizierung zu erfolgen hätte. Der Glaube, daß seine persönlichen Wertvorstellungen – das heißt die der viktorianischen Gesellschaft, in der er lebte – unanfechtbar seien, wurde von den Nazis geteilt, die seine Ermahnung (»lassen Sie uns alles tun, was in unserer Macht steht«) eher noch weiter auslegten, als er sie gemeint hatte. Man kann von niemandem erwarten, daß er seine eigene rassische Gruppe, seinen eigenen Typus oder seine intellektuellen Fähigkeiten als so minderwertig ansieht, daß sie nicht erhalten werden sollten. Darum wird jeder Versuch, ein eugenisches Programm in die Tat umzusetzen, unweigerlich zu Terror und Genozid führen.

Die Nazis hatten das erkannt. Erich Koch, Reichskommissar der Ukraine, sagte im März 1943 in Kiew: »Niemand möchte unter dem Terrorregime einer Herrenrasse als Untermensch abgestempelt sein.« Dennoch erschien ihnen die Erreichung ihres Ideals so wertvoll, daß sie bereit waren, mit der Unterdrückung all ihrer humanitären Instinkte dafür zu zahlen.

In *The Racial State* erörtern Burleigh und Wippermann die Frage, ob die Rassenpolitik der Nazis in ihrer Art einmalig, mit den Verbrechen anderer Regierungen »vergleichbar« oder ganz allgemein Teil einer »Pathologie« aufgeklärter Gesellschaften war. Sie vertreten den ersteren Standpunkt und erklären, daß diejenigen, die das letztere propagierten, »uns glauben machen wollen, daß alle unsere Gesellschaften insgeheim wie Nazideutschland denken«. Sie kommentieren: »Natürlich stimmt das nicht.« Sie beschreiben Nazideutschland als ein »einzigartiges Regime ohne Präzedenz oder Parallele«.

Aber stimmt das? Menschen, welche die Schrecken eines modernen Krieges erlebt haben, neigen dazu, sich mit dem Gedanken zu trösten, daß man seine Lektion endlich gelernt habe und nie wieder unschuldige Menschen so schrecklichen Exzessen aussetzen werde. Leider erweist sich diese Hoffnung immer wieder als falsch. Wenn die Erfahrung mit den Nazis nicht einmal der Eugenik und dem »wissenschaftlichen Rassismus« ein Ende bereitet hat, dann gilt das erst recht für die rassischen Konflikte. Fast alle Kriege, welche die Erde in der zweiten Hälfte des 20. Jahrhunderts heimgesucht haben, beruhten auf der Überzeugung der verfeindeten Parteien, entweder dem anderen rassisch überlegen zu sein oder von ihm unterdrückt zu werden. Obwohl alle Mitglieder der Vereinten Nationen die Konvention zur Verurteilung des Massenmordes unterzeichnet haben, wird sie in der Praxis täglich verhöhnt. In *The Roots of Evil* schreibt Erwin Staub, ein Jude, der die Besetzung Budapests durch die Nazis überlebte:

> Genozide, Massenmorde und andere an Menschengruppen begangene Greueltaten haben seit dem 2. Weltkrieg nicht aufgehört. Denken wir nur an die Millionen, die von ihren eigenen Landsleuten in Kambodscha und Indonesien getötet wurden, den Mord an den Hutu in Burundi, den Ibo in Nigeria, den Ache-Indianern in Paraguay, den Buddhisten in Tibet und die Massenmorde in Uganda. Diktatorische Regierungen neigen seit kurzem dazu, nicht nur einzelne Menschen, sondern ganze Gruppen umzubringen, die sie als gegenwärtige oder potentielle Feinde ansehen. Dieser Trend wird ebenso offensichtlich in dem »Verschwinden« von Menschen in Argentinien wie in den Morden der Todesschwadronen in El Salvador und Guatemala.

An Staubs Liste fällt auf, daß mit Ausnahme der südamerikanischen Beispiele alle aufgeführten Länder ehemals Kolonien waren; abgesehen von Tibet, das noch immer eine Kolonie ist. Sicher wäre es übertrieben zu behaupten, die Eingeborenen hätten Rassenhaß erst durch ihre Kolonialherren kennengelernt. Aber ganz sicher haben sie beobachtet, daß sich die Repräsentanten der imperialen Macht als ihnen von Natur aus durch Geburt und Abstammung überlegen betrachteten und jede soziale »Kontaminierung« vermieden, indem sie ihre Kontakte zu den Eingeborenen auf ein Minimum beschränkten. Sie hielten hauptsächlich an einem Herr/Diener-Verhältnis fest und betrachteten Sex und Heirat zwischen den Rassen mit Abscheu. Nach Erreichen der Unabhängigkeit fand dieses rassische Vorurteil seine Fortsetzung in der Einwanderungspolitik der ehemaligen Kolonialmächte und der meisten anderen aufgeklärten Länder.

Überraschenderweise hat Staub Südafrika nicht in seine Liste aufgenommen. Nachdem dort 1948 die Nationale Front die Wahl gewonnen hatte, ergriff sie eine Reihe von Maßnahmen, die denen der Nazis aus den 30er Jahren nicht unähnlich sind: 1949 wurden Mischehen durch Gesetz verboten, 1950 folgte die Group Areas Act, welche die Apartheid untermauerte, und noch im selben Jahr erging ein weiteres Gesetz, wonach sich jeder entsprechend seiner Rassenzugehörigkeit registrieren lassen mußte. Drei Jahre später folgte die Reservation of Separate Amenities Act, wonach sich Nicht-Weiße unter anderem nur noch in bestimmten Park- und Strandabschnitten aufhalten und in öffentlichen Verkehrsmitteln nur auf bestimmte Plätze setzen durften. 1953 sagte Dr. Hendrik Verwoerd, Premierminister von Südafrika (und während des Krieges Anhänger der Nazis):

> In der Gesellschaft der Europäer ist für den Bantu oberhalb einer bestimmten Arbeitsklasse kein Platz ... Aus diesem Grund ist jede Ausbildung für ihn nutzlos, die das Ziel verfolgt, seinen Einstieg in die europäische Gesellschaft zu erleichtern.

Staub könnte sogar die Schweiz in seine Liste aufnehmen, wo die von Nazis wie Dr. Ritter propagierten Rassentheorien aufgegriffen wurden, um mit dem eigenen Sinti- und Roma-Problem fertig zu werden: Die Kinder wurden ihren Eltern weggenommen und in »gute« Schweizer Heime gegeben, um sie von ihrer Vergangenheit »zu säubern«. Leisteten die Kinder Widerstand, so wurden sie eingesperrt und einer Elektroschockbehandlung unterzogen. Wenn die Eltern versuchten, ihre Kinder aufzuspüren, kamen sie ins Gefängnis oder wurden in Nervenheilanstalten behandelt. Dieses Programm wurde von einer der berühmtesten Schweizer Wohlfahrtsorganisationen für Kinder durchgeführt und erst 1972 beendet.

Hätte Staub sein Buch 1989 und nicht 1955 geschrieben, hätte er sicher auch das ehemalige Jugoslawien, die Tschechoslowakei, Rumänien und Tschetschenien sowie die afrikanischen Staaten Ruanda und Burundi in seine Liste aufgenommen. Auf einem Internationalen Kongreß für Genetik im August 1993 in Birmingham berührte Sir Ralph Riley, ehemaliger Sekretär des Agricultural and Food Research Council, den ethnischen Konflikt in den zerfallenen osteuropäischen Nationen, als er vor den Gefahren eines Versuchs warnte, die Rasse mit Hilfe der Genetik zu verbessern:

> Die rassistischen Nazis mit ihrem entsetzlichen Genozid und einige ihrer zeitgenössischen Nachahmer, die Befürworter ethnischer Säuberungen, belieben zu glauben, daß die Genetik bei der Schaffung des idealen Menschen und der idealen Gesellschaft das Wichtigste überhaupt ist. Das führte in der Vergangenheit zu einigen wahrhaft fürchterlichen pseudo-genetischen Versuchen, deren wir uns alle schämen müssen. Wir müssen daher stets vor der Entstehung einer Politik mit eugenischen Komponenten auf der Hut sein.

Es waren nicht nur die Versuche, ganze Völker auszurotten, die Sir Ralph Sorgen bereiteten, sondern auch das, was er als »positive Eugenik« bezeichnete, wozu er auch die Förderung ererbter Eigenschaften wie Körpergröße und Intelligenz zählte – und schließlich Heterosexualität, auch wenn er das nicht ausdrücklich erwähnte. Das würde, so sagte er, »zu einer Verletzung der Menschenrechte führen und unabsehbare Konsequenzen für die Gesellschaft haben«. Eine Politik zur Förderung menschlicher Eigenschaften dürfe man nicht als wünschenswert betrachten.

Das war eine rechtzeitige Warnung, die auf die Gefahren eines zu sklavischen Glaubens an die Wissenschaft und eines zu großen Vertrauens in das Urteil der Wissenschaftler hinweist. Wissenschaftliche Fortschritte erweitern die Grenzen dessen, was möglich, aber nicht unbedingt dessen, was wünschenswert ist. Selbst wenn wir grundlegende und auf den ersten Blick nützliche Veränderungen des Menschen durch Genmanipulation erreichen könnten, lehrt uns das Beispiel der Nazis, daß wir das nicht tun sollten – es sei denn nach einer zutiefst verantwortungsvollen und eingehenden Prüfung durch unabhängige Gremien. Diese Entscheidung darf nicht allein der Wissenschaft und denjenigen überlassen werden, die auf diesem Gebiet tätig sind.

Es ist sinnlos zu glauben, die Wissenschaftler seien heutzutage so geläutert, daß sie niemals in Extreme verfallen könnten, wie sie in diesem Buch geschildert sind. In *Exploding the Gene Myth* widersprechen Ruth Hubbard und Elijah Wald der Behauptung, die deutschen Fachleute unter Hitler hätten sich in irgendeiner Weise von ihren Kollegen zu anderen Zeiten und an anderen Orten unterschieden:

> Wie sich viele Deutsche erinnern, wurden die eugenischen Programme der Nazis zur »Selektion und Vernichtung« unglücklicherweise von respektierten und angesehenen Wissenschaftlern, Juristen sowie den Leitern von Krankenhäusern und wissenschaftlichen Instituten entworfen und in die Tat umgesetzt. Diese Leute könnte man nur schwer von ihren heutigen Nachfolgern unterscheiden. Sie arbeiteten lediglich in einem anderen politischen Klima. Auch in diesem Land müssen wir wachsam und besonnen darauf achten, wo wir Grenzen ziehen und wer dies tun soll.

Es wird niemals ein neues Nazideutschland geben. Aber mit ziemlicher Sicherheit wird man abermals versuchen, mit Hilfe der Wissenschaft trügerische Utopien zu entwickeln – nach der verführerischen Idee, sich von »ihnen« zu befreien und mehr »Menschen wie wir« zu produzieren.

AUSWAHLBIBLIOGRAPHIE

Ackermann, Josef: *Heinrich Himmler als Ideologe,* Müsterschmidt (Göttingen) 1970.

Baylis, William: *Caesars in Goosestep,* Harper 1941.

Burleigh, M. und Wippermann, W.: *The Racial State,* Cambridge University Press 1991.

Coren, Michael: *The invisible Man (Life and Liberties of H. G. Wells),* Bloomsbury 1993.

Darwin, Charles: *The Descent of Man,* London 1871. [Dt.: Die Abstammung des Menschen. Fourier 1992.]

– *The Origin of Species,* John Murray 1859.

Frischauer, Willi: *Himmler,* Odhams Press 1953.

Galton, Francis: *Hereditary Genius,* London 1869.

Gasman, Daniel: *The Scientific Origins of National Socialism,* New York 1971.

Grunberger, Richard: *A Social History of the Third Reich,* Weidenfeld and Nicolson 1971.

Haarer, Dr. Johanna: *Die Deutsche Mutter und ihr erstes Kind,* Lehmann, München 1940. [Neuauflage: Carl Gerber Verlag 1987]

Hearnshaw, L. S.: *Cyril Burt, Psychologist,* Cornell University Press 1979.

Henry, Clarissa und Hillel, Marc: *Children of the SS,* Hutchinson 1976.

Herrnstein, Richard: *I. Q. in the Meritocracy,* Allen Lane 1973.

Herrnstein, Richard und Murray, Charles: *The Bell Curve,* Free Press, New York 1994.

Hitler, Adolf: *Mein Kampf,* München 1936.

Hrabar, Roman; Tokarz, Sofia; Wilczur, Jacek: *The Fate of Polish Children During the Last War,* Interpress (Warschau) 1981.

Hubbard, Ruth und Wald, Elijah: *Exploding the Gene Myth,* Beacon Press Boston 1993

Jones, Steve: *Die Botschaft der Gene,* List 1995.

Kerstin, Felix: *The Kerstin Memoirs, 1940–5,* Hutchinson 1956.

Keynes, Milo (Hrsg.): *Sir Francis Galton FRS: The Legacy of His Ideas,* Macmillan 1993.

Kühl, Stefan: *The Nazi Connection,* Oxford University Press 1994.

Lilienthal, Georg: *Der Lebensborn, e. V.,* Fischer Verlag, Frankfurt a. M. 1993.

Manvell, Roger und Fraenkel, Heinrich: *Heinrich Himmler,* Heinemann 1965

Mehr, Mariella: *Kinder der Landstraße,* Zytglogge, Bern 1987.

Neumann, Peter: *Other Men's Graves,* Weidenfeld & Nicolson 1958.

Padfield, Peter: *Himmler,* Macmillan 1990.

Poliakov, Leon: *Der arische Mythos: Zu den Quellen von Rassismus und Nationalsozialismus,* Junius Verlag 1993.

Proctor, Robert: *Racial Hygiene: Medicine under the Nazis,* Harvard University Press 1988.

Roberts, Stephen: *The House that Hitler Built,* Methuen 1938.

Smith, Bradley und Peterson, Agnes (Hrsg.): *Heinrich Himmler Geheimreden,* Propyläen Verlag 1974.

Staub, Erwin: *The Roots of Evil,* Cambridge University Press 1989.

Time-Life Books: *The SS,* Time-Life 1989.

Weindling, Paul: *Health, Race and German Politics Between National Unification and Nazism, 1870–1945,* Cambridge University Press 1989.

Stichwortverzeichnis